La Face cachée
du foot business

Jérôme Jessel
Patrick Mendelewitsch

La Face cachée du foot business

Flammarion

Ouvrage publié sous la direction de William Reymond

ISBN : 978-2-0806-9003-6

À mon père qui m'a fait découvrir mes premières joies de supporter au Stade Marcel-Picot de Nancy.
À Joseph, amoureux du beau jeu. Je suis sûr que tu réussiras tes trois jongles.
À Léon, qui participera bientôt à nos parties endiablées de cinq tirs.
À ma femme Alexandra pour ses délicieuses bouderies.

Jérôme Jessel

À Brigitte, ma femme, pour sa patience et ses encouragements.
À mes filles, Mel' et Jenn' qui manient la dérision avec bonheur et ont su me garder de l'illusion d'être un écrivain.
À Max enfin, notre vieux Coton de Tuléar aussi stupide qu'attachant. Il ne jouera sans doute pas les prolongations. Qu'il me pardonne les bouleversements incessants de ses horaires de promenade.

Patrick Mendelewitsch

« Les managers sont jetés par les propriétaires de clubs qui font souvent preuve d'aussi peu de respect qu'une bande de petits voyous balançant les emballages de leur pizza ou de leur Big Mac par la fenêtre de leurs voitures volées. Et comment y mettre un terme puisque n'importe qui peut débouler avec une valise pleine d'espèces et s'acheter un club ? Personne ne pose de question aux étrangers qui pourraient tout à fait se financer au moyen d'un trafic mondial de poudre colombienne de la meilleure qualité :

— Eh Miquel, comment est-ce qu'on pourrait blanchir deux millions de plus ?

— Je te l'ai déjà dit Carlos. Achète une équipe de football en Écosse. Ils sont tellement stupides et si désespérément en quête d'argent qu'ils ne posent aucune question.

Ça a l'air ridicule, mais la réalité est que nous n'avons aucun dispositif efficace de contrôle dans ce pays. Nous avons trois instances de régulation et aucune d'elles ne veut prendre la peine d'effectuer des vérifications rigoureuses sur quiconque souhaite devenir propriétaire d'un club. L'homme le plus recherché au monde, Oussama ben Laden, pourrait financer la reprise d'un club sans que personne ne s'en aperçoive. Pis, nos administrateurs ne sauraient même pas par où commencer leurs contrôles, quand bien même ils souhaiteraient en savoir un peu plus sur les acheteurs... »

James Traynor, journaliste financier anglais,
Daily Record, 4 décembre 2006.

Avant-propos

Rencontre du deuxième type

Il m'attend. Il m'a donné rendez-vous dans un bar du XVIIe arrondissement de Paris. Un endroit à l'abri des regards indiscrets. Patrick Mendelewitsch est un homme prudent. Chez lui, c'est un réflexe professionnel. Cet expert financier travaille dans l'intelligence économique pour le compte de gros cabinets d'avocats internationaux. Spécialiste du droit sur la propriété intellectuelle, il est en contact régulier avec d'importants annonceurs. C'est d'ailleurs ce qui l'a poussé à passer l'examen d'agent de joueurs en 2001. La fameuse licence d'agent délivrée par la Fédération française de football lui permettrait, pensait-il, d'étoffer son activité en faisant le lien entre les footballeurs et les sponsors, toujours prompts à dégainer le carnet de chèques pour s'attacher les images des sportifs. Une de mes sources m'a conseillé de prendre contact avec lui en m'avertissant :

« Tu verras, c'est un casse-couilles, mais personne ne connaît mieux la loi que lui. C'est, aussi, l'un des rares agents de joueurs à vouloir la respecter. C'est sans doute pour cela qu'il ne travaille pas beaucoup. »

*

En cette fin d'été 2004, je prépare pour *VSD*, une grosse enquête sur l'argent sale dans le foot français. Le monde du ballon rond est en émoi depuis que circule dans les salles de rédaction une lettre anonyme adressée à la FFF. Une missive très détaillée qui prétend dénoncer un système gangrené par la corruption. J'attends de Patrick Mendelewitsch qu'il m'éclaire sur l'attitude des instances dirigeantes. Il est la bête noire de la Fédération et de la Ligue avec qui il a eu maille à partir à plusieurs reprises. L'agent n'a pas hésité à mettre le doigt là où ça fait mal. L'homme les agace. Il n'a pas le profil habituel de l'agent. Il ne porte ni gourmette ni chaîne en or. Il déteste aussi les voitures de sport tape-à- l'œil. C'est donc un OVNI du football que je m'apprête à rencontrer.

*

L'accueil est glacial :

« Je vous préviens tout de suite : je n'ai pas de temps à perdre avec le pousse-crayon d'un journal de plagistes. »

Je lui rétorque :

« Mon journal de plagistes, comme vous dites, est l'un des rares à publier des enquêtes sur le football. »

Un partout. Balle au centre.

Il repasse à l'offensive :

« Vous connaissez la règle des trois *s* ?

Sa façon de m'interroger me rappelle un de mes anciens profs de maths. Un bien mauvais souvenir. J'ai obtenu un pathétique 1/20 au bac. Je sèche.

« Eh bien, c'est simple. La règle des trois *s*, cela signifie : *secret*, *silence*, *solidarité*. C'est ce qui se passe dans le football aujourd'hui. Si vous comprenez cela, vous comprendrez le reste. »

Il m'explique ensuite comment Jeremy Menez, du FC Sochaux, un de ses joueurs les plus prometteurs, l'a quitté au profit de Jean-Pierre Bernès, ex-bras droit de Bernard Tapie à l'OM devenu un agent incontournable. Implacable ironie : la condamnation pénale de Bernès lors de l'affaire de corruption

VA/OM n'aurait jamais pu lui permettre d'exercer cette activité[1].

« Dans le foot tout est à l'avenant. Il n'est même plus hors la loi. Il vit au-dessus des lois » me dit-il.

*

Sa vision du football, aussi sombre soit-elle, n'a pas réussi à endiguer l'amour qu'il porte au ballon rond. Cela nous fait au moins un point commun : nous adorons tellement ce sport qu'il nous est insupportable de le voir secoué par tant de scandales.

Il me raconte avec émotion ses souvenirs d'enfant. Le stade de Colombes où son père l'emmenait voir les matchs de l'Équipe de France.

Je lui confie, à mon tour, les grands moments de supporter vécus au stade Marcel-Picot de Nancy à la fin des années 1970. Une époque bénie où un gamin nommé Michel Platini, payé 8 000 francs par mois, tapait dans le ballon avant tout pour le plaisir du beau jeu.

*

Après ces évocations empreintes de nostalgie, Patrick Mendelewitsch redevient d'un coup plus à terre à terre :

« Vous savez lire un bilan ? C'est bien beau de se promener avec des documents. Encore faut-il savoir les lire ! »

Sa condescendance a le don de m'exaspérer, mais il se montre tout de même d'une bienveillante indulgence à mon égard. Il apprécie ma fougue, mon courage et ma soif de comprendre. Et,

1. En 1995, Jean-Pierre Bernès a été condamné à deux ans de prison avec sursis par le tribunal correctionnel de Valenciennes. Or la FIFA impose un casier judiciaire vierge et des témoignages de bonne moralité pour obtenir la licence d'agent.

bientôt, il ne comptera pas ses heures pour m'offrir en accéléré mes premières leçons d'économie.

*

Ses doutes se dissipent après la publication, le 28 octobre 2004 dans *VSD*, de mon enquête sur l'argent sale du foot français. Il me lâche alors son premier compliment :

« C'est l'une des meilleures synthèses sur les affaires du foot que j'ai eu à lire. »

Patrick Mendelewitsch va devenir un contact privilégié. Son éclairage et sa précision sur les dossiers traitant du foot sont pour moi des atouts de taille. Il m'apporte davantage de rigueur sur ces sujets si complexes.

Au fil des mois, notre relation devient de plus en plus étroite. Presque filiale. Un soir de novembre 2005, je lui confie mon projet d'écrire un livre sur le foot business.

« Nous devrions l'écrire ensemble, je pense que nous pouvons former un duo gagnant » me dit-il.

C'était la réponse que j'attendais. Après tout, le football n'est-il pas avant tout une formidable aventure collective ?

Prologue

Un rituel impeccablement orchestré. Avant d'attaquer les choses sérieuses, sir Alex convie ses hôtes[2] à une visite informelle de son bureau.

Un espace spacieux et fonctionnel. Aucune fantaisie. Pas le moindre signe de vanité ou de mégalomanie dans l'aménagement et la décoration. Des trophées épars et des photographies encadrées tempèrent la rigueur et la simplicité du lieu. À l'opposé de la porte d'entrée, une gigantesque baie vitrée offre une vue panoramique sur une immense pelouse aménagée : des plots, des lignes tracées à la craie, deux minuscules cages de water-polo. Un entraînement léger est prévu dans une heure. La veille, 26 décembre 2003, l'équipe d'Everton a été dignement reçue dans un stade d'Old Trafford plein à craquer. *Boxing day*, le traditionnel match du lendemain de Noel. Une rencontre sans véritable intérêt, disputée par des acteurs aux jambes lourdes et aux cheveux douloureux.

Alex Ferguson marque un temps d'arrêt devant une petite photo en noir et blanc : le fameux *Déjeuner sur Manhattan*. Où l'on voit onze types assis sur une poutrelle métallique, les jambes pendantes dans le vide, en train de casser la croûte. Des casquettes de poulbots au lieu de casques, pas de trace de

2. Scène vécue par l'un des auteurs, à l'époque agent du joueur Jeremy Menez.

harnais, aucun système de sécurité apparent. Jeremy, l'adolescent que le club souhaite engager et pour lequel on fait tous ces frais, jette un coup d'œil distrait à la photo, puis tourne un visage inexpressif vers le coach qui l'interroge :

— *Alors Jeremy, qu'est- ce que ça t'inspire ?*

Le gamin, fatigué, garde les yeux posés sur la photographie.

— *Ils mangent.*

— *Bien sûr qu'ils mangent, mais à ton avis, qui sont-ils, qu'est-ce qu'ils font là, où sont-ils ? Pourquoi cette photo ?*

Haussement d'épaules et de sourcils. Silence radio. Le maître de cérémonie lui vient en aide :

— *Des ouvriers. Employés à la construction d'un gratte-ciel quelque part à New York dans les années 1930. Ce sont peut être des Indiens. Ils sont réputés pour leur absence de vertige et ont été beaucoup employés sur ce genre de chantier. Ces types savent qu'en cas de danger ils ne peuvent compter que sur leurs équipiers. Chacun s'en remet à l'autre pour survivre et, tous ensemble, ils essaient de mener à bien leur mission : construire une tour de béton et d'acier...*

Et d'ajouter :

— *Onze lascars en situation délicate au-dessus de Manhattan à la conquête d'un sommet. Ça ne te parait pas un bon exemple de solidarité et d'effort collectif ?*

Jeremy Menez, jeune pousse du FC Sochaux [3], reste désespérément muet. Il doit penser qu'on le met à l'épreuve et sa timidité naturelle prend le dessus. Le boss le prend affectueusement par l'épaule et l'entraîne à l'autre extrémité de la pièce. Ici, des photos de gamins aux traits juvéniles. On reconnaît les Beckham, Gary et Phil Neville, Paul Scholes, Nicky Butt et Wes Brown. Ils ont entre douze et quinze ans. Le message est clair : « Ils ont été formés dans ces lieux, alors saisis la chance que l'on t'offre et tu connaîtras peut-être le même destin. »

Sir Alex poursuit la démonstration. Il montre à Jeremy un document officiel placé sous verre et encadré sur le mur :

3. Il joue aujourd'hui sous les couleurs de l'AS Monaco.

— *C'est l'un des exemplaires originaux de l'acte de mariage de John Lennon. On me l'a offert en cadeau.*

— *C'est qui ?* demande Jeremy à voix basse.

Franche rigolade de la part de Les Kershaw et Jimmy Ryan, collaborateurs du boss qui ont déjà dû assister à la visite guidée un nombre incalculable de fois et qui attendent, tranquillement assis autour de la grande table de travail.

— *C'est John Lennon... Les Beatles...*, s'écrit Ferguson en mimant quelques secondes l'un des quatre garçons dans le vent grattant une guitare imaginaire.

La symbolique d'ensemble est subtile. Bienvenue à Carrington, le centre d'entraînement dernier cri de Manchester United. Temple mondial du foot business, où, pour la plus grande satisfaction de ses actionnaires, le club conjugue avec bonheur sueur, solidarité, strass, paillettes et profit. Foot business égal foot + show business. Pour autant, la métaphore du patron semble inaccessible à des gamins qui pourraient être ses petits-enfants.

Après moins d'une heure de discussion autour de la table, sir Alex ouvre un carnet demi-format à spirale horizontale et y récapitule à la main les conditions de l'offre faite à Jeremy Menez : 1,2 million de livres de salaire pour un contrat initial de quatre ans. Une maison individuelle de belle taille, toutes assurances possibles et imaginables, douze billets d'avion aller-retour, des primes de matchs spécifiques : 5 000 £ s'il est sur la feuille de match, 10 000 £ en cas d'entrée en jeu et 100 000 £ pour fêter sa sixième entrée en jeu. Après quoi, on remettra tout à plat.

Il arrache la page qu'il tend à Jeremy. Ses acolytes Jim et Les observent attentivement la réaction du jeune homme qui n'a pas encore dix-sept ans. Sans même lever les yeux du document qu'il tente de déchiffrer, le gamin paraît hésiter, puis interroge son agent :

— *Tu peux demander pour mon frère, j'ai super envie de venir, mais je voudrais que mon frère vienne vivre avec moi parce que j'ai peur du changement... au début... tout ça...*

Aucune allusion de sa part à l'aspect financier des choses. Son unité de mesure, c'est le prix du forfait de son téléphone portable.

L'agent se tourne vers Kevin, l'aîné des Menez, assis à sa gauche, face à Jim Ryan :

— *Tu es d'accord pour accompagner ton frère ? Vous avez bien réfléchi ?*

Rapide exposé des données du problème aux Mancuniens, tout ouïe. Sir Alex s'empare de l'ordinateur de poche qui lui tient lieu de téléphone portable et explore lentement la mémoire de l'engin. Puis il compose un numéro. Trois minutes de conversation montre en main. Il interrompt la communication et explique alors que Kevin sera embauché par un partenaire du club. Quatre jours par semaine, à un salaire supérieur de plus de 60 % à ce qu'il gagne chez France Télécom. Le reste du temps, il pourra le consacrer au football, dans un club semi-professionnel de la région qu'il intégrera avec les recommandations d'usage.

Le boss s'adresse alors à Kevin après lui avoir décoché un sourire façon père Noël en session de rattrapage :

— *Si tu es aussi bon que le prétend ton petit frère, je suis sûr que tu viendras rapidement nous rejoindre à Man U... Qui sait, peut-être vous entraînerez-vous ensemble un de ces jours...*

Il ment avec l'aplomb d'un prix Nobel de poker.

Regard inquisiteur de Les Kershaw posé sur le gamin. Recruté par sir Alex à la Metropolitan University de Manchester, cet universitaire égaré dans le foot-biz sera honoré par la Royal Society of Chemistry en septembre 2005 et prendra sa retraite de responsable de l'Académie mancunienne avant l'ouverture de la saison 2006-2007. Dans ses yeux posés sur le jeune Français qui s'apprête à franchir le pas, on jurerait lire une réserve. Une espèce de mise en garde imperceptible, un message subliminal du genre : « Attention petit, décide-toi vite à donner corps à tes rêves, demain il sera peut-être déjà trop tard... » Les faits lui donneront raison[4].

---

4. Sous la pression de son entourage familial et de son club formateur, Jeremy Menez renoncera à rejoindre le club de Manchester United. Les moyens utilisés par le FC Sochaux pour conserver son joueur lui vaudront une condamnation par le TGI de Créteil le 12 septembre 2006.

*

Paris, mars 2006. Hôtel du Louvre. Ils sont ponctuels et faciles à reconnaître. Menton volontaire et costume bleu foncé coupé quelque part sur Savile Row pour Nigel Layton. Blazer noir de très bonne facture pour Richard « Dick » Andrews, l'œil vif sous les traits fatigués d'un fonctionnaire du Foreign Office qui serait resté trop longtemps en poste au cul du monde. Tous deux sont respectivement Managing Director et Chief Executive de Quest, une boîte de détectives présidée par lord John Stevens, patron de la police londonienne de 2000 à 2005 et conseillée par Efraim Halevy, dirigeant du Mossad de 1998 à 2002. Des gens qui connaissent par le menu la signification des mots *corruption, blanchiment, noircissement*, *délinquance* et *criminalité financière.*

Fin janvier 2006, Quest s'est vue chargée par la Premier League anglaise, assise une fesse sur un tas d'or, l'autre sur un baril de poudre, de vérifier la régularité de 362 transferts effectués par 26 clubs entre le 1er janvier 2004 et le 31 janvier 2006. 600 000 £ d'honoraires pour une mission qu'en dépit de l'optimisme de leur discours, ils ne paraissent pas très sûrs de mener à bien. Et ils ont voulu nous rencontrer. Parce qu'ils savent que nous préparons une enquête sans concessions sur les ravages du foot business.

Par courtoisie, nous les laissons terminer leur quart d'heure publicitaire. Ils l'abrégeront sans peine lorsqu'on leur présentera le plat de résistance et nos pronostics sur la combinaison gagnante. Notre sainte trinité du foot business actuel se résume à ceci : *trading* international de joueurs détenus par des sociétés aussi cosmopolites qu'improbables, écuries de chevaux de course et sites web *off-shore* de paris en tout genre. Ce que l'on désigne par *Cyberbookmaking.* Leur surprise n'est pas feinte. En gage d'amitié, nous échangeons quelques pièces rares et nous jurons de nous revoir bientôt. Ce sera chose faite en début de soirée du 16 mai, veille de la finale parisienne de l'édition 2006 de la Champion's League opposant Arsenal à Barcelone. Comme nos nouveaux amis se cassent les dents sur des retraits massifs en espèces, nous leur administrons une piqûre de rappel gare du Nord, au beau milieu de supporters anglais passablement imbibés. Surréalisme shakespearien : les censeurs du foot business britannique se pressent pour assister au dernier acte de la représentation. Nigel Layton vide son sac. Au double sens du terme. Rude épreuve pour les cartables bourrés de documents, qui se gonflent et se dégonflent comme des accordéons pendant que Jake Marsh, benjamin ambitieux tiré à quatre épingles, prend des notes. Le lendemain, alors que les joueurs d'Arsenal rentrent bredouilles, l'équipe Quest remet le cap sur Londres. Plus « boostée » et motivée qu'un athlète de haut niveau après 24 heures d'autotransfusion.

La délinquance en survêt' n'à qu'à bien se tenir...

PREMIÈRE PARTIE

Les maîtres du monde

« Finalement, le football est un beau jeu que les médiocres ont rendu laid au nom du pragmatisme. »

Jorge Valdano,
ex-manager général du Real Madrid.

Sport aux lois universelles, le football est aussi un jeu devenu, sous sa forme professionnelle, une activité économique majeure qu'il a bien fallu encadrer, organiser, contrôler. Ainsi sont nées au début du XXe siècle, les grandes institutions en charge de la conduite du foot business.

Au cours des quinze dernières années, l'explosion des droits TV a été d'une intensité folle. Résultat, les instances dirigeantes se sont retrouvées à la tête d'une manne financière aux limites encore indéterminées.

La FIFA parade au sommet de la pyramide mondiale et partage son influence avec ses six vassaux continentaux. L'UEFA, maîtresse du très puissant fief européen, mène la danse.

Victimes de leur succès, ces Maîtres du Monde se livrent des combats féroces afin de sauvegarder leurs intérêts. Peu à peu étourdis par l'argent facile, tous les échelons de l'Empire du ballon rond se laissent gagner par la cupidité. Jusqu'à l'écœurement.

Chapitre 1

Un miracle planétaire

La marchandisation du football professionnel n'est pas le fruit du hasard. Il a été rendu possible parce que ses promoteurs en ont décidé ainsi et qu'ils se sont donné les moyens d'y parvenir. Ils ont créé et développé un véritable « marché » du spectacle sportif. Ce marché est un ensemble spatio-temporel (« des lieux et des temps ») où, moyennant finance, des millions de spectateurs vont pouvoir assouvir leur boulimie de foot.

Des gisements inépuisables

Pour certains, cela va consister à se rendre au stade, abonnés ou non, seul ou en famille, afin d'y communier avec « leur » équipe après avoir – dans le meilleur des cas – déjeuné ou dîné, dans l'un des restaurants panoramiques de « leur » complexe sportif.

Pour d'autres, à regarder le match depuis leur chambre d'hôtel luxe intégrée au stade, dont la fenêtre donne directement sur la pelouse. Sous d'autres cieux, à goûter à l'euphorie d'une victoire inattendue et dépenser plus que de raison « pour fêter ça » dans le « maxi store » du stade resté opportunément ouvert deux heures après le coup de sifflet final. Une boutique qui regorge de nouveaux gadgets à l'utilité toujours plus discutable. Ou encore à prendre connaissance, sur leur téléphone portable ou leur ordinateur via Internet, des dernières cotes des équipes engagées dans les championnats, décidément de moins en moins indécis. Et tenter « une dernière fois, c'est juré », avant l'agonie de leur carte bancaire, un pari en ligne audacieux sur les scores de la journée. Ou bien encore à acheter un forfait « tout compris » pour aller soutenir leur équipe lors d'un déplacement périlleux « à l'extérieur ».

Mais, pour le plus grand nombre hélas, à s'avachir un peu plus sur le canapé torturé qui fait face à l'écran plasma dernier cri qui trône dans le salon, en attendant la livraison des pizzas hypercaloriques promises pour le coup d'envoi.

Pour tous en tout cas, sous toutes les latitudes, par tous les temps, dans chacun des segments de ce marché multiforme, c'est s'en mettre plein les yeux, plein les oreilles, plus rarement les babines. Et oublier temporairement le reste.

Ce miracle quasi planétaire a été rendu possible par la volonté des Maîtres du Monde du foot. Ceux qui ont eu l'intelligence d'imaginer qu'une compétition sportive aux lois du jeu aussi immuables qu'universelles pouvait constituer le support idéal d'un spectacle unique. Ceux qui ont su poser les fondations à partir desquelles un sport collectif s'est élevé jusqu'à devenir l'une des composantes majeures de l'industrie du spectacle. Ceux qui en maîtrisent tous les rouages, au sens artisanal du terme.

La première qualité des Maîtres n'est-elle pas en effet de posséder la « maîtrise technique » de leur art et des outils au moyen desquels ils exercent leur pouvoir ? Or c'est exactement le cas des promoteurs du foot spectacle.

Juges et parties

Ces derniers sont les gardiens des lois du jeu, tantôt adoubés par la puissance publique, tantôt autoproclamés. Occasionnellement, ils menacent d'excommunication les hérétiques qui manifestent des velléités de réforme (tels l'assistance vidéo à l'arbitrage, l'accroissement du nombre des arbitres ou encore l'élargissement des buts...). Non contents d'inventer les compétitions, ils les multiplient, les commercialisent, définissent souverainement les calendriers et désignent ceux qui auront l'honneur de les disputer. Leur toute-puissance les autorise même à imposer aux clubs participants les conditions dans lesquelles, grâce à la « foire aux transferts », ils pourront constituer ou reconstituer leurs forces vives.

Parce qu'ils contrôlent les principales sources de revenus du football professionnel que sont devenus les droits marketing et de retransmission télévisuels de leurs compétitions, ils disposent pratiquement d'un droit de vie ou de mort économique sur les clubs rendus « télédépendants ». Enfin, ils arbitrent les conflits et rendent des avis et des jugements. De plus en plus souvent contestés, d'ailleurs, par ceux qui les subissent. Mais la manifestation la plus éclatante de leur pouvoir, l'arme absolue de leur autorité, c'est l'exclusion. Temporaire ou définitive. Être exclus de la compétition, et donc du spectacle, à quelque niveau que ce soit, c'est mourir, disparaître, se couper définitivement de l'accès au trésor du « foot-biz ».

À la fois promoteurs et régulateurs, législateurs et juges, ils abusent sans remords de leur position dominante. Ils sont les Maîtres du Monde du foot business. Et entendent bien le rester.

Maître du foot spectacle est de fait un statut enviable. Si l'on en juge par les luttes acharnées de pouvoir et d'influence qu'ils se livrent, par la cupidité et l'avidité que la plupart manifestent, les places doivent être bonnes et les perspectives meilleures encore.

Envoyez la monnaie !

Le trait de génie des Maîtres de ce monde ? Avoir conçu un système dans lequel tout le monde gagne ou presque, aussi longtemps que le consommateur final fait son devoir et paye. « Casque ». « Raque » toujours, paye encore et encore. Surpaye la cotisation annuelle de sa carte bancaire sous prétexte qu'elle porte, distinction dérisoire, le nom de son club. Paye son abonnement au stade, au journal du club, à la *newsletter*, au télédiffuseur à péage, à l'opérateur de téléphonie mobile au seul motif qu'il est sponsor principal de la Ligue 1 (ou « Premier League anglaise »).

Règle au prix fort les sandwiches, boissons, maillots et posters de ses idoles. À prix d'or les gants, écharpes, bonnets, casquettes, parapluies, mascottes et autres peluches siglés aux couleurs de son club ou de son équipe nationale.

Paye à domicile et à l'extérieur, en Championnat et en Coupe, paye ou plus exactement rembourse, au travers de ses divers achats, aux sponsors et autres équipementiers et « partenaires agréés » leurs budgets publicitaires colossaux engloutis par le foot business.

Foot dépendance

Enchaîné à son addiction, le spectateur du foot business est privé de tout espoir de sevrage. Le fragile équilibre du système et la prospérité des Maîtres du Monde dépendent de sa résignation financière, de son abnégation, de son aptitude à traverser les difficultés de l'existence sans jamais réduire le budget qu'il consacre au ballon rond. Quels que soient les aléas de son horoscope, le (télé)-spectateur doit, *for the good of the game*[5], continuer à gonfler la bulle spéculative.

Pris dans cette hystérie consumériste, l'amateur de foot achètera sans sourciller du synthétique made in China au prix du 100 % coton fabriqué en France. Les présidents de clubs lui présenteront en grande pompe du Brésilien de second choix muni d'un faux passeport pour du Portugais aristocratique. Du vent au prix de l'air comprimé. Bref, *« show must go on... »*, comme l'avait martelé Sepp Blatter devant les caméras de télévision, un triste après-midi de juin 2003, quelques minutes après le décès par crise cardiaque du joueur camerounais Marc-Vivien Foé lors de la demi-finale de la Coupe des confédérations.

Le partage du gâteau

Dans l'adversité, lorsque les échos de leurs turpitudes parviennent aux oreilles de leurs nourriciers, les Maîtres du Monde sont

---

5. « Pour le bien du jeu » : un des slogans de la FIFA.

capables de renoncer à se combattre et de refaire l'unité de façade de « la famille du football ».

Mais sitôt l'orage dissipé, la nature humaine reprend ses droits. On renégocie alors, pour la forme, la clé de répartition des rôles et du butin : à la FIFA [6], la gestion des affaires mondiales ; à l'UEFA [7] la part du lion et la conduite des opérations européennes, les cinq autres Confédérations continentales se partageant les miettes du festin.

Aux Ligues professionnelles, l'organisation et l'exploitation commerciale des championnats professionnels nationaux (« le foot business » à l'échelon local) et de la compétition, le plus souvent désignée sous le nom de « Coupe de la Ligue ».

Lorsqu'ils estiment que leurs intérêts économiques et stratégiques dépassent le cadre national, les clubs se constituent aussi en groupes de pression transnationaux : c'est la vocation du G14, né secrètement à Londres en juillet 1998.

Enfin, aux associations nationales (ou Fédérations) sont concédées les prérogatives de puissance publique, c'est-à-dire des États, représentés par leur ministère de tutelle, pour organiser le football dans chaque pays. Pour de multiples raisons, les Fédérations ont le plus souvent « subdélégué » la gestion du football professionnel aux Ligues, conservant sous leur autorité directe le secteur amateur et la Coupe nationale (Coupe de France, d'Angleterre, d'Italie...). Bien que théoriquement placées sous l'autorité administrative des Fédérations, les Ligues professionnelles s'en sont le plus souvent affranchies. Résultat : le rapport de force, notamment financier, ne cesse d'évoluer à leur avantage au fur et à mesure que se développe le foot business.

Gardons une pensée émue pour les milliers de bénévoles, tôt levés chaque dimanche afin que vive un football vertueux et pauvre. Un univers à mille lieues du train de vie de la FIFA, fastueux jusqu'à l'indécence.

---

6. Fédération Internationale de Football Association.
7. European Union Football Association.

CHAPITRE 2

FIFA : les intouchables de Zurich

Des idées généreuses et utopiques ont souvent pris naissance dans la patrie des droits de l'homme. Devenues de « bonnes », voire de très « bonnes affaires », elles mûrissent et prospèrent fréquemment en Suisse, où des banques faussement austères, des fiduciaires rassurantes et dévouées, ainsi qu'un fisc compréhensif aux ambitions non confiscatoires, constituent le régime idéal à leur croissance et leur épanouissement. La FIFA, association privée de droit helvétique, n'a pas échappé à la règle. Née à Paris, au 229, rue Saint-Honoré, le 21 mai 1904 [8], la Fédération Internationale de Football Association est une grande et bonne idée.

L'ONU du foot

Fédérer, organiser et développer la pratique mondiale du football quand des semaines de bateau séparaient encore l'Ancien et le Nouveau Monde pouvait paraître un pari fou. Pari gagné pourtant, puisque l'Afrique du Sud rejoindra la FIFA dès 1909, suivie par l'Argentine et le Chili en 1912 et les USA en 1913. Pourtant, c'est seulement le 18 juillet 1930, à Montevideo en Uruguay, que sera disputée la première Coupe du monde. Le Congrès de Budapest, qui suivra l'événement, remerciera très

8. Une plaque commémorative posée à droite du porche lors des grandioses manifestations de son 100e anniversaire en 2004 en témoigne.

officiellement l'Uruguay pour l'aide immense apportée à la cause du football.

De grandes figures vont jalonner son histoire. Jules Rimet bien sûr, qui la présidera de 1921 à 1954 et donnera son nom à sa compétition emblématique. Mais aussi Carl Hirschmann, ce Néerlandais héroïque et méconnu qui, à ses frais, va lui permettre de survivre au carnage de la Première Guerre mondiale. Joao Havelange surtout qui, entre 1974 et 1998, va s'employer, avec une détermination sans faille, à remplir à ras bord et « à tout prix » la coupe de l'argent du foot business.

La coupe est pleine et pour une fois personne ne s'en plaint. Mais quelle est donc la recette d'un tel succès [9] ? Elle est confondante de simplicité : vous avez aimé le « jeu de l'entraîneur » ? Vous allez adorer celui des « Maîtres du Monde ». Pour comprendre comment cela fonctionne, imaginez un instant que vous êtes le président de la FIFA.

Dans la peau d'un Maître du Monde.

Dès lors que 207 fédérations nationales [10] vous ont prêté serment d'allégeance, ont reconnu votre autorité en adhérant à vos statuts et à votre règlement d'application, en acquittant avec enthousiasme leur cotisation, le plus dur est fait.

Concevez ensuite une compétition unique ouverte à toutes les équipes nationales. La fabuleuse Coupe du monde de la FIFA. Le système éliminatoire jusqu'à la phase finale devra garantir la qualité du spectacle et un suspens insoutenable en fin de parcours. Le succès de sa commercialisation en dépend. Même si les protestations des fédérations se multiplient, ne lâchez rien sur l'essentiel : les acteurs du spectacle, c'est-à-dire les joueurs,

---

9. En 1955, le budget de la FIFA était de 1 million de francs suisses, contre plus de 2 milliards de FS aujourd'hui (source : KPMG Suisse).

10. La FIFA a davantage d'États membres que l'ONU, qui en compte 192.

devront être rémunérés, primés et assurés par leurs fédérations ou leurs clubs employeurs. Tant pis pour la casse... Ne prenez en charge que les frais d'organisation et encore, de manière restrictive. Mettez un maximum de dépenses à la charge du pays organisateur en lui laissant entendre que les retombées économiques seront considérables. Ce qui n'est pas nécessairement inexact.

Dès que la partie sportive est au point, passez aux choses bien plus sérieuses encore : la commercialisation de l'événement.

Il va falloir vous montrer redoutablement convaincant. Persuadez le pays organisateur que la seule manière de vendre un maximum de billets pour les matchs, c'est d'en assurer la vente vous-même ou de conserver un droit de regard sur les modalités de leur négoce. Entre parenthèses, n'oubliez pas les juteux séjours touristiques en surveillant la clef de répartition et la liste des « tours opérateurs autorisés ».

Vous justifierez dès lors votre statut de Maître incontournable du monde du foot business, ce qui vous permettra de garder la haute main sur les quotas de billets disponibles. Histoire de ne pas léser vos alliés objectifs, ceux qui vous ont porté au sommet du football planétaire et ceux qui, au gré des alliances de circonstance, vous permettent de vous y maintenir.

Dès que la question de la billetterie – un vrai casse-tête – aura été évacuée, lancez l'appel aux sponsors publicitaires. Là, les choses sont relativement simples. Ils recherchent de la visibilité. Frénétiquement. Sous toutes ses formes. Placez donc la barre très haut. Mettez dans la balance les milliers de spectateurs, les centaines de millions de téléspectateurs, les maillots des acteurs, les ballons dirigeables, les supports divers et multiples imposés aux organisateurs lorsqu'il s'est agi d'étudier la configuration des arènes, pardon, des stades, dans lesquels seront organisées les épreuves.

Ne perdez pas de vue que la Coupe ne se joue que tous les quatre ans. Ne tardez donc pas à trouver les annonceurs « partenaires ». Les négociations peuvent être longues. Entre deux éditions de la compétition, il faudra bien percevoir des avances et disposer de ressources financières pour « faire tourner la boutique ». Et notamment : primo, verser 1 million de $ tous les 4 ans à chaque fédération adhérente ; secundo, attribuer à chaque confédération régionale ses 10 millions de $ tous les 4 ans ; tertio, maintenir les divers programmes mondiaux[11] d'aide au football sous toutes ses formes, parce qu'ils servent astucieusement votre cause et vos chances de réélection.

Les gnomes triomphent à Zurich

Les pères fondateurs épris de démocratie sportive ont bien fait les choses. Chaque fédération nationale dispose du même pouvoir au Congrès, *« instance suprême de la Fédération*[12] *»* : celui de vous élire. Andorre et son championnat pittoresque ont le même poids que la Fédération espagnole, la République de San Marino que l'Italie, Trinidad et Tobago que le Brésil... Saint-Vincent-Grenadines, si chères au cœur de Laurent Voulzy, pèsent aussi lourd que n'importe quelle grande nation du football ! Ne perdez donc jamais de vue cet atout politique majeur. Exploitez-le jusqu'à la corde. Vous comprendrez vite que l'aide modeste apportée aux Nains exotiques du foot business est autrement plus productive que celle prodiguée aux Géants européens qui n'en ont nul besoin, quoi qu'ils prétendent. Comme vous le savez, ceux-là n'aspirent ouvertement qu'à vous remplacer à la tête de « l'ONU du football ». Les premiers sont petits certes, mais musclés... et capables de vous maintenir « éternellement » au pouvoir pour autant que vous ayez su les convaincre qu'aucun autre candidat ne soutiendra aussi intensément leurs nobles causes et celles, quelquefois plus... terre à terre, de leurs dirigeants.

---

11. « Goal » est le plus important avec un budget de 100 millions de dollars, dont près de 180 associations nationales grappillent quelques miettes.

12. Statuts de la FIFA – Règlement d'application des statuts – Règlement du Congrès.

À votre bon cœur

N'oubliez pas non plus les licences. Ces autorisations de reproduire les dessins, les modèles, la mascotte de la Coupe n'ont l'air de rien, mais elles font vendre. Alors « pas de quartier ». Une élégante culotte de cuir siglée « FIFA Deutschland 2006 » peut parfaitement devenir *vintage* avant l'heure, d'autant qu'en Bavière elles ont la réputation d'être inusables et se portent de père en fils... Bien sûr, nous direz-vous, la contrefaçon pullule et il est bien difficile de faire régner l'ordre dans ce secteur. Ce n'est pas une raison pour vous décourager et vous priver d'une petite centaine de millions de francs suisses tous les quatre ans ! Choisissez une mascotte difficile à reproduire, affublez-la d'un nom aussi facile à retenir par un Esquimau qu'un Aborigène, et ne concédez vos licences qu'à quelques partenaires triés sur le volet. À charge pour eux de les commercialiser plus largement sur chaque « niche » potentielle et, contractuellement, de faire la chasse aux fraudeurs. Ou de vous payer les dommages et intérêts résultant de leur imprudence. Ce qui est à vous est à vous, ce qui est à eux est négociable. Vous êtes le Maître du Monde oui ou non ?

Quand tout cela est en place, concentrez-vous sur la négociation des droits de retransmission TV. C'est le point capital, l'instrument de votre pouvoir. Ils représentent en effet 83 % des recettes totales de votre empire. Soit 785,9 millions de francs suisses pour la seule année 2006, dont 412,5 millions pour l'Europe, 98,4 millions pour les USA et 275 millions pour le reste du monde.

« L'ogre cathodique » est prêt à tous les sacrifices pour emporter le morceau. Certes, le droit de retransmettre la « grand-messe » du football mondial atteint un niveau de prix quasi prohibitif, mais elle reste pourtant rentable pour les diffuseurs. Ils parviennent encore à la vendre à leurs abonnés et à leurs annonceurs à des prix « extravagants », pour reprendre un vocable cher au président Blatter. Là encore, faites preuve d'imagination : vendez ces droits en bloc à un acheteur unique et laissez le faire son affaire (et son profit) de leur répartition ultérieure. Ou bien, par prudence [13], mettez les acheteurs en concurrence. Retenez ceux qui vous paraissent les plus aptes à survivre jusqu'au coup de sifflet final. Avec un peu de chance, des prolongations et une séance de tirs au but seront nécessaires pour attribuer le « Saint-Graal ». Et là, c'est le bonus assuré pour les diffuseurs. Quatre longues années d'attente fébrile couronnées par trois écrans publicitaires « gratuits » et inattendus à vendre plus cher que le Super-Bowl ! Ouahhh... Viva la FIFA !

Enfin, n'omettez pas les 10 millions de francs suisses que vous verse Adidas chaque année. Entre Adidas et la FIFA, ce n'est même plus une affaire d'argent. N'est-ce pas Horst Dassler, décédé en 1987 et ancien PDG de l'affaire familiale, qui a fait nommer Blatter secrétaire général de la FIFA en 1981 [14] ?

Alors « Président lecteur » quels enseignements peut-on tirer de cette présentation simplifiée ?

À première vue, la « tour de contrôle » du football mondial est d'abord une énorme pompe à finance. Si les espérances de ses dirigeants se sont réalisées, elle aura aspiré dans les poches de ses « partenaires » un total de 2 041,8 millions de francs suisses de 2003 à 2006. Dans le même temps, elle aura supporté des dépenses totales de 1 871,9 millions de francs suisses, dont 621 millions au titre de la seule Coupe du monde 2006, et aura donc dégagé un résultat positif de 169,9 millions de francs suisses. Pas mal pour une association suisse sans but lucratif !

En second lieu, le rôle joué par la FIFA dans l'épopée mondiale du foot business est particulièrement « gratifiant », tant

13. À de tels niveaux de prix, une faillite n'est pas à exclure. Celles d'ISL et de Kirsch Media sont encore dans toutes les mémoires et 50 % des droits totaux ne seront versés que l'année de la Coupe.

14. Après sa nomination aux commandes administratives de la FIFA, ce dernier est resté pendant plusieurs mois dans son bureau de Landersheim, au siège social d'Adidas France, au lieu de rejoindre les locaux de l'organisation à Zurich.

pour l'institution que pour ceux qui la dirigent. Sa santé insolente confine à la provocation en regard de l'hémorragie financière dont semblent souffrir de manière incurable les grands championnats professionnels européens.

Dans ces conditions, consacrer sa carrière à la conduite des affaires du football mondial doit être une sinécure très recherchée. Quelle organisation mondiale employant moins de trois cents personnes peut aujourd'hui se permettre « sans broncher ou presque » de dépenser, en quatre années, 128 millions de francs suisses dans l'organisation de ses quatre Congrès pas vraiment « ordinaires »[15] et 246 millions dans ses autres frais de fonctionnement ? Un train de vie somptuaire, autorisant par exemple Sepp Blatter à loger, durant la totalité de la Coupe du monde, dans la suite présidentielle de 420 m^2 du prestigieux hôtel Adlon de Berlin. Un modeste pied-à-terre loué 20 000 euros par jour !

Blatterinho

Pas de doute : les vingt-quatre membres du comité exécutif de la FIFA et ses sept vice-présidents sont probablement plus puissants et largement mieux rétribués que ceux de n'importe quelle entreprise multinationale du secteur concurrentiel. Son président, Sepp Blatter, dont la rémunération reste « secret-défense », émargerait à près de quatre millions de dollars par an[16].

Pourtant, rien ne prédestinait le « petit Blatter », comme le surnommaient ses camarades au collège de Sion, à devenir un jour le maître absolu du football mondial. Né en 1936 à Viège, dans le canton du Valais en Suisse, Joseph Sepp Blatter, fils d'un modeste réparateur de vélos, gravit une à une les marches

---

15. Le Congrès ne se réunit annuellement que depuis 1998 : les statuts prévoient pour leur part un congrès tous les deux ans.

16. Dans un entretien accordé au journal Suisse *Sontag Zeitung*, le 18 février 2007, Sepp Blatter reconnaissait avoir touché 1 million de dollars d'indemnités durant l'année 2006.

de la gloire : caviste, groom et réceptionniste dans un grand hôtel de Genève, puis directeur des relations publiques de la société Longines. Au cours des années 1960, l'homme taquine un peu le ballon rond dans le modeste championnat amateur suisse au poste d'avant-centre. Mais le virus du foot, le Valaisan l'attrape définitivement en 1975 en devenant le bras droit de Joao Havelange, l'omnipotent président de la FIFA. Avec lui, Sepp Blatter apprend les subtilités du pouvoir. Et transforme la FIFA en une formidable machine à engranger des grosses coupures...

Il raconte[17] : *« Mes détracteurs estiment que j'ai détruit le football. Foutaises. Avec moi, le football ne s'est jamais aussi bien porté. Quand je suis devenu secrétaire général de la FIFA en octobre 1980, le comptable est venu me voir en me disant que les salaires de novembre ne pourraient être honorés. À l'époque, la FIFA comptait onze salariés. Nous sommes allés à la Société de Banque Suisse pour demander un prêt car nous n'avions pas encore touché l'argent de la Coupe du monde 1982. Voilà, ce que j'ai fait pour le football. Aujourd'hui, je peux être fier de ce parcours. »*

À 71 ans, Sepp Blatter semble à jamais indéboulonnable[18], en dépit de la tourmente qui agite sans discontinuer depuis 1998[19] les eaux grises du Zurichsee. Parce qu'il n'est pas exagéré de dire « qu'il y a vraiment le feu au lac ».

Du *rififi* à la FIFA

Zurich, 3 mai 2002. Joseph Blatter va avoir l'occasion de donner toute la mesure de sa pugnacité et de son invraisemblable culot. Il peut tout perdre dans cette tragédie en un acte. Pis, il n'est pas impossible qu'il ait ultérieurement à répondre devant la justice de deux décisions constituant des actes susceptibles de tomber sous le coup du droit pénal helvétique. À moins d'un mois du Congrès de Séoul et de sa probable victoire sur Issa

17. Entretien avec l'un des auteurs le 16 février 2006.
18. Le 31 mai 2007, il est le seul candidat à sa propre élection.
19. Date de son élection à la présidence de la FIFA.

Hayatou – son seul rival déclaré –, cette réunion extraordinaire du comité exécutif de la FIFA ne peut pas plus mal tomber.

Dans un réquisitoire féroce de plus de trois heures, commencé dès 9 h 15 au siège de la grande famille du football, Michel Zen Ruffinen, secrétaire général de l'organisation et grand patron de son administration, dénonce en effet les dérives les plus criantes de la FIFA et les manœuvres de son président. *« Sepp Blatter règne sur la FIFA tel un dictateur »*, assène-t-il en guise de préambule. Et d'accuser : *« Des pertes ont été camouflées et les comptes arrangés. Rien n'a été fait dans la transparence. »*

Les faits et les chiffres avancés donnent le vertige. Le rapport « strictement confidentiel » remis aux membres du comité ne souffre d'aucune ambiguïté : à sa lecture, la FIFA ressemble à un bateau ivre livré à la cupidité sans borne de son président et des membres de sa garde rapprochée. Tout y passe. Des multiples violations statutaires à l'omniprésence incompréhensible et dispendieuse du cabinet international d'organisation McKinsey & Company. Du camouflage des véritables conséquences financières de la faillite d'ISL, intervenue en avril 2001, aux diverses formes d'aide au bénéfice de Jack Warner, le puissant président de la CONCACAF[20], et de sa famille. Et deux exemples entraînant un soupçon de corruption active présumée. Le premier, au bénéfice supposé de Viacheslav Koloskov, président de la Fédération russe, payé en deux chèques de 50 000 dollars en tant que membre du conseil exécutif de 1998 à 2000, alors qu'il ne rejoindra cette instance qu'en août 2000. Le second, en faveur d'un arbitre du Niger, Lucien Bouchardeau, qui aurait reçu des mains de Blatter, en la présence de Zen Ruffinen, un chèque de 25 000 dollars. Ce « cadeau » serait, selon les accusateurs, la contrepartie d'un témoignage sur l'arbitrage en Afrique mettant en cause Farah Addo, président de la Fédération somalienne et vice-président

20. Confederation of North, Central, and Caribean Association Football, l'une des 6 confédérations continentales (Europe, Asie, Amérique...) membres de la FIFA.

de la Confédération africaine, en vue de « punir » ce dernier des accusations qu'il avait portées sur les conditions de son élection à la présidence de la FIFA en 1998. Farah Addo qui prétendait avoir vu, la nuit précédant le scrutin, des enveloppes circuler dans les couloirs du palace parisien abritant les membres de la FIFA.

Les réponses de Blatter

Les coups sont durs à encaisser. Sepp Blatter attendra dix jours avant de se défendre publiquement. Le mardi 14 mai 2002, lors d'une conférence de presse donnée au siège zurichois de la FIFA, les traits tirés et la mâchoire serrée, le patron de la FIFA répondra aux accusations de Zen Ruffinen : *« J'ai sans doute commis une erreur. J'aurais dû informer le comité exécutif ou au moins la commission des finances de ces deux versements. M. Koloskov a été vice-président de la FIFA pendant dix-sept ans et il siège de nouveau au comité exécutif. Entre-temps, il a fait beaucoup pour la FIFA dans les pays de l'ex-Union soviétique, notamment en y organisant des compétitions et en ouvrant un bureau "Goal" à Moscou. C'est à ce titre que je lui ai fait envoyer ces chèques que Michel Zen Ruffinen a lui-même signés sans me dire quoi que ce soit. »*

Au cours de cette conférence de presse, Walter Gagg, directeur technique de la FIFA, prêtera main forte à son patron en livrant sa version des faits quant au chèque de 25 000 dollars signé à l'ordre de Lucien Bouchardeau : *« Le 10 janvier 2002, M. Bouchardeau a téléphoné à Zurich pour demander à parler au président. M. Blatter étant occupé, de même que le secrétaire général, c'est moi qui ai répondu à l'appel. M. Bouchardeau m'a dit qu'il détenait des informations importantes sur des cas de tricherie et de corruption dans le football africain, accusant notamment M. Addo lui-même. Quand j'en ai informé le président, il m'a demandé de geler le dossier jusqu'à la fin de la Coupe d'Afrique des Nations et a requis un rapport écrit de M. Bouchardeau. Ce dernier m'a dit que les médias lui offraient 50 000 dollars pour obtenir ces informations. Finalement, après avoir réussi à le convaincre de ne pas ébruiter l'affaire, M. Blatter et un petit comité dont je faisais partie avons reçu M. Bouchardeau le 21 février 2002 à Zurich, puisque l'arbitre préférait se déplacer plutôt que de rédiger un rapport. Il nous a raconté sa situation les larmes aux yeux : "Ils m'ont anéanti. On ne me laisse plus arbitrer, j'ai trois enfants et je n'ai plus rien." Le comité exécutif de la CAF avait tout fait pour détruire Bouchardeau. Le président Blatter a quitté la séance, puis il est revenu quelques instants plus tard avec un chèque de 25 000 dollars pris sur son compte privé en lui disant : "Voici une contribution personnelle pour vous. Si vos informations nous aident à combattre la corruption dans le football africain, en particulier dans l'arbitrage, je suis prêt à vous donner un supplément pour améliorer votre situation personnelle." »*

Zen Ruffinen enfonce le clou

« Cerise sur le gâteau » du réquisitoire de fer de Michel Zen Ruffinen : *« Il est bien connu que le président a suspendu le comité des réviseurs et aussi interdit au directeur financier de la FIFA, ainsi qu'à ses collaborateurs, de révéler des documents de nature financière. Il a même donné l'ordre au secrétaire général de s'abstenir de demander à avoir accès à de tels documents. Le président a écrit au secrétaire général le 1er mai 2002 : "En qualité de président de la FIFA, je donne l'ordre qu'aucun document ne vous soit présenté avant le 3 mai 2002 et vous interdis de demander de tels documents auprès d'un des collaborateurs de la FIFA. En plus, je tiens à vous avertir qu'aucun document ne doit quitter l'immeuble de la FIFA". »* On ne saurait mieux dire que les comptes de l'organisation sont à considérer avec la plus grande circonspection. *« On a voulu me démolir*[21]*, rétorquera plus tard Sepp Blatter. C'était une lutte de pouvoir, l'année de ma réélection. On voulait me pousser vers la sortie et on a cherché tous les artifices pour y parvenir. »*

---

21. Entretien avec l'un des auteurs, le 16 février 2006.

« Blatter démission ! »

Impressionnés par le rapport du secrétaire général et manifestement inquiets de la tournure des événements, les sept vice-présidents demandent à Blatter de les suivre dans une pièce attenante afin de répondre des accusations portées contre lui.

Cinq d'entre eux le somment de démissionner : Hayatou le Camerounais, son rival déclaré dans la course à la présidence, Matarrese l'Italien et le meilleur connaisseur des finances de l'organisation, non inféodé à Blatter, le Coréen Chung, l'Écossais Will et surtout Johansson, son « meilleur ennemi ». Le puissant président de l'UEFA ne parvient pas à digérer sa défaite de 1998. L'Argentin Grondona semble indécis. N'est-ce pas le président Blatter qui l'a défendu avec passion sur les ondes argentines lorsque allait être rendue publique l'enquête judiciaire qui le visait dans son pays pour détournement présumé de fonds ?

Mais en ce triste jour du 3 mai 2002, Sepp Blatter compte encore quelques alliés, et non des moindres.

La victoire de Blatter

Celui qui vient au secours de Blatter, c'est Jack Warner, qui le sauve du désastre en suggérant qu'il revienne devant le comité exécutif pour s'expliquer. Ce qu'il fait. Il revient et parle. De tout et de rien. Il justifie maladroitement sa demande de suspension des opérations d'audit des finances de l'organisation. Il s'offre même le luxe de railler « Monsieur Propre » et donne à tous les membres présents l'impression de vouloir « jouer la montre » avec un aplomb extraordinaire.

Contre toute logique, ça marche. Incapables de le contraindre à fournir des éclaircissements sur les faits dénoncés dans le rapport du secrétaire général, Johansson et Chung prennent à regret la route de l'aéroport à 16 h 30. Les autres suivent en rangs dispersés. Blatter a gagné. Le comité exécutif n'a pas réussi à obtenir sa démission. Et dans trois semaines, si tout se passe comme prévu, le Congrès de Séoul va lui donner son second mandat. Ses adversaires déclarés n'auront qu'à bien se tenir...

Les vieilles recettes brésiliennes

À cet instant précis, le président Blatter se souvient peut-être qu'en raison des accusations – déjà – portées contre Ricardo Teixeira, président de la Fédération brésilienne, Joao Havelange avait osé interdire Pelé, légende vivante du football, de cérémonie d'ouverture de la Coupe du monde 1994. Ce même Ricardo Teixeira, accessoirement ex-gendre d'Havelange, apparemment « inusable » malgré les efforts du Congrès brésilien pour s'en débarrasser.

Pauvre Brésil. Pauvre « futebol »... En septembre 2000, une première commission parlementaire d'enquête constituée de vingt-cinq députés allait passer au peigne fin, pendant près de neuf mois, les pratiques de sa Fédération. Dans un rapport de 800 pages, elle recommandait que soient engagées des poursuites judiciaires à l'encontre de trente-trois personnes. Teixeira décrochait la « médaille d'or » avec douze cas caractérisant des soupçons de corruption. Vingt et un des vingt-sept présidents des fédérations d'États qui étaient à l'origine de l'élection de Teixeira auraient également dû être mis en accusation.

Malheureusement pour le football brésilien, dix-huit des vingt- cinq parlementaires enquêteurs avaient des liens très étroits avec sa Fédération. L'un deux avait même reçu des fonds de la Fédération et d'agents de joueurs pour financer leur campagne électorale. Le rapport ne fut jamais transmis à la justice.

Une seconde commission d'enquête – sénatoriale celle-là – qui avait également débuté ses travaux en septembre 2000, mit fin à ses activités après 14 mois d'investigation. Elle produisit un rapport de 1 600 pages qui préconisait que soient engagées des actions judiciaires, cette fois contre dix-sept personnes. Teixeira, auquel sont consacrées 536 pages du rapport[22] – et qui

22. Senado Federal – Relatorio Final da Comissão Parlamentar de Inquerito criada por meis do requerimento n° 497, de 2000SF *« destinada a investigar fatos envolvendo as associaçoès brasileiras de futebol »* – Brasilia 2001 – Volume III.

venait déjà d'être condamné à 6 ans de prison pour fraude fiscale –, gagnait encore le « gros lot » avec 13 chefs d'inculpation. Par exemple, les sénateurs brésiliens suspectaient un éminent membre du comité exécutif de la FIFA de s'être livré à la falsification de documents ; d'avoir emprunté, au nom et pour le compte de la CBF, la « Fédé » brésilienne, 30 millions de dollars auprès de la Delta Bank de New York, au taux d'intérêt annuel très « amical » de 56 % ! ; de s'être vu consenti en remerciement de cette généreuse rémunération, par la même banque, d'un prêt personnel au taux d'intérêt de 10 % l'an. Et d'avoir versé, sur des bases juridiques très fragiles, 9 millions de dollars à Jos Hawilla, président fondateur de la société Traffic Marketing Esportivo (ça ne s'invente pas...), pour son aide supposée dans la conclusion du fameux contrat « NIKE-CBF » par lequel l'équipementier s'était engagé à verser 400 millions de dollars à la Fédération brésilienne sur une durée de dix ans. Forte de ses découvertes, la commission parlementaire avait même qualifié, dans son rapport final, la Fédération brésilienne de football de *« forum pour les escrocs où règnent la désorganisation, l'anarchie, l'incompétence et l'hypocrisie... »*

Un ex-gendre décidément idéal, ce Teixeira, tout à fait digne d'exercer des fonctions éminentes au sein du comité exécutif de la FIFA...

Il faut sauver le Maître Blatter

Pour les adversaires de Blatter, le temps presse. Compte tenu de la gravité des faits exposés le 3 mai, onze dirigeants de la FIFA, dont cinq vice-présidents, décident, une semaine plus tard, de déposer une plainte auprès du procureur de Zurich, Urs Hubmann.

Le 29 mai, dans une tension indescriptible, le Congrès de Séoul renouvelle le mandat de Blatter par 139 voix contre 56 pour son malheureux adversaire, Issa Hayatou.

Mohamed ben Hamman, président de la Confédération asiatique de football, et Jack Warner, président de la CONCACAF, les plus proches alliés de Blatter, ont manifestement fait leur besogne avec leur efficacité coutumière. Matarrese, l'un des plus farouches adversaires du président réélu, quitte le comité exécutif. Le 31 mai, les « légalistes » baissent pavillon et retirent leur plainte, espérant sans doute, par ce geste, implorer la clémence du vainqueur dont le triomphe est complet.

Malgré le retrait piteux de la plainte des « conjurés », le juge suisse en charge de son instruction enquêtera quelque temps avant d'écarter l'éventualité de poursuites. Interrogé à ce sujet par un journaliste[23], le procureur Hubmann paraîtra mal à l'aise. Timide, le regard mal assuré, sa très mauvaise denture transforme ses sourires furtifs en rictus énigmatiques :

« Je n'ai pas constaté que M. Blatter n'avait rien fait, dit-il. J'ai juste constaté, concernant certaines accusations, que M. Blatter était innocent. Ça ne signifie pas qu'il n'y a rien eu d'illicite. Ça signifie simplement que les plaintes étaient insuffisantes pour procéder à une inculpation.

– Vous n'avez pas mené d'enquête vous-même ? Vous n'êtes pas allé dans les locaux de la FIFA afin de saisir des documents ? lui demande le journaliste.

— Au vu du dossier, une telle procédure me semblait disproportionnée. Voilà pourquoi j'ai renoncé à perquisitionner les locaux de la FIFA », répond-il en s'efforçant de soutenir le regard de son interlocuteur.

Tout est dit. Libéré de toute hypothèque judiciaire, Blatter poursuit au pas de charge l'épuration débutée en juin 2002 avec le remplacement de Michel Zen Ruffinen par son adjoint Urs Linsi, un Suisse allemand, comme lui. À la simple évocation du nom de Zen Ruffinen, son ancien fils spirituel, le sang du président de la FIFA se glace. Sibyllin, il se contente de lâcher : *« Celui qui m'accusait de corruption a aujourd'hui disparu. Il ne s'agissait que de basses manœuvres politiques pour m'éjecter de mon poste[24]. »*

---

23. Andres Rocksen, le réalisateur suédois de *Sepp Blatter, l'intouchable*.

24. Entretien avec l'un des auteurs.

La FIFA verrouillée à double tour

En dépit de son incontestable succès, Blatter ne peut suspendre éternellement la révision des comptes. D'autant qu'il l'a fait pour une très mauvaise raison : après s'être assuré que les destinées de la FIFA resteraient entre de bonnes mains, Joao Havelange aurait exigé, en juin 1998, que Blatter bénéficie d'une *« prime annuelle pour bons et loyaux services rendus à la FIFA »* de 250 000 £. La prime devait même couvrir, selon les instructions données, la période de trois mois pendant laquelle Blatter s'était mis en congé de ses fonctions de secrétaire général pour faire campagne ! Et qui avait la responsabilité de fixer la rémunération totale de Blatter[25] ? Évidemment la commission des finances, et plus directement son président et son vice-président, c'est-à-dire MM. Julio Grondona et Jack Warner, déjà mentionnés. De fait, il sera mis fin aux questions trop pressantes concernant sa rémunération à la suite de la suspension des opérations d'audit toute affaire cessante au retour de Blatter de sa tournée électorale africaine, courant avril 2002. Cela avait aussi pour effet de masquer l'impact de la faillite d'ISL et de Kirsch sur les comptes de l'organisation.

Réélu en mai, il annonce en septembre 2002 la création d'une commission de l'audit interne. Il était temps. Les premières nominations à la commission d'audit interviennent lors de la séance du comité exécutif des 23 et 24 septembre. Mais chassez le naturel... Les membres de la commission (dix au maximum) sont en effet nommés *sur proposition du président* de la FIFA et confirmés par le comité exécutif pour une durée de quatre ans.

Pour éviter un dérapage, rien de plus sûr que de confier la présidence de cette nouvelle commission de l'audit interne à Franco Carraro, membre italien du comité international olympique et président de la Fédération italienne de football (FIGC). Carraro, qui sera contraint d'en démissionner dans la tourmente,

---

25. Article 24 de ses statuts.

un mois avant l'ouverture de la Coupe du monde 2006, après la découverte des trépidantes parties de bonneteau arbitral auxquelles se livraient depuis longtemps « Lucky » Luciano Moggi[26] et ses copains du Calcio.

Dans un louable souci d'additionner les compétences, Blatter décide de faire seconder Carraro par Jeffrey Webb, des Îles Caïmans, et José Carlos Salim, ancien responsable des Finances et du Marketing de la Fédération brésilienne de football. Ce même Salim qui, un an et demi plus tôt, avait été épinglé par la commission parlementaire brésilienne pour avoir demandé à la société de marketing sportif de Pelé un million de dollars afin de « l'homologuer » auprès de la Fédération brésilienne.

Justino Fernandes l'Angolais, Farouk Bouzo le Syrien complètent l'équipe, assurant « la majorité présidentielle » de cette instance dont l'efficacité laisse sceptique.

Le sujet est si sensible que la commission de l'audit ne siégera pour la première fois que le 5 mars 2003, puis une seconde fois le 13 juin 2003. Au vu du rapport « testamentaire » de Zen Ruffinen, six mois de travail intense n'étaient pas du luxe pour faire le ménage dans les comptes...

Début 2003, Farah Addo, qui accusait un an plus tôt Sepp Blatter de corruption, est incapable de prouver ses allégations devant la commission disciplinaire de la FIFA. Il se voit infliger une sanction de deux années de suspension de toutes ses activités au sein de l'organisation. Non sans cynisme, le porte-parole de la FIFA précise que *« la FIFA n'a pas porté l'affaire devant les tribunaux car elle considère que la sanction doit rester dans le domaine sportif »*, tout en ajoutant « *qu'une année avait été nécessaire à la commission de discipline pour enquêter de*

26. Ancien manager général de la Juventus de Turin, de 1994 à 2006, il est habituellement présenté comme le cerveau du dispositif italien de matchs truqués. Pas moins de 3 instructions pénales pèsent sur lui.

manière sérieuse sur les accusations dont Sepp Blatter était l'objet ».

À ce sujet, la communication de la FIFA est au moins incomplète sur un point : elle passe sous silence l'action personnelle en justice de son président contre Addo et la réparation que lui a accordée le tribunal de Zurich en avril 2002. Sans doute parce qu'une telle démarche est en complète contradiction avec l'une de ses maximes favorites qu'on pourrait croire extraite d'un film de Scorsese : *« Le football est une famille. Le comparer à l'Église catholique, c'est trop réducteur pour moi. Quand nous avons un problème nous le réglons au sein de notre famille. Nous ne nous adressons pas à une autre famille*[27]*... »*

Moins d'un an après sa très grave mise en cause par le rapport de Zen Ruffinen, la victoire de Sepp Blatter paraît totale... et troublante.

Blatter resserre les boulons

Certes, il est entré à la FIFA dès 1975 comme directeur des programmes de développement dont il a largement contribué à faire un redoutable instrument de pouvoir politique. Certes, il connaît chaque infime détail de la Fédération qu'il a façonnée avec la minutie d'un horloger suisse à partir de 1981 en accédant à son secrétariat général. Mais tout de même, cela n'explique pas tout. Comment a-t-il pu « rafler la mise » en dépit des dénonciations de Zen Ruffinen, d'une plainte pénale dont le Congrès a connaissance le 29 mai 2002, de sa décision de suspendre l'audit des comptes de l'organisation ?

Comment le comité exécutif a-t-il pu accepter sans sourciller le versement à McKinsey de près de 12 millions de francs suisses entre juin 2000 et mars 2002 sans relever le conflit d'intérêts flagrant né de la présence de Philippe Blatter, son neveu, au sein du bureau zurichois du cabinet de conseil en organisation ?

---

27. *Sepp Blatter, l'intouchable, op. cit.*

La réponse à une telle interrogation réside à l'évidence dans la règle statutaire selon laquelle « une fédération nationale vaut une voix au Congrès » et les multiples influences qu'elle a favorisées. Le Maître du monde avait besoin de relais efficaces et dévoués pour lui garantir la fidélité électorale d'un nombre maximum de petites fédérations. Il les a trouvés avec ses deux alliés indéfectibles : Mohamed ben Hamman et Jack Warner, les gardiens de « l'orthodoxie zurichoise ».

L'ombre d'Al-Qaïda

Avril 2002. Johannesburg. Afrique du Sud. Joseph Blatter et son stratège oriental, Mohamed ben Hamman, sont en tournée électorale. Dans moins de six semaines se joue le maintien de Blatter à la tête du football mondial. Bien que confiants, les deux compères ne peuvent s'empêcher de penser à ce qu'il a fallu faire à Paris, quatre ans plus tôt, « dans l'intérêt supérieur du football »...

Ben Hamman est sûr de ses troupes asiatiques et des 46 voix qu'il contrôle parfaitement, en particulier grâce à un usage astucieux des fonds versés par le programme d'aide au développement qu'il dirige. Par ailleurs, proche du pouvoir, son influence est importante lorsqu'il s'agit de déterminer les directions dans lesquelles s'exerce la générosité du richissime Émirat du Qatar dont il est natif.

De son côté, Jack Warner apportera « sur un plateau » les 35 voix de « sa » CONCACAF. L'Amérique du Sud est encore – partiellement – sous l'influence d'Havelange, et donc de Blatter. L'Europe est définitivement hostile et se prononcera majoritairement pour Hayatou. C'est donc ici, en Afrique, sur les terres d'Hayatou, qui représente 52 voix au Congrès, qu'il faut ferrailler et construire le succès du président. La journée s'annonce bien.

À leur sortie du *Sandton Sun Intercontinental* où ils ont passé la nuit, Blatter et sa suite sont interpellés par un journaliste britannique qui tente de connaître le nom du propriétaire de l'avion privé, un Gulfstream III, dans lequel se déplace la délégation.

Ben Hamman prend les devants : *« Je suis venu ici pour la première fois avec M. Blatter en 1998 à bord d'un jet privé. On avait posé la question de savoir s'il était payé par l'émir du Qatar. Je sais que ce n'était pas le cas mais quelqu'un avait décidé que c'était un mensonge. Maintenant, je reviens pour la seconde fois avec le président Blatter à bord d'un jet privé. Ce jet a été mis à notre disposition par un ami, Saleh Kamel. Nous avons cofinancé le voyage. Il est l'un de mes amis saoudiens*[28]*... »*

Or il s'agit d'un troublant parrainage et d'un ami plutôt encombrant. Saleh Abdullah Kamel, puisque c'est de lui qu'il s'agit, est né à La Mecque en 1941. Il est actionnaire, fondateur et animateur du groupe Dallah al-Baraka[29], troisième entreprise d'Arabie Saoudite. Un conglomérat d'une cinquantaine de sociétés à dominante bancaire et financière islamique (*Islamic Banking*) et de promotion immobilière.

Le mécène d'un jour de Blatter et « ami » de Ben Hamman est par ailleurs associé fondateur de la banque Al-Shamal Islamic Bank dont le siège social est à Khartoum, au Soudan. Il est aussi associé à Mohamed et Saleh ben Laden dans la société Tamlik Company Ltd. En outre, il figure sur la « Golden Chain List ».

Ce document a été découvert en mars 2002 à Sarajevo par la police bosniaque lors d'une perquisition dans les locaux de la fondation Benevolence International, une prétendue organisation caritative islamique. Elle faisait partie d'un fichier informatique indexé sous le nom de *Tareekh Oussama* (« Histoire d'Oussama »), qui contenait des photographies numérisées de plusieurs documents se rapportant à la création d'Al-Qaïda par Oussama ben Laden.

D'après les services américains, ce que d'autres contestent, la *Golden Chain List* serait la liste des vingt plus importants

---

28. 09 avril 2002 : « The story that stunned soccer », article de Martin Lipton sur ESPN.com Soccernet.

29. Source : Dallah Tower, Palestine road PO Box 430, Jeddah 21411, Arabie Saoudite.

contributeurs financiers saoudiens présumés à l'organisation Al-Qaïda. Elle a ainsi été utilisée par le gouvernement des États-Unis comme pièce à conviction dans plusieurs procès ayant suivi les actions terroristes du 11 septembre. Plusieurs enquêtes menées par le gouvernement américain citent le « sponsor » du « Blatter Tour » africain :

« Saleh Abdullah Kamel, président de Dallah al-Baraka et de la banque Al-Baraka, était l'un des trois membres fondateurs de Shamal Islamic Bank en 1983, avec une société du Soudan, Al-Shamal pour l'Investissement et le Développement, et le gouvernement de l'État du Nord qui était alors contrôlé par le gouverneur Mutasin Abdel Rahim, représentant de Hassan al-Turabi. 24 : L'implication du groupe Dallah al-Baraka et de la banque Al-Baraka dans la fourniture d'un soutien financier et d'assistance est également révélée par le financement du groupe terroriste Hamas. 25 : En 1998, fut créée la Aqsa Islamic Bank dotée de 20 millions de dollars de capital social. Ses principaux actionnaires étaient Dallah al-Baraka et la Banque islamique jordanienne. La Banque islamique jordanienne, filiale de Dallah al-Baraka, possède 14 % d'Al-Aqsa. Saleh Abdullah Kamel a reconnu que Dallah al-Baraka en contrôle directement 12 %. 922 : Depuis 1998, Israël a toujours refusé d'autoriser la banque, en mentionnant ses liens évidents avec le Hamas[30]*... »*

Qu'en dit le principal interessé ? Il nie être impliqué dans tout mouvement terroriste. Une chose est sûre : Blatter n'avait pas connaissance en avril 2002 des découvertes effectuées par la police bosniaque un mois plus tôt. Ben Hamman s'est en tout cas certainement montré imprudent dans le choix du sponsor présidentiel.

---

30. United States District Court, Northern District of Illinois, Eastern Division n° 02 CR 892 : United States of America *vs/* Enaam Aanaout.

1998 : bons souvenirs de Paris

Après la polémique causée par l'élection de 1998, la campagne de 2002 faisant appel à un bailleur de fonds saoudien controversé fait vraiment désordre.

L'élection de 1998 est en fait encore dans toutes les mémoires. La nouvelle tournée africaine du tandem Blatter-Ben Hamman ravive donc de vieilles rancœurs. Et l'équipe resserrée de « Blatter for President » n'a pas l'intention de faire dans la dentelle.

Souvenons-nous de « l'initiative » de M. Neville Ferguson, l'assistant de Jack Warner, qui avait pris part au vote au Congrès de Paris en se faisant passer[31] pour Jean-Marie Kyss de la Fédération haïtienne, de nouveau empêché par le pouvoir haïtien[32] de quitter son île au moment d'embarquer vers Paris. Alors, quel crédit accorder à la déclaration de *battling Blatter* lorsqu'il indiquera en janvier 2003, cinq ans après les faits concernant cette usurpation d'identité : *« Je vais mandater la commission de discipline pour examiner ces réclamations... Peut-être aurions-nous dû ouvrir une enquête sur ces faits plus tôt... mais il n'est pas trop tard pour bien faire. L'enquête sera conduite par la commission de discipline et je vais demander au secrétaire de la commission de s'occuper de cette affaire... »*

Les confidences tardives de Farah Addo à la presse sur l'élection de 1998 lèveront les derniers doutes sur les méthodes du clan Blatter : « *La Confédération africaine avait décidé d'apporter la totalité de ses 51 voix à Lenart Johansson, président de l'UEFA... C'est alors que j'ai reçu un appel téléphonique de l'ambassadeur de Somalie dans l'un des États du golfe Persique. Il m'a dit : "J'ai ici l'un de nos amis communs qui veut vous*

31. *Daily Mail*, 3 mai 2006 et le site Internet playthegame.org du 30 janvier 2003.

32. En 1996, lors du Congrès de Zurich, « ... Vincey Jalal, la petite amie du président de la Fédération jamaïcaine de football Horace Burrell », avait déjà voté au nom du Dr Kyss qui n'avait pu se rendre à Zurich. In *Carton Rouge,* Andrew Jennings, Presses de la Cité, page 96.

offrir 100 000 dollars pour changer votre vote. La moitié en cash et la moitié en matériel sportif. Il peut m'envoyer le cash ou je peux passer le chercher[33] *"...* »

Addo indiquera avoir refusé le pot-de-vin. En arrivant à Paris pour le Congrès, il découvrit qu'il n'était plus accrédité et qu'un autre officiel somalien avait obtenu l'accréditation de la FIFA. Il en fit immédiatement part à Issa Hayatou et à Lenart Johansson qui menacèrent la direction de la FIFA d'un scandale sans précédent. Addo récupéra finalement son accréditation et Blatter fut élu président par 111 voix contre 80 à Johansson.

Deux mois plus tard, dans une déposition signée, le vice-président de la Fédération somalienne, Mohiadin Hassan Ali témoignait en ces termes : « *... Nous avons accepté de l'argent pour voter, au nom de la Somalie, en faveur de J. Blatter lors de l'élection présidentielle à Paris...* » Le 27 février 2002, ce même Hassan Ali ajoutait à destination de la presse : « *L'argent a été fourni par Mohamed ben Hamman, du Qatar. Il a payé les billets d'avion et la note d'hôtel ainsi que l'argent de poche pour 4 officiels de la Fédération somalienne...* »

Interrogé à nouveau en février 2002 sur le Congrès de Paris, et sur les rumeurs selon lesquelles des pots-de-vin avaient été versés à Paris, Addo déclarera : « *Je l'ai vu de mes propres yeux. La nuit précédant l'élection, des gens faisaient la queue à l'hôtel Méridien Montparnasse pour recevoir de l'argent.* » Et d'ajouter : « *Certains m'ont dit qu'ils avaient reçu 5 000 dollars avant le vote et la même somme le jour suivant. Après la victoire de Blatter, j'ai fait ma propre enquête et j'ai découvert que dix-huit participants africains au vote avaient accepté de l'argent pour voter pour Blatter.* » 18 voix de moins pour Blatter, qui en a finalement eu 111, et 18 voix de plus en faveur de Johansson, qui en comptait 80, ça aurait changé la face du monde et l'on comprend la rancune tenace du Suédois.

---

33. « *Vote for Blatter and a friend will pay you 100 000 $* », Andrew Jennings, 28 février 2002 – ESPN.com Soccernet.

Le témoignage d'Addo ne sera pourtant pas jugé crédible par la commission de discipline de la FIFA début 2003. Rien de surprenant compte tenu de la brutale reprise en main opérée par Blatter après son succès de mai 2002[34].

Addo pas crédible ? Peut-être. Mais alors pourquoi, lors de la conférence de presse consécutive à l'élection du « Maître du Monde » en 1998, à un journaliste allemand qui l'interrogeait sur l'origine du financement de sa campagne en lui demandant si les fonds venaient du golfe Persique (Jens Weinreich, aujourd'hui responsable du service sportif au *Berliner Zeitung*), Blatter n'a-t-il pas trouvé de meilleure réponse qu'un ultime coup de pied en touche : *« Le match est fini, les joueurs sont déjà retournés au vestiaire, je ne répondrai pas... »* ?

Chasses africaines

En ce mois d'avril 2002, à moins de quatre semaines d'une bataille capitale, « les joueurs sont donc de retour ». Blatter, Ben Hamman et leur meute de jeunes loups ambitieux, rendus particulièrement mobiles par les bonnes grâces de l'argent du Golfe, visitent au pas de charge les chasses africaines bien mal gardées d'Hayatou.

À chacune de leurs étapes, Ben Hamman laisse clairement entendre à ses interlocuteurs qu'en soutenant la candidature du président de la Confédération africaine, dont les chances sont aussi faméliques que celles d'un lion blessé, ils prennent le risque de perdre le bénéfice des budgets « Goal » dont il a la

34. À la tête de la commission de discipline de la FIFA, M. Marcel Mathier, veille au grain. Il est assisté depuis peu par le Jamaïcain Horace Burrell tout juste nommé au sein de cette instance. Ce même Horace Burrell dont la fiancée, Mlle Vincey Jalal, avait voté au Congrès de Zurich en 1996, à la place du délégué d'Haïti, retenu dans son pays pour des raisons politiques... Ce même Horace Burrell qui a dû abandonner la présidence de la Fédération jamaïcaine de football après la Coupe du monde de 1998 pour cause d'incompétence financière notoire. Voir *Carton Rouge*, *op. cit.*

responsabilité. Et la maîtrise. Des arguments de poids qui pèseront lourd dans la balance le jour du scrutin. Il eût fallu bien plus que le rapport accablant de Zen Ruffinen ou la plainte au procureur Hubmann pour en modifier l'issue. La machine de guerre mondiale de Blatter était trop bien huilée. D'autant qu'à l'Ouest, dans la chaleur moite de ce printemps tropical, Jack Warner a lui aussi ficelé son affaire.

La Warner Company

« J'ai dit à M. Blatter que pour les élections, il ne devait pas faire campagne en zone CONCACAF. Il ne devait pas perdre son temps. Que les 35 voix de la CONCACAF lui étaient acquises. Je lui ai conseillé de passer plus de temps dans les régions où il a des doutes. Je peux même l'aider dans ces régions. Nous sommes les bénéficiaires de la vision de la FIFA. Nous estimons donc loyal de montrer de temps à autre notre reconnaissance. C'est aussi simple que cela.[35] » On le voit, Jack Austin Warner ne s'encombre pas de périphrases. Il n'en a ni l'envie ni le temps. Président de la CONCACAF, vice-président de la commission des finances de la FIFA, « conseiller » de la Fédération de Trinidad et Tobago dont le président, Oliver Camps, ne peut rien lui refuser, l'ancien professeur d'histoire natif de Trinidad est un exemple de réussite.

Avec un pragmatisme digne d'un raider asiatique, il a élaboré et mis en œuvre avec un incroyable succès un modèle original de « fertilisation croisée ». Par une distribution locale très intelligente des aides financières de la FIFA, il a gagné la loyauté absolue des cadres de sa Confédération. Lesquels, avec une discipline quasi prussienne, votent pour le Maître du Monde qu'il honore de ses suffrages tous les 4 ans. Et dont il fixe la rémunération en sa qualité de vice-président de la commission des finances en liaison avec le président Grondona.

Et « ses » 35 voix (devenues 38) valent de l'or. Il l'a parfaitement compris depuis longtemps. Car le moins que l'on puisse

35. *Sepp Blatter, l'intouchable, op. cit.*

dire, c'est que Jack Warner a su se montrer très convaincant auprès des deux présidents de la FIFA qui ont bénéficié de son soutien. Leur reconnaissance a été au-delà de ses espérances. Le rapport de Zen Ruffinen évoquait d'ailleurs en termes très sévères ces « renvois d'ascenseurs » trop systématiques et surtout trop voyants. Il parlait notamment de « don » ou d'attribution, pour « un dollar symbolique », des droits de retransmission TV de la zone CONCACAF ; de quasi-chantage à l'obtention des droits de la Coupe du monde 2002 ; d'attribution sans mise en concurrence à Simpaul's Travel Services Ltd, l'agence de voyage qu'il possède avec sa famille, de l'organisation « officielle » des déplacements des délégations participant au championnat du monde des moins de 17 ans de 2001 à Trinidad et Tobago. Mais encore du doublement du coût d'organisation de ce même championnat par rapport au budget initialement accepté par la commission des finances de la FIFA ; d'une commande, par la FIFA, d'une étude informatique d'un coût exorbitant à une société dans laquelle l'un de ses fils occupait une fonction clé ; et de l'abandon, en 1999, de près de 9,5 millions de dollars de créance de la FIFA sur la CONCACAF sans raison valable[36].

Et ça pour ne parler que de la partie visible. On imagine facilement ce qu'auraient mis à jour les travaux du comité d'audit s'ils n'avaient été « opportunément » interrompus en avril 2002.

Pour la partie occulte, l'histoire de la « Maison » de la Fédération d'Antigua est assez édifiante.

Fin 2002, ladite Fédération, dont l'administration était « aux mains » du sulfureux Paul « Chet » Greene, obtient un financement de la FIFA de 500 000 dollars pour la construction de son siège social. Les fonds se perdent sans doute dans le Triangle des Bermudes tout proche car le terrain prévu pour recevoir la trace tangible de la générosité de la FIFA et la manifestation de l'influence de Jack Warner reste désespérément en friche. Sous

36. www.sonntagszeitung.ch/fifa/fifa.pdf. Sans nier les faits, Warner a toujours protesté de sa bonne foi et de son dévouement au service de la FIFA.

les protestations des membres de la Fédération et à la suite d'une campagne de presse orchestrée par le journaliste local Ian « Magic » Hughes, un comité intérimaire prend en main les affaires de la Fédération d'Antigua. La riposte de la FIFA ne se fait pas attendre. La Fédération d'Antigua est frappée de suspension en juin 2003. À aucun moment il n'est pourtant question de lancer une « enquête » sur les comptes de l'association locale de manière à déterminer ce qu'il est advenu des sommes versées. Non. Il faut simplement « sauver le soldat Greene » et s'assurer que la responsabilité de Jack Warner ne sera pas recherchée[37]. Le calme revenu, la suspension de la Fédération est levée fin 2003. Et, magnanime, Jack se fend de quelques nouvelles promesses.

Jack est un homme riche. Très riche même si on mesure son patrimoine à l'aune des normes locales : outre son agence de voyages, il est propriétaire du club de football Joe Public FC dont les administrateurs sont, avec lui, son épouse Maureen et ses deux fils, Daryan et Darryl. Il possède aussi le *Scarlett Ibis Hôtel*, acheté en 1998 pour 6 millions de dollars et ultérieurement transformé en appartements. Une espèce de tour de contrôle assez laide mais d'un rendement financier exceptionnel. Tout comme l'entreprise de nettoyage Jamad Ltd. Parmi ses actifs patrimoniaux figurent encore le *Emerald Plaza*, une résidence hôtelière de bon goût, un petit centre commercial à Aronca, le *Kantac Plaza*, et divers biens immobiliers situés à Westmoorings, St. Augustine, Aronca et Salybia. Sans compter l'immeuble de rapport sur Edward Street, à Port of Spain, qu'il a fort opportunément loué à la CONCACAF.

Ses fils Daryan et Darryl sont quant à eux aux commandes de D'Coal Pot, une affaire de restauration dotée d'un restaurant de bon standing et des contrats d'approvisionnement des cantines scolaires de Trinidad. Daryan, pour sa part, possède un autre restaurant au 2, Evans Street, à Curepe[38]. Une famille à l'appétit vorace, sachant tirer profit de toutes les opportunités.

---

37. *Sepp Blatter, l'intouchable, op. cit.*

38. Pour lequel il a demandé la délivrance d'une licence d'alcool le 14 janvier 2003.

Des billets plein les poches

L'année 2006 s'annonce sous les meilleurs auspices : le 16 novembre 2005, au cours d'un match héroïque face à Bahreïn, les « Soca Warriors » de Trinidad et Tobago se qualifient pour la phase finale de la Coupe du monde en Allemagne. L'engouement populaire est si extraordinaire que le Premier ministre, Patrick Manning, décrète jour férié le lendemain de cette victoire. Avec un peu de chance, Jack pourrait en récolter des dividendes politiques inespérés. Comme prendre enfin le contrôle du principal parti d'opposition, le United National Congress, plus désuni que jamais. De plus, Simpaul's va réaliser une opération financière exceptionnelle. Sans doute meilleure encore que celle de 2001 quand, avec la bénédiction du président Blatter, elle s'était vu attribuer l'exclusivité du transport et du séjour des délégations participant au championnat du monde des moins de dix-sept ans.

Dès le début de décembre 2005, il prend soin de « négocier » discrètement avec Oliver Camps – et dire que ce fut une formalité n'est pas un euphémisme – l'attribution à Simpaul's, par la Fédération de Trinidad et Tobago, de l'intégralité du quota de billets « Deutschland 2006 » mis à sa disposition par la FIFA.

Extatique, il annonce lors d'une conférence de presse tenue le 14 du même mois que Simpaul's a acheté 500 000 dollars le droit d'être l'unique distributeur des tickets de la Coupe du monde 2006 mis à la disposition de la Fédération de Trinidad et Tobago par la FIFA. Sans plus attendre, les conditions de l'offre commerciale de Simpaul's sont mises en ligne sur le site de l'agence dès le lendemain : plus opportuniste que jamais, Jack propose pour la « modique somme » de 4 875 US dollars, un « package tout compris » avec les billets d'entrée, le « kit » du parfait supporter et douze jours de séjour hôtelier en chambre double. Pour ce prix, l'« agence de voyage » Simpaul's n'offre même pas le transport. À la stupéfaction générale et la colère difficilement contenue des candidats acheteurs.

« Tickets chocs »

Les premiers grains de sable apparaissent fin décembre lorsque Lasana Liburd, journaliste au *Trinidad Express*, révèle l'information dans une série de trois articles des 25, 26 et 27 décembre. De quoi gâcher le Noël des Warner. Liburd rappelle « perfidement » à ses lecteurs que les billets vendus par la FIFA à la Fédération de Trinidad ne « valent » respectivement que 214 et 360 dollars. Il précise qu'aux dires même de la FIFA, l'unique fournisseur de tickets destinés au grand public est le « 2006 World Cup Ticketing Center ». Les Fédérations qui ne parviendraient pas à vendre leur quota de billets doivent donc impérativement les retourner à la FIFA, leur cession à des distributeurs privés étant prohibée. Enfin, il indique à ses lecteurs que Simpaul's est la propriété de la famille Warner, et qu'elle pourrait bien réaliser un profit de 8 millions de dollars sur cette seule opération.

Comble de malchance pour Jack et sa famille, les articles de Liburd sont repris dans les trois jours par Fox Sport World, CNN, le *Los Angeles Times*, le *Berliner Zeitung*, le *Daily Mail*, *Sports Illustrated* et même le grand quotidien indien *Statesman*. Un véritable désastre.

Dans une conférence de presse improvisée à la hâte le 3 janvier 2006, Jack Warner, qui compte légitimement sur le soutien de sa « famille zurichoise », croit utile de déclarer que Simpaul's Travel est *« le tour opérateur de la Fédération de Trinidad depuis la finale de la Coupe du monde 1994 »*. Pris de cours par l'agressivité des journalistes présents, il déclare alors, à la surprise générale, que les tickets vendus dans le coûteux « package » proposé par Simpaul's ont été achetés *« à un tour opérateur européen »* et qu'ils ne proviennent pas du quota de la Fédération trinidadienne, qui ne les a pas encore reçus.

Mais rien ne semble pouvoir calmer la colère des habitants de Port of Spain. Le 4 janvier, la rumeur laisse entendre que 6 500 tickets sont disponibles pour plus de 40 000 demandes, chiffre jugé excessif par les agences de presse. Pourtant, le 5 janvier, le Premier ministre Patrick Manning fait savoir *« que le gouvernement se devait de répondre aux appels reçus de la communauté nationale, des gens qui ont soutenu le football depuis le début et qui souhaitent pouvoir aller en Allemagne et sont prêts à prendre leurs propres dispositions si nécessaire... »*. Il ajoute qu'il attend de Roger Boynes, ministre de la Jeunesse et des Sports, un rapport détaillé sur cette affaire. Le message ne peut pas être plus clair. « Jack le magnifique » le reçoit « cinq sur cinq ».

D'autant que les nouvelles en provenance de Zurich sont loin de combler ses attentes. Le 13, la FIFA annonce qu'elle a confié à Ernst and Young *« une mission d'audit externe portant sur l'évaluation du système global de gestion des billets pour la Coupe du monde 2006 »*.

Conflit d'intérêts

Sans plus attendre, Jack modifie le contenu du site marchand de Simpaul's. À partir du 19 janvier, le site annonce que *« les tickets pour les matchs ne sont pas inclus »* dans son offre à 30 000 dollars trinidadiens, qui se voit réduite sans explication à 27 000 dollars locaux. Pourtant, les vérifications anonymes effectuées le mardi suivant auprès de l'agence donnent des résultats très différents. Les « packages » à 30 000 $ billets inclus sont toujours disponibles, affirme-t-on sur place. Interrogé sur la raison du changement de l'offre présentée sur le Web, son responsable commercial indique sans rire que seuls *« les quotas Internet »* sont épuisés.

Afin de juger du trouble causé par ses articles, Lasana Liburd décide le 20 janvier de demander son accréditation pour la Coupe du monde. Sans surprise, la Fédération de Trinidad lui répond par un refus catégorique. Jack Warner s'y est personnellement opposé. En ajoutant qu'il avait le soutien total de la FIFA dans cette décision : *« Comment pouvez-vous attaquer la FIFA, Jack Warner et Blatter de la pire des manières et vouloir ensuite couvrir le sport que ces personnes administrent ? »* lui demande-t-on. Pourtant, après un échange de télécopies, Andreas Herren, chef du département Media de la FIFA, lui suggère de lui adresser directement sa demande d'accréditation. Le 24, Liburd reçoit la confirmation officielle de la FIFA qu'un laissez-passer va lui être délivré. Un nouveau camouflet pour Warner.

Contre toute attente, le comité d'éthique et du fair-play de la FIFA se saisit début février du cas Warner et confirme que « Jack le magnifique » s'est bel et bien rendu coupable d'un conflit d'intérêts caractérisé. Comment aurait-il pu en être autrement ? En sa qualité de conseiller spécial de la Fédération trinidadienne, il a préconisé que la commercialisation des billets pour la Coupe du monde soit confiée à l'agence de voyage dont il est propriétaire avec sa famille ! Warner est dès lors discrètement informé par ses amis du comité exécutif qu'aucune sanction ne lui sera infligée s'il cède ses intérêts dans Simpaul's au plus vite. Jack ne demande pas son reste. En quelques jours, tout est reglé[39].

Coups bas

Marcel Mathier, en charge de la commission de discipline, étudiera avec soin les deux rapports sur l'affaire, élaborés par les enquêteurs de Ernst & Young. Il prétendra découvrir le secret zurichois le plus mal gardé. L'opération avait été organisée par Daryan, le fils de Jack, dans le cadre de ses fonctions au sein de Simpaul's et non par Jack lui-même[40]. Il donnera quand même à

39. Ce qui n'empêchera pas le Comité Exécutif de la FIFA du 4 juin 2006 d'exiger le remboursement à la FIFA par Sim Paul's Travel et/ou Daryan Warner d'une somme de 754 375 euros destinée à l'association SOS Villages d'Enfants. En dépit de nombreux rappels, Simpaul's n'avait réglé que 250 000 dollars à la FIFA à fin 2006. Voir P.V. de la réunion n° 21 du Comité Exécutif de la FIFA des 5 et 6 décembre 2006.

40. « En sa qualité de président de la Commission de Discipline, Marcel Mathier a préconisé que, bien qu'il n'y ait pas de manquement disciplinaire à sanctionner dans le cas d'espèce, considérant l'ensemble des faits relatifs à cette affaire, le Comité Exécutif de la FIFA exprime formellement sa désapprobation de la conduite du vice-président Jack Warner et l'enjoigne de faire preuve du niveau de prudence

Warner un coup bas magistral en déclarant lors d'une conférence de presse : « *La revente est certainement interdite mais la personne qui s'y est livrée ne relève pas de la compétence de la FIFA.* » Il ajoutera sans sourire que sa commission n'a aucune preuve que Warner ait eu connaissance de la revente à un prix majoré. Il préconisera néanmoins une réprimande par le comité exécutif en se laissant aller à une remarque assassine : « *Officieusement, on peut se demander si Jack Warner n'avait pas connaissance de l'activité de son fils relative à la vente de tickets*[41]. »

Aucune trace de surprise ou d'indignation au sein du comité exécutif lorsque le président Blatter exprimera ensuite, au détour d'une conférence de presse, l'idée selon laquelle « *il y a eu de longues discussions au comité exécutif et pratiquement tous ses membres sont arrivés à la conclusion que, puisque Jack Warner a vendu ses actions dans la société, il n'y a plus de situation conflictuelle. Il a été décidé que le dossier devait être refermé* ». Amen.

Faut-il y voir un retournement de tendance ? Joseph Blatter enverrait-t-il aux membres de sa confrérie des messages subliminaux leur enjoignant d'entrer au plus vite dans un cycle vertueux ? Aurait-il pris conscience que la multiplication « des casseroles » semées çà et là par ses alliés pourrait compromettre ses chances d'obtenir un troisième mandat ?

Rien n'est moins sûr.

Blatter et son « reggae cowboy » sont trop liés. Ils n'envisagent pas, ne serait-ce qu'un instant, de ne pas s'apporter une

---

requis en matière d'émissions de tickets dans l'avenir, et de se conformer strictement aux procédures. Jack Warner devra notamment s'assurer que son fils, Daryan Warner, n'utilise pas la position de son père à son profit. » Source : P.V. de la réunion n° 21 du Comité Exécutif de la FIFA des 5 et 6 décembre 2006.

41. Par « chance » pour Warner, son cas sera étudié avant l'entrée en vigueur du « nouveau » Code de l'éthique de la FIFA, promulgué le 15 septembre 2006, et qui lève toute ambiguïté sur la notion de conflit d'intérêts. À ce régime, l'addition de Jack Warner aurait pu être beaucoup plus corsée.

aide mutuelle efficace chaque fois que c'est nécessaire. En grande partie grâce à l'aide que lui prodigue sans faiblesse Jack Warner depuis 1998[42], le président est plus puissant qu'il ne l'a jamais été. Son comité exécutif est réduit au silence. Le secrétariat général, tout acquis à sa cause. La commission des finances est entre des mains sûres. Gageons qu'il ne faudra pas compter sur celle de l'audit interne pour faire des vagues. Quant à la commission de discipline, elle veille et terrorise les dissidents, tel le comité révolutionnaire de salut public de 1793, *« de manière à éteindre tous les foyers de discorde... »*Toutes les conditions semblent donc réunies pour que la FIFA se consacre sereinement à la conduite éclairée des affaires du football mondial. Enfin presque...

Le dessous des cartes... bancaires

« Fair-play », telle est la devise forte de la FIFA. Sur la pelouse, dans les tribunes, avec ses partenaires commerciaux, jamais les Maîtres du Monde ne manquent une occasion de rappeler que le *fair-play*, le comportement digne et loyal en toutes circonstances, est le fondement de leur action au service du « beau jeu ».

Calembredaines. Un jugement rendu en faveur de MasterCard à l'encontre de la FIFA début décembre 2006[43] révèle au contraire leur vrai visage : hypocrisie et duplicité au service d'une insatiable cupidité. MasterCard est partenaire de la FIFA depuis seize ans, et même son unique sponsor dans le secteur des produits financiers. Le contrat entre la FIFA et cette société précise en son article 9-2 qu'à l'échéance de la convention, MasterCard dispose d'un droit préférentiel d'une durée de quatre-vingt-dix jours, pour négocier avec la FIFA le renouvellement

42. Jack Warner a été réélu président de la CONCACAF pour la période 2007-2011.

43. United States District Court, Southern District of New York, Mastercard International inc. *vs*/ FIFA n° 06 Civ. 3036 (LAP).

de son partenariat. C'en est trop pour l'équipe zurichoise, représentée en l'espèce par le département en charge des droits marketing et TV dirigé par Jérôme Valcke, ancien journaliste de Canal +. Qui va manœuvrer de manière déloyale, afin de signer pour la période 2007-2014 un nouveau bail avec VISA, concurrent direct de son partenaire.

Le préambule de l'arrêt du tribunal américain contestant et dénonçant cette opération ne laisse ainsi planer aucun doute sur les méthodes des Maîtres du Monde et leur conception très personnelle de la morale des affaires. Sans parler de leurs compétences professionnelles mêmes. *« Les négociateurs de la FIFA ont menti de manière répétée à MasterCard, y compris lorsque conformément à son droit préférentiel,* dit ce texte. *Ils l'ont assuré que la FIFA ne signerait un accord relatif aux droits de sponsoring post 2006 avec personne d'autre, sauf en cas de désaccord avec MasterCard (...).*

« Les négociateurs de la FIFA ont menti à VISA de manière répétée, en répondant par la négative, à sa question sur les droits existants de MasterCard (...).

« Les négociateurs de la FIFA ont fourni à VISA un état détaillé de l'avancement des négociations avec MasterCard, tout en cachant à son très ancien partenaire MasterCard l'existence de négociations avec VISA et l'état de leur progression, action que le président de la FIFA a lui-même reconnue comme contraire au "fair-play" (...).

« Le directeur du marketing de la FIFA a menti tant à MasterCard, très ancien partenaire de la FIFA, qu'à VISA, avec laquelle il négociait, en violation de l'obligation de bonne foi à laquelle il était tenu par la loi suisse. Lorsque, à la suite de ses manœuvres, VISA a été amenée à porter son offre au niveau de celle de MasterCard, il a écarté la suggestion de ses collaborateurs de permettre à MasterCard de surenchérir, par seul souci de sa réputation auprès du comité exécutif de la FIFA. Il a également écarté la suggestion de ses collaborateurs de préconiser la poursuite du contrat de sponsoring avec MasterCard

pour la période post 2006. Il a au contraire indiqué au comité exécutif qu'il lui était difficile de faire une recommandation et n'a jamais évoqué le droit préférentiel de MasterCard pour la période post 2006 (...).

« Au matin du 1er mars 2006, et alors que 3 séances du comité exécutif avaient déjà approuvé le choix de MasterCard comme sponsor post 2006, le directeur du marketing de la FIFA a pris contact avec VISA et lui a indiqué que si son offre en cash était augmentée de 30 millions de dollars pour la porter au niveau de celle de MasterCard, c'est VISA qui deviendrait le partenaire (...).

« Après que MasterCard eut signé la "version finale" du contrat de sponsoring post 2006 et l'eut retournée à la FIFA, les négociateurs de la FIFA ont tardé à l'informer du choix du comité en faveur de VISA, le temps de permettre au Conseil d'administration de VISA de ratifier l'accord (...). »

Voilà qui est accablant. Durant le procès, les cadres de la FIFA, soucieux de dégager leur responsabilité, tenteront d'avancer de vaines explications. Dont celle-ci : *« Il ne s'agissait que de simples petits mensonges. Un bluff tout à fait normal lors d'une négociation commerciale. »*

En revanche, et hélas pour eux, leurs emails sont plus précis. Ils évoquent *« les diverses excuses à fournir à MasterCard pour expliquer qu'ils n'avaient pas été retenus »* et s'inquiètent de leurs propres turpitudes : *« Comment pourrons-nous encore prétendre à un semblant d'éthique des affaires ? »* Dans un ultime éclair de lucidité, ils s'interrogent : *« Comment la FIFA peut-elle rendre ce putain de merdier plus présentable[44] ? »*

Ironie de l'histoire, au moment même où la cupidité des cadres de la FIFA était sanctionnée à New York, Michel Platini, fidèle allié de Sepp Blatter, battait la campagne pour la présidence de l'UEFA sur le thème de la moralisation du football.

---

44. La réponse semble avoir été trouvée dans le licenciement des « fautifs », officiellement annoncé le 15 décembre. Pour absence avérée de « fair play », ou plus simplement pour s'être laissé prendre en flagrant délit de tricherie par un tribunal new-yorkais ?

CHAPITRE 3

UEFA : un fromage suisse riche en matière grasse

L'UEFA (Union des Associations Européennes de Football) joue, au niveau européen, le rôle exercé par la FIFA sur le football mondial. Depuis sa création en 1954, le nombre des associations membres de la Confédération a doublé. À ce jour, cinquante-trois fédérations nationales ont adhéré à l'association basée – quelle surprise ! – à Nyon, en Suisse. Gibraltar et son célébrissime football devraient se joindre à la fête en 2007.

Comme rien n'est jamais simple chez les Maîtres du Monde, les associations nationales adhérentes à l'UEFA sont, pour des raisons historiques, également membres de la FIFA. Tout comme les confédérations continentales. Cette « usine à gaz » d'une extrême complexité peut conduire à des incohérences pour peu qu'apparaissent, entre FIFA et UEFA, des divergences de vues sur les grands sujets. Et les sujets de friction ne manquent pas. Les sentiments haineux qu'éprouve Lenart Johansson, ex-président de l'organisation, envers Blatter, le « ferrailleur valaisan », n'ont rien arrangé.

Le 26 janvier 2007, Michel Platini succède à l'incorruptible Suédois à la tête de l'instance européenne. Avec un remarquable sens politique, il s'est employé, en coulisse plus que sur les estrades, à faire progresser ses idées et la logique de sa candidature. Laquelle fait notamment la part belle à l'idée selon laquelle ce ne sont pas les juges qui doivent avoir le dernier mot dans le football, *« qui doit demeurer un spectacle avant d'être un business... »* Chiche.

UEFA, mode d'emploi

Sans entrer dans des détails fastidieux, on peut dire que l'organisation générale de la Confédération européenne, bien que plus technocratique, est comparable à celle de la FIFA : le pouvoir suprême est détenu par le Congrès des cinquante-trois associations qui, à raison de une voix par délégation nationale, élit le président de l'UEFA, les membres de son comité exécutif et les membres de l'UEFA au comité exécutif de la FIFA.

C'est également le Congrès qui élit la société de révision comptable dont la mission consiste à certifier les comptes de l'organisation. Ces comptes, et le budget qui les accompagne, sont approuvés par le Congrès sur la base du rapport qui lui est présenté par la société de révision comptable.

Le comité exécutif, qui comprend quatorze membres dont le président et quatre vice-présidents, nomme à son tour un directeur général (anciennement nommé « secrétaire général ») chargé de l'ensemble de l'administration de l'UEFA. Le directeur général de l'UEFA est donc responsable de l'exécution des décisions prises par le Congrès qui se réunit chaque année en session ordinaire, de sa préparation et de la rédaction de ses procès-verbaux. Il tient également la comptabilité de l'UEFA sous le contrôle a posteriori de la société de révision mentionnée plus haut.

La conduite du football européen est menée au travers de onze commissions permanentes au sein desquelles celles des Finances et des Droits commerciaux et médiatiques se taillent la part du lion. Depuis août 2003, elle a aussi son programme d'aide aux associations nationales adhérentes, baptisé « Hat Trick », qui leur apporte un soutien financier significatif. Or, comme chacun sait, l'objectif de toute fédération nationale de football, c'est de gagner. Un « goal » c'est bien. Un « Hat Trick » c'est mieux[45].- Pour faire simple, on pourrait presque prétendre que l'UEFA, c'est une « FIFA européenne » avec moins de complots et d'intrigues de couloirs visibles et davantage de rigueur financière. Ce qui, en soi, n'est pas un exploit. De plus, l'UEFA est riche, très riche même, plus encore que la FIFA.

Sans abuser de chiffres, retenons quelques éléments de comparaison.

De 2003 à 2006, si tout se passe comme prévu et si l'on considère les chiffres qu'elle publie comme fiables, la FIFA aura disposé de 2 041,8 millions de FS de recettes, dont 1 009,9 millions l'année de sa compétition « reine », la Coupe du monde Deutschland 2006. Or, sur la même période, l'UEFA a reçu 5 371 millions de FS ! La seule année 2004, année de « cumul » du Championnat d'Europe des Nations (Portugal) et de la Champion's League, elle a encaissé 1 886,6 millions de FS, près du double de ce que rapporte la « grand-messe » mondiale du football.

L'UEFA possède également ses « mines d'or » que sont sa Champion's League et, dans une moindre mesure, son Championnat d'Europe des Nations. On ne mentionnera qu'à titre quasi anecdotique la Coupe de l'UEFA, la Coupe Intertoto et autres championnats d'Europe des juniors...

Le jackpot de la Champion's League

C'est incontestablement la Champion's League qui explique – et justifie – la présence de l'UEFA parmi les Maîtres du Monde du foot business.

Modifiée à partir de la saison 2003-2004 pour mettre à la disposition des diffuseurs TV un produit plus facilement

---

45. Comme chacun sait, un « goal », en football, c'est un but marqué. Le « Hat Trick » ou « coup du chapeau » est le fait, pour un même joueur, de réussir à marquer 3 buts au cours de la même rencontre. Une performance exceptionnelle qui illustre notre clin d'œil aux fondus de ballon rond, au sujet des programmes d'aide au football mis en œuvre par la FIFA (goal) et l'UEFA (Hat Trick).

commercialisable en réduisant l'aléa sportif, cette compétition est devenue l'objectif prioritaire dans la stratégie de développement international des grands clubs européens.

Qu'on en juge : lors de son édition 2004-2005, l'UEFA a distribué aux trente-deux clubs engagés dans la compétition un montant total de 415 584 416 euros.

Les deux finalistes de l'épreuve, le Milan AC et le Liverpool FC, ont respectivement retiré de leur participation à la compétition 26 150 649 euros et 30 627 922 euros pour le vainqueur, au terme d'un spectacle aussi mémorable que haletant. Soit le tiers du budget de l'OL, le plus « gros » club français.

Pas étonnant dans ces conditions que les grands clubs européens se soient lancés à corps perdu à la conquête de cette distinction sportive ! Ce faisant, ils ont aussi mis le doigt dans l'engrenage : figurer en bonne place dans l'épreuve de prestige et décrocher ainsi un « jackpot » financier d'une telle ampleur présuppose que soit constituée une équipe compétitive. Et donc de disposer d'un budget conséquent. « L'argent appelle l'argent » dit-on. Ça n'a jamais été aussi vrai que dans le cas de la Champion's League.

Un succès pernicieux

La quête permanente de la « dream-team » a eu des effets secondaires indésirables. Les « grands clubs », et ceux qui aspirent à le devenir, se sont lancés dans des pratiques discutables et trop rarement encore sanctionnées par le droit.

L'agent du joueur convoité, plus que le joueur lui-même, « lobotomisé » par des années de formation sportive souvent aliénantes[46], se retrouve placé au confluent d'ambitions irraisonnées et de fantasmes inassouvis.

Adulé, cajolé plus souvent que son mandant, l'agent sportif fait aujourd'hui l'objet de toutes les sollicitations et des promesses les plus folles. Il bénéficie des dispositifs financiers et

---

46. *Cf. Foot business et Droit*, chapitre 8 : Une nouvelle théorie de la relativité, l'amateur pris au piège, page 125.

juridiques les plus astucieux, fussent-ils illégaux. Seule condition : fournir l'oiseau rare estampillé « Wanted ». Que ne donnerait-on pas pour la Ligue des champions ?

Justement, on donne trop et de manière anarchique, incontrôlable et donc potentiellement dangereuse. Il est bien loin le Congrès de la FIFA de 1936, à Berlin, qui avait interdit aux joueurs de faire appel à des agents par crainte des actions illégales qui auraient pu en résulter. Adolph Hitler en inspirateur vertueux, avouez que c'est plus fort qu'un penalty à la 94e minute ! Victime de son succès et de la formidable réussite financière de sa compétition phare, l'UEFA est en tout cas aujourd'hui débordée par l'affairisme ambiant. Elle tente cependant de reprendre la main. L'effort est louable de la part d'une organisation qui n'a aucune autorité sur les championnats nationaux européens et les miasmes qu'ils produisent en quantité croissante.

Dans un discours qu'il a prononcé le 25 janvier 2006 à l'issue de la séance du comité exécutif, l'ancien directeur général, Lars-Christer Olsson, a pourtant cru bon de déclarer : *« Il y a des agents qui se comportent de manière convenable et qui font du bon travail, mais il y en a d'autres pour lesquels ce n'est pas le cas. Nous avons des informations qui démontrent, par exemple, que certains gouvernements européens soupçonnent certains agents d'être impliqués dans des activités de blanchiment de capitaux ou dans d'autres activités suspectes... »* Giorgio Marchetti, responsable de la commission du football professionnel, a renchéri : *« Une part importante de la richesse générée par le jeu se retrouve dans les poches de ceux qui ne le réinvestissent pas dans le football. »* Et d'ajouter : *« Quand ils obtiennent de l'argent des diffuseurs TV, les clubs le dépensent pour le football. »*

Peut-être.

Pour notre part, nous allons nous employer à démontrer que les choses sont loin d'être aussi claires et tranchées. Que les Maîtres du Monde, quel que soit leur niveau dans la hiérarchie mondiale du foot spectacle, font preuve de beaucoup d'hypocrisie. Qu'en réalité, ils n'en mènent pas large parce que la situation est devenue explosive. Presque incontrôlable même.

Ce n'est sûrement pas non plus le fait du hasard si dès le début d'année 2006, tous les Maîtres du foot business semblent animés d'une même lubie : mieux contrôler l'activité des agents de joueurs. Tous y vont de leur « groupe de travail », et l'UEFA n'est pas en reste. Hélas, le constat est toujours le même. Mick McGuire, membre dirigeant du FIFPro, directeur général adjoint de l'Association anglaise des footballeurs professionnels et agent de joueurs, l'a résumé sans langue de bois fin janvier 2006 lors de l'une des séances du groupe de travail de l'UEFA : *« Le plus gros problème, à mon sens, est que les règlements actuels, tant celui de la FIFA que le nôtre, ne sont pas respectés... En Angleterre, si c'est la Fédération qui est l'organe chargé de superviser l'ensemble des aspects du jeu, il faut qu'elle soit consciente qu'imposer le respect des règlements fait partie de sa mission. »* L'UEFA doit aussi tenir compte de la montée en puissance du G14, un groupe de pression constitué des clubs européens les plus riches, lesquels ont la ferme intention de faire tourner la planète foot à leur manière.

CHAPITRE 4

G14 : un groupe de pression dans la déprime

Budapest. 22 mars 2006. Congrès de L'UEFA. L'heure est grave. Le jeu du « Qui veut gagner des milliards » tourne au jeu de massacre. L'UEFA et la FIFA, alliés de circonstance, veulent faire rendre gorge au G14, le groupement des dix-huit clubs les plus riches de la planète[47].

Lors de leur comité exécutif, les cinquante-deux membres de l'UEFA adoptent à l'unanimité une résolution aux intonations guerrières : *« Le football n'est pas une maison fermée, où seuls les riches et les plus puissants seraient invités à la table. L'UEFA ne tolérera pas une structure ou un système où les petits clubs, les plus petites nations et leurs supporters n'auraient jamais la chance de réaliser leurs rêves. Ces principes reflètent une réalité. Cette réalité est que le football n'est pas*

---

47. Créé en 1998 mais officialisé en 2000, le G14 compte quatorze membres fondateurs : Milan AC, Juventus, Inter Milan, Real Madrid, FC Barcelone, Ajax Amsterdam, PSV Eindhoven, Liverpool FC, Olympique de Marseille, Paris Saint-Germain, Manchester United FC, Bayern de Munich, Borussia Dortmund et FC Porto. En août 2002, quatre nouveaux clubs, Arsenal FC, TSV Bayer 04 Leverkusen, Olympique Lyonnais et Valence CF rejoignent l'organisation, portant le nombre de membres à dix-huit, sans pour autant que le G14 ne change de nom.

seulement un moyen de faire de l'argent, pas seulement un business. Nous avons des règles et des principes qui reflètent nos valeurs et protègent les intérêts de notre sport et des millions de fans qui suivent le football.

« L'un des principes clés est que les joueurs doivent être mis à la disposition des équipes nationales. Pourquoi cette règle ? Pour assurer que les équipes nationales disposeront des meilleurs joueurs et, en même temps, que les joueurs auront toujours la possibilité de représenter leur pays, ce qui, tous les joueurs le confirmeront, constitue le plus grand honneur dans la carrière d'un footballeur.

« Cela signifie aussi que toutes les nations, même les plus petites, ont une chance de concourir et peut-être même un jour de gagner un grand événement comme la Coupe du monde ou l'Euro. Ce n'est peut-être qu'une petite chance, mais c'en est une.

« Un groupe de clubs conteste cette règle. Ils ne sont pas intéressés par la protection de la compétition, mais seulement par la protection d'eux-mêmes et de leurs intérêts économiques et veulent dicter leurs conditions aux autres. Mais l'UEFA défendra la règle et travaille, avec la FIFA, pour qu'il en soit ainsi. »

Bagarre générale

La guerre mondiale du foot peut commencer. Dans le rôle du général : Michel Platini. À l'époque, l'ancien stratège des Bleus siège à la fois au comité exécutif de la FIFA et de l'UEFA [48]. Et dans les colonnes de *L'Équipe* du 23 mars 2006, il se lâche, franchement belliqueux : *« Il faut combattre le G14. On ne peut pas dialoguer avec ce groupement qui n'a aucune légitimité car cela ne mène à rien (...) Le G 14 va où est l'argent. Pour eux,*

48. Le monde du ballon rond ne connaît pas le cumul des mandats, Michel Platini est également vice-président de la FFF et depuis son élection à la tête de l'UEFA, il est devenu, de fait, vice-président de la FIFA.

le sport est un moyen de faire du fric. Cette course à l'argent ne va pas contribuer à redorer le blason du foot. J'ai vraiment l'impression parfois qu'il n'y a plus de valeurs dans ce sport. »

Mais si Michel, sauf qu'elle est exprimée en monnaie sonnante et trébuchante... Et le G14 va tout mettre en œuvre pour s'emparer du magot. Sur son site officiel, sous le slogan *The voice of the clubs* (« La voix des clubs »), l'organisation de lobbying annonce la couleur au travers de ses trois objectifs. Primo, le paiement d'une indemnité par les Fédérations nationales pour la mise à disposition des joueurs internationaux par les clubs (notamment des indemnités d'assurances contre les blessures). Secundo, le remboursement rétroactif de ces indemnités depuis quinze ans (soit la bagatelle de 800 millions de dollars). Tertio, la multiplication du nombre de matchs européens (afin de créer des ressources financières supplémentaires), soit par l'augmentation du nombre de matchs de Ligue des champions, soit par la création d'un championnat européen fermé sur le modèle de la NBA nord-américaine.

« Créer un circuit fermé, ce serait la fin du football », s'insurge Sepp Blatter, le patron de la FIFA. Pour les clubs de la « force G », ce championnat sans relégation aurait au contraire l'immense avantage de réduire « la glorieuse incertitude du sport », source de tant de migraines pour leurs contrôleurs de gestion et leurs commissaires aux comptes.

Un organisme puissant... et parfois divisé

Pour parvenir à ses fins, le G14 se réunit en assemblée générale quatre fois par an à Bruxelles, où il siège. Le mode de fonctionnement donne la part belle aux cadors européens. Chaque membre possède un nombre de voix correspondant à sa réussite sportive depuis la création des trois grandes compétitions européennes[49]. Ainsi, le Real Madrid, le Milan AC et la Juventus,

49. Une victoire en Ligue des champions (C1) = 2 voix. Une victoire dans la Coupe d'Europe des vainqueurs de coupes (C2) = 1 voix. Une victoire dans la Coupe de l'UEFA (C3) = 1 voix.

avec respectivement 20, 14 et 8 voix, contrôlent le G14. À leurs côtés, les clubs comme l'OM, le PSG et Lyon avec 3, 1 et 0 [50] voix font figure de nains politiques. Exclusivement financé par ses membres, le G14 ne compte qu'un seul salarié : le directeur général Thomas Kurth. L'organisation préfère mobiliser ses ressources lors de procès susceptibles d'impressionner la FIFA et de lui faire entendre raison.

En septembre 2005, elle soutient ainsi le club belge de Charleroi SC dans le conflit qui l'oppose à la FIFA. Un des joueurs du club, Abdelmajid Oulmers, se blesse pendant une rencontre internationale. Résultat : une indisponibilité de huit mois. Le club belge et le G14 portent plainte contre la FIFA [51] et l'enjoignent de payer la note et d'indemniser le club pour son préjudice.

Reste que le G14 n'est pas non plus épargné par les querelles internes, le 27 novembre 2006, Karl-Heinz Rummenigge, vice-président du Bayern Munich, menace ainsi de quitter l'organisation. Avec des propos lourds de sous-entendus : *« Nous allons étudier s'il est encore censé de rester au sein du G14. Nous n'avons pas envie de nous impliquer pour une autre année s'il en ressort peu de choses. Il n'y a aucune communication avec la FIFA ou l'UEFA, il n'y a actuellement pas assez de projets communs. Chacun ne pense qu'à lui. Je le dis clairement, Ramon Calderon du Real Madrid et ses collègues jouent individuels, comme les Italiens et les Anglais. C'est l'égoïsme pur qui règne dans le football. Depuis que les Abramovitch, Berlusconi et autres Moratti [52] sont au pouvoir, le football est dans une situation vraiment pourrie. »*

---

50. L'OL est membre du G14 mais, compte tenu de son palmarès vierge au niveau européen, ne participe pas aux votes.

51. En novembre 2005, un cas similaire survient avec la blessure du Lyonnais Éric Abidal.

52. Respectivement propriétaires des clubs de Chelsea, Milan AC et de l'Inter de Milan.

CHAPITRE 5

FFF : la forteresse assiégée

Jeudi 2 février 2006. 9 h 30. Bravant la température polaire d'un hiver sibérien, Claude Simonet s'engouffre d'un pas lourd dans les locaux du Château des Rentiers, la célèbre brigade financière du XIIIe arrondissement de Paris. À soixante-quinze ans, l'ancien monarque du foot français n'est plus que l'ombre de lui-même. Un roi Dagobert qui aurait mis le foot français à l'envers.

Atteint par des difficultés personnelles, ses amis l'ont lâché. Médite-t-il alors les conseils que lui prodiguait autrefois son père ? *« Chaque jour, sois content quand tu te lèves. Entoure-toi des meilleurs amis et des meilleurs conseils, car l'homme seul est malheureux. »*

Une instance malmenée

Son règne de 1994 à 2005 à la tête de la Fédération française de football (FFF), restera dans l'histoire comme la décennie la plus glorieuse du foot français. La plus controversée aussi. Durant les neuf heures de sa garde à vue, l'ancien gardien de but du FC Nantes des années 1950 joue le match le plus long de sa carrière. Les policiers l'interrogent sans relâche sur les présumées manipulations comptables et financières des bilans 2002-2003 et 2003-2004 de la « Fédé ». L'enquête préliminaire ouverte en février 2005 fait suite aux dénonciations des commissaires aux comptes de la FFF qui ont révélé *« des irrégularités et inexactitudes »* dans ces bilans. *« J'ai juste poursuivi un système instauré par mes prédécesseurs. J'assume mon bilan en sachant que la perfection n'existe pas. L'erreur est humaine »* concédera-t-il quinze jours plus tard[53]. Un peu court. Jamais les instances du football français n'avaient été si malmenées à travers son plus illustre représentant.

Au moment de tirer sa révérence, le président Simonet avait pourtant martelé en guise de testament : *« Quand je suis arrivé aux commandes, on venait d'être éliminé de la Coupe du monde 1994 et l'affaire VA/OM avait mis à jour des problèmes de corruption. C'est moi qui y ai mis un terme. »*

Comment la « 3 F », comme l'appellent les initiés, a-t-elle pu tomber si bas ?

La FFF : république bananière ou soviétique ?

À l'instar de ses grandes sœurs la FIFA et l'UEFA, la FFF gouverne en « famille ». Un vocable décidément récurrent dans l'univers du football. *« Il n'y avait pas de démocratie à la FFF »*, s'emportait Jean-Pierre Escalettes, après son élection à la tête de la Fédération le 12 février 2005. Défense de rire. À soixante-neuf ans, le tout neuf et fringant président, membre des instances dirigeantes depuis 1984, venait sans doute d'avoir une révélation tardive. Seul candidat en lice, il pouvait s'offrir un triomphe avec 92,56 % des voix. Un plébiscite rendu possible grâce à la structure soviétique de la FFF.

Dans le rôle du soviet suprême, les 2 500 membres de l'assemblée fédérale. Ce parlement du foot, composé dans sa grande majorité de délégués du monde amateur, élit le président et son conseil fédéral, une sorte de bureau politique de 21 membres où les représentants du foot professionnel sont les plus influents. On y relève la présence de figures comme Frédéric Thiriez, le président de la Ligue de football professionnel, ou l'ancienne star du ballon, Michel Platini, devenu président de l'UEFA.

---

53. *L'Équipe* du 17 février 2006. Il est important de préciser que M. Simonet est présumé innocent.

Précision : seul un membre du conseil fédéral peut se présenter à l'élection présidentielle. Démocratie, quand tu nous tiens...

Le président de la FFF administre la plus importante fédération sportive d'Europe. Les chiffres sont vertigineux : 140 millions d'euros de budget annuel, 21 000 clubs, 2,6 millions de licenciés, 350 000 bénévoles. Bref, un mastodonte impressionnant, aussi difficile à conduire qu'un mammouth sur un lac gelé. Pas toujours aisé pour des hommes comme Claude Simonet ou Jean-Pierre Escalettes, issus respectivement du BTP et de l'Éducation nationale. Pour les assister dans le pilotage de la Fédération, le président et son conseil fédéral s'appuient sur des commissions centrales. Leurs membres, issus du foot amateur et professionnel, sont nommés par le conseil fédéral. La FFF compte plus d'une vingtaine de commissions parmi lesquelles celle des finances, de l'arbitrage des agents sportifs, ou du dopage.

Des titres ronflants destinés à flatter l'ego des obscurs du ballon rond, ravis d'œuvrer – du moins le croient-ils – à la bonne marche du football. Car l'essentiel du pouvoir réel de la FFF se concentre autour de deux de ses principaux cadres : le directeur général et le directeur juridique, messieurs Jacques Lambert et Jean Lapeyre.

Aveuglement ?

Délégataire de prérogatives de puissance publique, autrement dit de l'État, la FFF, sous l'autorité de son président, doit aussi, selon ses statuts, « défendre les intérêts moraux et matériels du football français ». De biens nobles desseins. Malheureusement, certains dirigeants de la Fédération vont piétiner ces tables de la loi. Drapé dans ses certitudes et aveuglé par la victoire des Bleus lors de la Coupe du monde 1998 et de l'Euro 2000, le président Claude Simonet est longtemps resté sourd aux nombreux avertissements qui annonçaient cette tragique journée du 2 février 2005. Une garde à vue qui allait entraîner, le 6 octobre

2006, son renvoi devant le tribunal correctionnel pour « faux et usage de faux[54] ».

Simonet boit la tasse

Hôtel Sheraton de Séoul. 31 mai 2002. Ce soir-là, Claude Simonet a des bleus à l'âme. L'équipe de France vient de perdre son premier match de Coupe du monde face au Sénégal. Aux côtés du patron du foot français, l'ancien sélectionneur Aimé Jacquet et le président de l'Olympique Lyonnais, Jean-Michel Aulas, ont eux aussi le « blues ». Soudain, Claude Simonet a une idée géniale, une fulgurance. Pour conjurer le mauvais sort, il commande à la volée une bouteille de romanée-conti. Un millésime 1998. Une année inoubliable : 4 800 euros. Le tarif du sublissime nectar restera d'anthologie. Le parcours de l'équipe de France le sera moins. Après une piteuse défaite face au Danemark, les Tricolores plient bagage à l'issue du premier tour. Toujours est-il que durant ce court séjour coréen, le président ne lésine pas sur ses notes de frais. 60 000 euros en moins de trois semaines. Gonflé.

D'autant que, cinq mois plus tôt, en janvier 2002[55], à l'occasion de la publication de son rapport 2001, la Cour des comptes venait d'épingler le train de vie somptuaire des cadres de la « 3 F ». Abandonnant le style habituel très protocolaire en

---

54. Pour présentation d'un faux bilan et d'un faux compte de résultats au titre de la saison 2002-2003, et entrave à la mission du commissaire aux comptes, 6 mois de prison avec sursis et 10 000 euros d'amende sont requis contre Claude Simonet le 19 mars 2007 devant la 11e chambre du tribunal correctionnel de Paris. En outre, y sont demandés 3 mois de prison avec sursis et 6 000 euros d'amende contre Bernard Bacourt, ancien trésorier et actuel vice-président de la Fédération, qui ne s'est pas constituée partie civile... Claude Simonet et Bernard Bacourt ont, de leur côté demandé la relaxe.

55. La Cour des comptes agit, avec ce rapport, dans le cadre d'un contrôle a posteriori non juridictionnel : elle fait part de ses observations aux autorités publiques et administratives en leur laissant la responsabilité d'éventuelles sanctions ou réformes.

vigueur rue Cambon, le rapport des hauts fonctionnaires prenait même des allures de réquisitoire : *« L'analyse des frais de transport a mis en évidence le recours fréquent et onéreux à la location d'avions privés, alors que la plupart des aéroports de destination sont desservis par des lignes régulières. »*

Le reste du rapport était de la même veine accablante. La Cour des comptes pointait sa plume acérée vers des irrégularités relatives aux traitements astronomiques versés à des fonctionnaires mis à la disposition de la Fédération : *« L'un des entraîneurs de l'équipe de France a cumulé, de 1990 à 1998, le traitement correspondant à son grade de professeur de sport et une rémunération qui excédait très largement ce traitement, plus de dix fois supérieure en 1996 et 1997. »* Mieux, les hauts fonctionnaires découvraient qu'au sein de la FFF, le terme « famille » s'entendait dans son acception littérale : *« Les conditions dans lesquelles ont été réalisés les travaux de rénovation du siège de la Fédération, dans la perspective de la Coupe du monde, ont manqué de transparence. Le conseil fédéral a approuvé le principe de ces travaux après avoir été informé oralement de la logique d'utilisation des locaux, mais sans qu'aucun projet précis et sans qu'aucune évaluation du coût prévisionnel ne lui aient été communiqués. Par ailleurs, la cour n'a pu élucider la procédure qui a conduit à retenir comme architecte le gendre d'un dirigeant de la Fédération. Elle a également relevé que le lot des travaux de menuiserie avait été attribué à une société dont le gérant est le président d'un district départemental de la Fédération, sans qu'aucune des propositions remises à la suite de l'appel d'offres n'ait été réalisée. »*

L'héritage de Jean-Claude Darmon, lourd comme un cercueil plombé

« De toute façon, personne ne lit les rapports de la Cour des comptes[56] *»* réplique, goguenard, Jean-Claude Darmon, celui

56. *L'Équipe Magazine* du 20 avril 2002.

que l'on appelle encore le grand argentier du foot français et qui a lui aussi les honneurs de la Cour des comptes. « *Le contrat de mandat qui lie la FFF avec la société France Football Promotion (FFP), filiale du groupe Darmon, et qui confie à celle-ci un mandat exclusif pour "négocier et conclure tous contrats ayant pour l'objet l'utilisation, l'exploitation ou la reproduction du sigle de la FFF et de l'équipe de France" appelle pour l'essentiel deux observations : à l'issue du précédent contrôle, le président avait écrit à la Cour, le 15 novembre 1989 : "le droit d'exclusivité de FFP sera remis en cause à chaque échéance contractuelle en fonction du meilleur impact de toutes les propositions reçues", et lors de sa réunion du 30 novembre 1990, le conseil fédéral avait demandé qu'un "appel d'offre soit lancé lors du renouvellement des contrats en application de la loi du marché avant la conclusion de nouveaux contrats". Malgré cet engagement et en dépit de cette demande, aucun des contrats conclus depuis avec les sociétés du groupe Darmon n'a été précédé d'un appel à la concurrence.* »

À la question de savoir qui, de Claude Simonet ou de Jean-Claude Darmon, est le patron du football français, Claude Simonet répondra[57] : « *Jean-Claude Darmon est un prestataire de services. Il s'est rendu indispensable dans le foot par son travail et son talent. À un moment, tout le monde s'en satisfaisait. (...) Il trouve encore des partenaires pour l'équipe de France et la Coupe de France. Je n'ai pour le moment pas matière à m'en plaindre. Darmon est sous contrat jusqu'en juin 2001. Après, on respectera la loi sur la concurrence.* »

Égarement passager ? Le président de la FFF admet en tout cas publiquement qu'il ne respecte pas la loi régissant les appels d'offre. Or personne ne s'en émeut. Glorifié par la victoire des Bleus à l'Euro 2000, le président Simonet, seul candidat au poste, est réélu pour un troisième mandat en décembre 2000 avec 94,23 % des suffrages. « Ne peut pas mieux faire », sauf à se faire élire par acclamation... Les vagues promesses de respecter

57. Interview à *L'Est Républicain* du 19 juillet 2000.

les dispositions sur le respect de la concurrence feront long feu. Et le groupe de Jean-Claude Darmon, devenu « Sportfive » en 2001, continuera à régner en maître sur la FFF. En février 2006, la FFF et son nouveau président Escalettes ont même dû ferrailler dur pour revenir sur les termes d'un contrat couvrant la période 2004-2010, lequel, largement défavorable à la FFF, entraînait des pertes de 2 millions d'euros pour chaque match de l'équipe de France joué à l'extérieur !

Un vieux duo

Claude Simonet et Jean-Claude Darmon, une longue histoire d'amitié qui débute au début des années 1970. Claude Simonet est alors vice-président du FC Nantes en charge des finances. Et Jean-Claude Darmon a vingt-sept ans quand il débarque dans le pays de Loire. Il n'a pas un sou, mais les dents longues. *« Je suis né dans la rue »*, aime-il répéter à l'envi. Neuvième enfant d'une modeste famille pied-noire d'Oran, Jean-Claude, qui s'appelle encore Zahoui, décide de changer de nom. L'ancien boxeur et docker sur le port de Marseille, armé jusqu'aux dents de son seul certificat d'études, va révolutionner le monde du football.

Après des débuts difficiles où il vend des écharpes autour du stade Marcel-Saupin, l'ancien stade des Canaris, il décroche son premier gros contrat en commercialisant un « Livre d'or » sur le club nantais. Son destin est tout tracé. Belle gueule et gouailleur, l'homme à la mâchoire carnassière et au costume impeccable déborde d'idées nouvelles. Astucieux, il démarche les sponsors avec une cassette vidéo montrant les images télévisées des buts du week-end, en vue de convaincre les annonceurs de la force de communication des panneaux publicitaires et des maillots des joueurs. Les dirigeants nantais sont conquis. Ce nouvel outil, dont on ignore encore qu'il se nomme « marketing sportif », va leur permettre de trouver une nouvelle source de financement. Grâce à cette trouvaille, le chiffre d'affaires du club augmente de 500 000 francs dès la première année. Forte de ce succès, la réputation de Jean-Claude Darmon dépasse très vite la Loire-Atlantique. Des clubs comme Nîmes, Reims ou Sochaux suivent le mouvement.

L'étape suivante, c'est la conquête de la confiance de Jean Sadoul. Le patron du Groupement professionnel, ancêtre de la Ligue, sera pour Darmon un père spirituel. Un bon père. En 1982, il le propulse à la tête de la direction de la promotion de la Ligue et de la Fédération. Jean-Claude Darmon prend alors en mains le marketing de l'équipe de France. Une aubaine : les Bleus de Michel Platini vont réveiller le foot français plongé dans une longue torpeur depuis la Coupe du monde 1958.

À la tête de la société Football France Promotion fondée avec Philippe Piat, l'actuel président du syndicat des joueurs, Jean-Claude Darmon empoche alors de 15 à 30 % sur chaque contrat signé. Au cours des années 1980, il étend en outre son empire en profitant adroitement du mariage entre le football et la télévision célébré en 1984 avec l'apparition de Canal + et la privatisation de TF1 en 1987.

Devenu incontournable, l'homme n'hésite pas ensuite à secourir certains dirigeants de clubs en panne de trésorerie. Un président ne peut payer les salaires des joueurs ? Jean-Claude Darmon accourt le carnet de chèques à la main. *« Il sait renvoyer l'ascenseur »,* entend-on à son sujet.

Alors, grand corrupteur Jean-Claude Darmon ? Lors d'une interview accordée dans VSD, le 21 avril 2005, il répond : *« Pour avoir du succès, il y a d'autres méthodes que la corruption. C'est même, à mes yeux, celle qui a le moins d'intérêt. Moi, ça fait quarante ans que je fais ce métier et, au bout de quarante ans, on découvrirait comme ça que Darmon est un corrupteur. Non, ce n'est pas sérieux ! (...) Je viens du bas et je suis arrivé en haut, voilà, ça déplaît. »* Et il est vrai que la justice n'a jamais rien trouvé à lui reprocher.

Dans son livre *Sport et télé, les liaisons secrètes* [58], le journaliste Éric Maitrot livre une vision moins idéaliste du personnage.

58. Flammarion, 1995.

Il y relate un entretien avec Guy Roux datant de 1989. Or l'analyse d'une grande lucidité de l'entraîneur de l'AJ Auxerre sur le système ne souffrait aucune ambiguïté : *« Le premier bastion du pouvoir, c'est le château, c'est-à-dire la Ligue dirigée depuis 1967 par "Dieu", Jean Sadoul. Puis il y a la Fédération, c'est une Fédération de courtisans, de hobereaux de province qui rêvent de monter à Paris. Le président Jean-Fournet Fayard est leur suzerain. Enfin il y a Darmon, celui qui amène l'argent. Il tient les présidents par la barbichette, c'est-à-dire par le portefeuille. Ils sont tous ses obligés... »*

Les frères ennemis

Au sein de la « grande famille » du football, seules deux personnalités vont contester son omnipotence : Michel Platini et Bernard Tapie. Le premier l'écartera de l'organisation de la Coupe du monde 1998. Quant au second, il refusera toujours de travailler avec lui. Entre ces deux prédateurs, la partie a même failli se terminer en combat singulier, voire en bain de sang.

Nous sommes en 1990. Bernard Tapie est au faîte de sa gloire. Le patron de l'OM a néanmoins un caillou dans la chaussure : Claude Bez. Le président des Girondins de Bordeaux, ami intime de Jean-Claude Darmon, n'entend pas baisser pavillon face à la suprématie sportive de l'équipe olympienne.

En dehors du terrain, les deux présidents se livrent une bataille féroce. Les coups bas pleuvent. Claude Bez remet à la commission nationale de discipline l'enregistrement d'une conversation téléphonique entre Bernard Tapie et Jean-Pierre Bernès, le manager de l'OM. Un échange durant lequel il serait question d'intervenir auprès du joueur stéphanois Laurent Fournier pour qu'il lève le pied... [59]

Bernard Tapie, de son côté, a une botte secrète : Michel Charasse, son ami ministre du Budget. À qui il révèle les pratiques illégales du football et auprès de qui il dénonce les

59. Faute de preuves, l'affaire n'ira pas plus loin. Deux mois plus tard, le joueur de l'AS Saint-Étienne sera transféré à l'OM.

méthodes de ceux qui fraudent le fisc et détournent des millions en surpayant des intermédiaires fantaisistes. *« La vraie cause de l'appauvrissement des clubs, elle est là et nulle part ailleurs ! »* lui confie-t-il. Pour nourrir son dossier, le boss de l'OM compte faire d'une pierre deux coups : atteindre son rival girondin à travers les relations étroites que ce dernier entretient avec Darmon. Comment ? En tendant un piège digne d'un thriller. Dans le rôle de l'apprenti espion : Jean-Pierre Bernès. L'homme des basses œuvres va en effet enregistrer à son insu Ljubomir Barin, un impresario yougoslave très influent à Bordeaux, dont les dires ne manquent pas de surprendre, comme le révélera la transcription de cet enregistrement publié dans L'Express du 29 novembre 1990 :

Bernès.— Et la pub ? Il travaille pas avec Bordeaux, Darmon ?

Barin.— Mais si ! Il gagne un argent fou, ce Darmon. C'est une vraie anguille. C'est la perte pour vous de ne pas travailler avec lui.

Bernès.— Comment il fait Darmon pour lui donner à Bez ?

Barin.— Il ajoute sur certaines prestations, etc. Il y a des sommes faramineuses. Faramineuses !

Bernès.— Ça va pas tout au club ?

Barin.— Mais non ! C'est Darmon qui signe les contrats et il donne 25 % sur la totalité de la somme.

Bernès.— Et le reste, il le répartit ?

Barin.— Lui, c'est pas un con.

L'affaire de ces écoutes fera cependant long feu. Même si, en ce mois de novembre 1990, Jean-Claude Darmon est placé en garde à vue, c'est pour un tout autre motif. Le « Monsieur pub du foot français » est entendu dans le cadre des malversations financières du Sporting Club de Toulon, où officie l'ambitieux et créatif Rolland Courbis. On le soupçonne d'avoir émis des fausses factures pour alimenter la caisse noire de l'équipe toulonnaise. Une affaire d'où, contrairement à son ami Rolland, condamné à trois ans de prison avec sursis [60], lui sortira indemne.

60. Il passera 98 jours de prison en préventive pour « faux et usage de faux » et « abus de confiance ».

Bernard Tapie, si prompt à endosser le rôle de chevalier blanc du foot français, va donc devoir bientôt rendre les armes. D'autant que de plus grosses casseroles vont s'attacher à ses basques. Empêtré dans l'affaire de corruption OM/VA puis dans celle des comptes de l'OM, il disparaît du monde du foot en 1994.

Darmon l'inoxydable

Jean-Claude Darmon a résisté. Et plus rien ne parviendra à l'ébranler. Généreux, il aide Robert Louis-Dreyfus à prendre les rênes du club phocéen en 1996, intriguant dans la coulisse pour éliminer IMG, la société de marketing sportif longtemps favorite pour la reprise de l'équipe marseillaise. En retour, Louis-Dreyfus embauchera la fille de Darmon au service marketing de l'OM.

La même année, le Groupe Jean-Claude Darmon (GJCD) est introduit en bourse. Un sacré coup de pouce pour le « grand argentier du foot français ». Puis, en décembre 2001, c'est la fusion avec Sport + (Groupe Canal +) et UFA Sports (RTL Groupe) afin de créer Sportfive. Jean-Claude Darmon pèse désormais 300 millions d'euros et reconnaît un salaire mensuel de 210 000 euros. Dans un entretien accordé à L'Équipe Magazine du 20 avril 2002, il exulte : *« Des gens comme moi n'existent plus. Si je suis là depuis trente ans, c'est qu'il doit y avoir quelque chose, non ? Aujourd'hui, je suis le seul de mon métier à être coté en bourse. Évidemment, vous pensez sans doute comme beaucoup qu'un mec qui réussit est forcément louche. Mais moi, je n'ai pas de compte en Suisse ou au Liechtenstein ! Je suis transparent à 100 %. Ma méthode, c'est travailler beaucoup, m'informer en permanence pour avoir cinq ans d'avance et respecter ma parole comme un rat mort. »*

Le 19 mars 2004, coup de théâtre : le groupe d'investissement américain Advent International rachète Sportfive[61]. À soixante-deux ans, Jean-Claude Darmon tire sa révérence en empochant au passage un ultime chèque de 60 millions d'euros. Quelques

61. Le 20 novembre 2006, le groupe Lagardère rachètera Sportfive à Advent International pour 865 millions d'euros.

semaines plus tard, le 2 mai 2004, lors des « Oscars du foot », émission diffusée sur Canal +, la famille du ballon rond lui rend hommage en lui décernant un Oscar d'honneur. Une cérémonie aux allures d'obsèques. Coïncidence ? Le départ du « grand argentier » s'accompagne des premières secousses qui vont progressivement ébranler la FFF. L'héritage Darmon va être aussi lourd à porter qu'un cercueil plombé.

Avis de tempête

Moins d'un an plus tard, le 17 février 2005, la terreur s'empare du milieu. Cinquante inspecteurs de la Direction générale de la concurrence, de la consommation et de la répression des fraudes (DGCCRF) perquisitionnent simultanément les places fortes du foot français. Cette vaste opération menée par le ministère de l'Économie vise les plus grands clubs, les instances dirigeantes, les chaînes de télévision (Canal + Eurosport et TPS) et les sociétés de marketing sportif liées à l'incontournable Darmon. L'enquête administrative cherche à établir l'existence d'éventuelles pratiques anticoncurrentielles en matières de droits télévisés, de contrats de publicité et de marketing. Les agents de la DGCCRF s'intéressent notamment de près au dossier « Club Europe ».

De quoi s'agit-il ? Quelques années plus tôt, en avril 1999, Canal + avait fait une offre insolite à ses partenaires du ballon rond regroupés sous le nom – un brin prétentieux au vu de leur palmarès international – de « Club Europe[62] ». Laquelle consistait à leur verser 120 millions de F le 31 décembre 1999, 190 millions le 31 décembre 2000, 210 millions le 31 décembre 2001, 230 millions le 31 décembre 2002, 300 millions le 31 décembre 2003 *« et le 31 décembre de chaque saison suivante jusqu'à la levée de l'option... »* Soit 160 millions d'euros dans un premier temps. Pourquoi de telles étrennes ? En contrepartie d'un droit d'option prioritaire sur les droits TV des matchs

62. Les signataires du contrat sont Monaco, Marseille, Lyon, Lens, Bordeaux et le PSG.

de championnat dont ces clubs pourraient éventuellement devenir propriétaires à l'avenir. Bien entendu, le PSG, propriété de Canal +, est au nombre des heureux lauréats.

Goguenards, les présidents concernés se sont bousculés pour signer des deux mains. Dans la mesure où ils se sont résolus à une centralisation de la commercialisation des droits TV par « leur » Ligue, en charge de la gestion du secteur professionnel français, l'option ne risque pas d'être levée avant longtemps, se disent-ils. Mais pourquoi ne pas profiter de la jobardise de Canal ? À moins qu'il faille y voir une manifestation d'intérêt utile quand, au conseil d'administration de la Ligue, il s'agira d'organiser la grand-messe visant à désigner le prochain bénéficiaire des droits de retransmission du championnat ?

Pour éviter une foire d'empoigne avec les clubs concernés, mais surtout parce que Canal ne fait rien sans son poisson-pilote, la chaîne à péage leur précise que *« le groupe Jean-Claude Darmon fera son affaire de la répartition de ces sommes entre les clubs, ce que ceux-ci acceptent ».* Bien entendu, l'information parviendra jusqu'aux oreilles des collègues moins médiatiques exclus du Club Europe. Tension garantie lors des assemblées de la Ligue.

Le 14 décembre 2004, l'Association des petits porteurs actifs (APPAC), actionnaires floués à la suite de la chute des cours de Vivendi Universal, qui inclut Canal +, décide que la plaisanterie, qui a duré jusqu'à fin 2003, ne fait rire personne. Et dépose une plainte contre X pour présentation de faux bilan et divulgation de fausses informations ayant influencé le cours de bourse de l'action Vivendi Universal. L'allumette qui a mis le feu aux poudres tient à peu de choses : d'une part, la disparition juridique du *paymaster*[63] désigné par Canal dans l'accord avec les clubs, c'est-à-dire le groupe Jean-Claude Darmon, « fusionné » avec Sport + et UFA Sports à la fin 2001 pour donner naissance à

63. Dans une opération de trading, le *paymaster* est celui qui est contractuellement chargé de répartir les commissions perçues par chacun des opérateurs intervenus dans la transaction.

Sportfive. De l'autre, les propos d'un Jean-Claude Darmon au mieux de sa forme qui, dans une interview accordée au quotidien *Le Parisien* le 13 octobre 2004, avait répondu à la question portant sur la destination des sommes payées au Club Europe par un trait qu'il pensait d'humour : « *Certains sont partis en vacances avec, mais ils m'ont dit de ne pas vous le dire...* » Sacré Jean-Claude. Impayable et bien payé.

Chapitre 6

LFP : indépendance quand tu nous tiens...

« Monsieur Thiriez, le foot français est-il pourri ?[64] *»* Le président de la Ligue de football professionnel, chanteur lyrique à ses heures, reste sans voix. Deux minutes de silence. Une éternité. Soudain, cet avocat au Conseil d'État tente de se ressaisir. Alors il allume une énième cigarette et marmonne dans sa moustache : *« À beaucoup d'égards, le foot français est un modèle, et je n'accepte pas le vieux refrain du tous pourris ! »*

Sonné par la teneur de l'entretien, Frédéric Thiriez alerte par courrier, dès le lendemain de notre rencontre, l'ensemble des présidents des clubs de L1 et L2. Le contenu de la lettre datée du 22 octobre est déconcertant :

« J'ai été informé de la publication prochaine par l'hebdomadaire VSD *d'un article à scandale sur le football, les transferts et les agents. J'en ignore le contenu exact mais je le redoute, alors surtout que le Parlement examine actuellement le texte sur le droit à l'image des sportifs professionnels. Je crains une nouvelle atteinte à l'image de notre sport qui pourrait susciter une réaction négative de l'opinion publique et des parlementaires à l'égard de nos textes législatifs. L'article en question devait paraître le jeudi 14, soit le matin même de la discussion de la proposition de loi Landrain à l'Assemblée nationale. Par chance (...), la publication a été reportée. Mais je la crois imminente... »*

---

64. Entretien avec l'auteur du 21 octobre 2004, dans le bureau de son cabinet d'avocat du boulevard Saint-Germain, à Paris.

Image pieuse

Le milieu du football déteste que l'on vienne fouiller dans ses « petites affaires ». L'important n'est pas que le foot soit propre ou pas, non, l'essentiel est qu'il paraisse immaculé aux yeux du bon peuple qui doit coûte que coûte continuer à faire son devoir. Alors, gare aux têtes qui dépassent ! Dans le dossier de *VSD*, Yvon Collin, sénateur PRG[65], mettait pourtant les pieds dans le plat. *« Le monde du foot est très opaque,* expliquait-il. *Ce milieu vit en vase clos et n'apprécie guère que l'on s'intéresse à lui. J'ai pu déceler une certaine méfiance à mon égard. Un personnage important du foot*[66] *est même venu avec son avocat comme s'il devait parler à un juge d'instruction. Un autre a obstinément refusé de s'exprimer, au prétexte qu'il ne souhaitait pas finir dans un bloc de béton. (...) J'ai l'impression qu'il règne dans le football le même sentiment d'impunité qui prévalait il y a encore quinze ans dans le monde politique. En l'absence de règles bien définies, chacun, finalement, se débrouille comme il l'entend. »*

Comme il se doit, ce pavé dans la marre déclenche une nouvelle missive de Frédéric Thiriez. Le 29 octobre 2004, au lendemain du fameux article de *VSD*, le président de la LFP écrit aux patrons des clubs français :*« Je vous prie de trouver ci-après le texte d'une intervention prononcée hier après-midi au Sénat par M. Yvon Collin, sénateur (radical) du Tarn-et-Garonne. M. Collin s'en prend en des termes particulièrement désobligeants, et même agressifs, à la proposition de loi sur le droit à l'image des sportifs professionnels qui a été adoptée par l'Assemblée nationale et qui doit, je l'espère, être examinée au Sénat le 24 novembre 2004.*

M. Collin s'en prend également au football dans une interview à VSD *parue hier.*

J'écris immédiatement au sénateur Collin. Si vous me permettez cette suggestion, je pense, en outre qu'il serait opportun que vous vous manifestiez aussi dans le même sens, présidents de clubs et familles. »

---

65. Et auteur d'un solide rapport parlementaire intitulé « Quels arbitrages pour le football professionnel ? »

66. Il s'agit de Jean-Claude Darmon.

Une exhortation dont raffole le milieu du foot. Un vocabulaire singulier dans la bouche de cet énarque pur jus qui, gamin, faisait le baisemain aux dames du VIIe arrondissement de Paris et voussoyait ses parents. Aujourd'hui, l'homme s'est fondu avec une déconcertante facilité dans l'ambiance virile du ballon rond. Il l'admet d'ailleurs volontiers : *« C'est vrai que les dirigeants de clubs sont parfois brutaux et mal élevés. Finalement j'aime bien ces ambiances où l'on s'engueule un bon coup et après on se tape dans le dos*[67]. *»*

Maître Thiriez, avocat de la famille

Frédéric Thiriez n'est pas tombé dans la marmite du foot quand il était petit. Né en 1952, ce fils de famille de la grande bourgeoisie du Nord de la France a longtemps préféré le rugby. Et, ironie de l'histoire, sa lune de miel avec le football commence grâce aux... affaires.

En 1991, le cabinet d'avocats parisien Lyon-Caen-Fabiani, qu'il a rejoint un an plus tôt, défend la Fédération française de football contre les Girondins de Bordeaux. Le club du sulfureux Claude Bez conteste en effet auprès du Conseil d'État sa rétrogradation en deuxième division pour des raisons financières. Me Thiriez plaide. Et gagne. Dix ans plus tard, l'homme de droit qui a, entre-temps, intégré le conseil d'administration de la Ligue, remporte le plus beau match de sa carrière d'avocat avec l'affaire des faux passeports. Frédéric Thiriez, conseil de la FFF et de la Ligue, évite avec brio une annulation des résultats de la saison 2000-2001 du Championnat de France[68].

---

67. *Le Figaro entreprises* du lundi 15 novembre 2004.

68. Durant la saison 2000-2001, l'ensemble du football français est ébranlé par ce scandale où des joueurs étrangers ont falsifié leurs passeports pour contourner l'article 141 de la Ligue obligeant les clubs à limiter à trois le nombre de joueurs extra-communautaires. Ainsi, les gardiens de but ukrainien Maxym Lévytsky, de l'AS Saint-Étienne, et le Colombien Faryd Mondragon, du FC Metz, jouaient avec un faux passeport grec !

Le football hexagonal vient donc de trouver son meilleur défenseur. Sous l'impulsion du président Jean-Michel Aulas, véritable faiseur de roi, Frédéric Thiriez prend en mai 2002 la succession de Gérard Bourgoin, l'ancien président de l'AJ Auxerre qui avait lui-même pris la place de Noël Le Graët deux ans plus tôt avant de se voir contraint à la démission. L'ex-golden boy déchu du poulet, embourbé dans les démêlés judiciaires de son groupe[69], avait terni l'image du foot professionnel. Pis, ses méthodes de garçon boucher et son langage fleuri avaient eu le don d'irriter en haut lieu, à commencer par Marie-Georges Buffet, la ministre de la Jeunesse et des Sports de 1997 à 2002, pourtant habituée à la gouaille banlieusarde.

Frédéric Thiriez a donc un profil plus présentable. Plus consensuel aussi. Amateur de saut en parachute, l'homme est à l'aise sur tous les terrains politiques. À sa sortie de l'ENA en 1977, il a embrassé une carrière de haut fonctionnaire qui l'a conduit à travailler en 1981 auprès de Gaston Deferre, le ministre de l'Intérieur. Lorsque Michel Rocard est devenu Premier ministre en 1988, il a été nommé à la direction des Affaires politiques administratives et financières de l'outre-mer. Marié à Marie-Claire Carrère-Gee, proche d'Alain Juppé et conseillère de Jacques Chirac depuis juin 2002, il entretient de solides amitiés à droite, comme Nicolas Sarkozy et Pierre Mazeaud (jusqu'à peu président du Conseil constitutionnel) avec qui il a effectué l'ascension de l'Hidden Peak (8 068 m) dans l'Himalaya en 1984.

Avec lui, le foot français peut se plaire à ambitionner les plus hauts sommets. Thiriez revendique d'ailleurs un rôle non négligeable dans l'explosion des droits TV du Championnat de France et le fait d'avoir permis le vote de « sa loi » sur la rému-

69. En octobre 2003, le tribunal correctionnel de Sens le condamna à six mois de prison avec sursis pour abus de biens sociaux pour des faits commis entre 1995 et 1999.

nération en droits à l'image des joueurs de foot. Un joli cadeau fiscal offert aux présidents de clubs[70].

Bien qu'il s'en défende, le président de la LFP est bel et bien l'avocat des présidents de clubs. Au sens propre comme au figuré. En 2005, lors d'un contentieux opposant la Cegid, son entreprise spécialisée dans l'édition de logiciels, aux sociétés Fiducial Informatique et Fiducial Expertise, Jean-Michel Aulas confiera ainsi à Me Thiriez la défense de ses intérêts. Mélange des genres ? Conflit d'intérêts ? *« Non, j'ai seulement choisi le meilleur avocat »* soutient le président de l'Olympique Lyonnais[71]. Amusant et révélateur : en 2001, Frédéric Thiriez et Jean-Michel Aulas s'étaient déjà retrouvés dans le même prétoire lors d'un litige entre la Cegid et la société Samino, mais à cette époque Frédéric Thiriez, pas encore patron de la Ligue, défendait les intérêts de Samino ! Ainsi va la vie...

La gestion de l'indépendance

L'épisode rappelle que la question de l'indépendance du président de la Ligue professionnelle est importante. Cette interrogation est même soulevée au chapitre 24 du *Dictionnaire permanent du droit du sport* dans son édition du 15 décembre 2002 : *« Les statuts des ligues professionnelles prévoient généralement que la fonction de président de la ligue est incompatible avec toute activité au sein d'un club de la ligue. En effet, la fonction du président de la ligue, compte tenu de son importance et des pouvoirs que lui donnent très souvent les statuts, ne peut qu'être distincte de toute autre fonction au sein d'un club de la ligue. Il faut éviter que la décision prise par un conseil d'administration dont fait partie le président, ou bien le président lui-même, soit suspectée. Mais une constance peut cependant être observée ; il faut en effet remarquer la forte présence dans les*

70. Les dirigeants peuvent désormais rémunérer leurs joueurs sous forme de droits à l'image collectifs, exonérés de charges sociales à concurrence de 30 % de leurs salaires bruts.

71. Entretien avec l'un des auteurs.

instances décisionnaires de dirigeants de clubs professionnels. Cette présence souvent majoritaire est susceptible de laisser une part non négligeable à la défense d'intérêts particuliers, au détriment parfois de l'intérêt général du sport professionnel. »

L'ivresse du pouvoir

En clair, les dirigeants de clubs ne risquent-ils pas d'être leurs propres arbitres ? La LFP, qui a pour mission d'organiser, réglementer et gérer le football professionnel, peut-elle fonctionner sainement en circuit aussi fermé ? Le conseil d'administration et le bureau de la LFP regroupent vingt-trois membres avec une écrasante majorité de dirigeants de clubs, comment parler d'indépendance dans un tel schéma ?

Le pactole

Avec des ressources de 439 millions d'euros lors de la saison 2004-2005[72], la Ligue est devenue la véritable place forte du football français. Reléguant sa vieille maman, la FFF, au rôle de figurante. Le président Thiriez devrait toutefois se souvenir que la LFP n'existe que dans le cadre d'une subdélégation des compétences initialement attribuées à la FFF par la loi de 1984.

Le foot français pris dans la tourmente judiciaire, sa Ligue tente de maîtriser l'étendue des dégâts en centralisant tout, y compris dans les domaines légalement attribués à la FFF. L'article 5 de la convention entre la FFF et la Ligue permettrait toutefois à la Fédération, si elle en manifestait l'intention, de s'opposer à ses velléités d'émancipation, a fortiori quand elles sont motivées par de mauvaises raisons. *« Le conseil fédéral peut se saisir, pour éventuellement les réformer, de toutes les décisions prises par l'assemblée et par les instances élues ou nommées par la LFP qu'il jugerait contraires à l'intérêt supérieur du football ou aux statuts et règlements. »*

---

72. Source LFP : ces recettes proviennent essentiellement des droits TV et sont redistribuées à 85 % aux clubs. Le produit des compétitions s'est élevé à 730,3 millions d'euros en 2005-2006.

L'exemple le plus édifiant est celui de l'activité des agents de joueurs. Aussi longtemps que leur rôle est resté méconnu du grand public, on s'accommodait parfaitement à la Ligue du flou très artistique qui entourait l'activité de la profession. Tout juste sorti du procès de l'OM qui a mis au grand jour l'incurie du club marseillais en matière de transferts, le président Thiriez improvise une conférence de presse le 11 avril 2006. Le thème : la centralisation à la Ligue de l'ensemble des décisions liées aux transferts de joueurs et à leurs agents. Curieux : le président Escalettes et le président de la commission des agents de la « Fédé » brillent par leur absence. Frédéric Thiriez serait-il tenté de la « jouer perso » ? Il s'en défend en présentant le « commis d'office » de la FFF dont personne ne retient le nom et qui ne pipe mot durant les débats. Piquée au vif, la FFF ne manquera pas de hausser timidement le ton lors du conseil fédéral du 20 avril 2006 dont le procès-verbal indique : *« Le bureau prend connaissance du dossier relatif à la conférence de presse organisée le 11 avril 2006 par le président Frédéric Thiriez. »* Présent à la réunion du conseil, le président Thiriez a dû ressentir quelques bourdonnements d'oreille, en entendant la plus haute instance de la Fédération déclarer prendre connaissance de son initiative du 11 avril. En termes diplomatiques, une invitation courtoise, mais ferme, à informer la Fédération avant d'agir « en solo » sur des sujets épineux.

Néanmoins, quand survient un coup de tabac, la Ligue et la Fédération savent se serrer les coudes. Le meilleur exemple ? Afin d'éviter d'avoir à fournir des explications gênantes sur leurs propres défaillances, la « Fédé » la Ligue et la DNCG (Direction nationale de contrôle de gestion) adresseront une fin de non-recevoir unanime aux députés qui s'étaient mis en tête de les entendre à l'Assemblée nationale, lors d'une table ronde organisée le 17 janvier 2007 par la mission d'information parlementaire « sur les conditions de transfert des joueurs professionnels de football et le rôle des agents sportifs ». Tout en fureur contenue, certains représentants du peuple ne manquèrent pas de constater que, s'il existait encore un doute sur le degré réel d'indépendance de la DNCG, le gendarme financier du foot français, son absence remarquée « aux côtés » des dirigeants de la Fédération et de la Ligue l'avait définitivement levé. *« Pour un football propre, il faut accepter un certain déballage*[73] », annonçait Frédéric Thiriez. Il y a parfois loin de la parole aux actes.

73. *Le Figaro* du 6 octobre 2005.

Deuxième partie

Les lois du jeu

« Pratiqué avec sérieux, le sport n'a rien à voir avec le fair-play. Il déborde de jalousie haineuse, de bestialité, de mépris de toute règle, de plaisir sadique et de violence ; en d'autres mots, c'est la guerre, les fusils en moins. »

George Orwell.

Le foot business est un véritable paradoxe. Pis, une hérésie économique. Les montants faramineux qu'il génère ne semblent jamais suffisants pour permettre aux clubs professionnels d'équilibrer leurs comptes, qui affichent des pertes quasi chroniques. Pourtant, bravant toutes les théories économiques connues, leurs propriétaires s'y accrochent comme des moules à leur rocher. Une énigme que nous avons élucidée. De toute évidence, le droit du sport et celui des affaires ne font pas bon ménage. Sans parler du droit du travail, piétiné sans vergogne par des patrons de clubs qui se sont assurés de la docilité de leurs joueurs, au prix de rémunérations parfois obscènes.

CHAPITRE 7

Le football : comment ça fonctionne côté business ?

Sous l'autorité des Maîtres du Monde et de leurs serviteurs locaux, les clubs professionnels de football sont devenus de véritables entreprises de spectacle. Pour autant, passer d'une logique associative, subventionnée sans enthousiasme par des collectivités locales en quête de paix sociale, à une stratégie d'entreprise, ne s'est pas fait sans difficulté.

Il a fallu changer les mentalités. Faire évoluer le cadre légal et juridique dans le sens approprié. Mobiliser les ressources humaines et financières nécessaires. Trouver et recruter les compétences capables de conduire un développement à long terme. À de très rares exceptions près, cela a été plus facile à dire qu'à faire pour les héritiers d'une culture sportive nourrie de bénévolat festif géré à la bonne franquette et mal préparés au déferlement du foot business. De plus, les cascades d'argent facile déversées par les diffuseurs TV n'ont rien arrangé. Les chiffres le prouvent.

Le foot-paradoxe : de gros moyens pour d'énormes pertes

Dans le cas français, par exemple, du 1er juillet 1998 au 30 juin 2005, les clubs de Ligue 1 ont réalisé un chiffre d'affaires total de 4,3 milliards d'euros [74]. Ce volume d'affaires a dégagé une

74. Source : statistiques DNCG 2004-2005.

perte nette cumulée de 307 millions d'euros. Plus d'une fois et demie le montant des capitaux propres des clubs concernés à la fin de la saison 1998 ! Une vraie saignée. Un placement « pépère » à la Caisse d'épargne pendant la même durée sur la base d'une rémunération nette annuelle de 2,2 % leur aurait rapporté 32,3 millions d'euros. Cherchez l'erreur...

Pourquoi le modèle économique, le « business model » mis en œuvre par le football professionnel, se montre-t-il donc si durablement défaillant ? Autre sujet de perplexité : l'entêtement des propriétaires dirigeants de ces entreprises à se maintenir en place. Puisque tout indique qu'aux mains de leurs dirigeants actuels, les clubs professionnels français de football s'avèrent incapables de créer de la valeur pour leurs actionnaires, pourquoi ne pas vendre ? Pourquoi ne pas sortir de ce guêpier pour se tourner vers des secteurs économiques plus rentables à court terme ou plus prometteurs à plus longue échéance ?

La réponse est évidente : si les propriétaires des clubs s'obstinent à conserver leurs investissements dans le football professionnel, c'est parce qu'il existe une autre grille de lecture, de « décryptage » de ses médiocres performances financières. Un second effet « Kiss Cool » soigneusement dissimulé dans les arcanes comptables de ces « pauvres » sociétés sportives.

Les pertes financières considérables du principal championnat professionnel français et de la majorité des autres ne sont pas perdues pour tout le monde. L'actualité judiciaire est là pour nous le rappeler. Alors, est-il si insensé d'envisager que l'hémorragie financière de la Ligue 1 puisse être délibérément acceptée, voire entretenue ? Reste à déterminer en quoi consiste ce « trésor caché » et comment les lauréats de cet astucieux « qui perd gagne » ont réussi à le dénicher et à se l'approprier à l'insu des régulateurs, du fisc, des organismes sociaux et, jusqu'à une époque récente, des enquêteurs de police et des magistrats.

Un examen sommaire du modèle économique va nous mettre sur la voie.

Structure juridique : c'est quoi un club de foot ?

Les clubs professionnels de football sont des entreprises de spectacle sportif, constituées pour la plupart sous forme de sociétés commerciales de droit commun. En France, le cadre juridique a été proposé par une loi du 28 décembre 1999 qui a imposé aux clubs réalisant annuellement plus de 7,5 millions de francs de recettes et versant plus de 5 millions de francs de salaires de se constituer en sociétés sportives.

La forme la mieux adaptée à la pratique du foot business est la société anonyme sportive professionnelle (SASP). Par rapport aux solutions précédentes (SAOS), elle permet de rémunérer ses dirigeants (c'est bien le moins), de distribuer des dividendes (on peut toujours rêver !). Elle permet aussi à l'association sportive en charge du secteur amateur et de la formation au sein de chaque club d'entrer dans son capital sans devoir détenir un nombre minimum d'actions.

L'absorption du secteur amateur n'a pas été un long fleuve tranquille. D'abord parce qu'historiquement[75], c'est l'association qui était propriétaire du numéro d'affiliation du club à la Fédération, des marques commerciales, de la dénomination sociale et des autres signes distinctifs du club. Un décret du 16 février 2001 a apporté des assurances aux Maîtres du Monde qui piaffaient d'impatience. Bon prince, le législateur a remis le couvert en 2003 en autorisant « enfin » la société sportive à utiliser conventionnellement le numéro d'affiliation à la Fédération, et à acquérir auprès de l'association les marques commerciales et les signes distinctifs du club. Ou à leur payer une redevance en contrepartie de leur usage[76].

Désormais, une convention passée entre l'association et la société commerciale définit les modalités de coopération et les obligations souscrites par la société sportive envers l'association. D'une durée maximum de quatre ans, elle est déposée auprès du préfet pour approbation. Avant de l'approuver, le préfet doit

75. Loi du 16 juillet 1984.

76. 4,8 millions d'euros en 2004-2005.

consulter la Fédération et la Ligue de football professionnel. C'est dire à quel point, en France, le foot business tient à peu de chose. Le dispositif prévu par le décret du 16 février 2001 ne fait nullement obligation à l'association, devenue actionnaire minoritaire, voire symbolique du club, de renouveler à son échéance la convention passée avec la société sportive. Bonjour l'embrouille en cas de désaccord persistant... D'autant que, pour éviter les « petits arrangements discrets entre amis », le législateur a prévu que les dirigeants de l'association et de la société devaient être des personnes distinctes ne pouvant en aucun cas être rémunérées par l'autre partie.

Business model

Pour faire simple, le modèle économique du football professionnel, c'est la manière dont le club va s'organiser afin de participer de manière rentable aux compétitions dans lesquelles il est engagé.

Dans chaque pays, les clubs professionnels sont confrontés aux mêmes contraintes légales et réglementaires. Ils participent aux mêmes compétitions et se disputent la fidélité commerciale des mêmes clients et annonceurs publicitaires. Pas surprenant que le modèle économique soit unique. Et reproduit plus ou moins à l'identique par l'ensemble des clubs disputant les mêmes compétitions sportives, nationales et internationales.

À partir des moyens dont dispose le club et en tenant compte des diverses contraintes auxquelles il doit satisfaire (lois du jeu, règlement des compétitions, obligations légales et réglementaires diverses...), il va effectuer des choix stratégiques plus ou moins « payants », tant du point de vue de son palmarès sportif qu'en termes de performances économiques.

Quoi qu'on en dise, l'expression ultime de ce succès est toujours financière. Pour certains clubs, cela consistera modestement à tenter année après année d'équilibrer le budget en se maintenant à un niveau honorable au plan sportif. Pour d'autres, plus ambitieux, à créer et valoriser une marque commerciale, de préférence mondiale, disposant d'une telle puissance évocatrice qu'elle pourra se décliner avec un égal succès sur des marchés connexes, voire très éloignés du spectacle sportif. En d'autres termes, à libérer ses performances commerciales et financières de l'incertitude sportive.

Compte de résultat : en quoi consiste l'activité du club ?

Comme pour toute entreprise, le compte dit « de résultat » décrit sous une forme comptable l'activité du club au cours d'une saison donnée.

D'un côté des charges, c'est-à-dire les dépenses exposées par le club pour participer aux compétitions qu'il a gagné le droit de disputer.

De l'autre, des « produits », vocable désignant les recettes, directes ou non, qu'il va en retirer.

Produits : le culte de l'obésité

L'entrée du football professionnel dans l'ère du foot business mondial a eu pour conséquence d'uniformiser, de « standardiser » les dépenses et les recettes des clubs. Sur tous les continents, on retrouve aujourd'hui les trois mêmes catégories de produits perçus par les sociétés sportives de football.

À savoir des recettes provenant des matchs, tels les abonnements annuels et la billetterie, le chiffre d'affaires des buvettes, des restaurants, et pour celles qui disposent d'un stade agencé en conséquence, les recettes des divers autres points de vente de détail présents sur le site. Mais aussi des recettes commerciales nées de la conclusion de contrats de licence, de *sponsoring* et de mise à disposition de supports publicitaires. Et, bien sûr, des droits de retransmission TV.

Ainsi au cours de la saison sportive 2004-2005, 19 % des recettes des clubs français de Ligue 1 provenaient des matchs ; 20 % des divers contrats commerciaux et de publicité ; 49 % des droits TV, confirmant, s'il en était encore besoin, leur dangereuse télédépendance. S'y sont ajoutés 3 % de subventions diverses (dont le montant est plafonné par la loi) et 9 % d'autres produits. La télédépendance des clubs français de Ligue 1 s'est même accrue la saison suivante [77] pour atteindre 57,55 % de leurs recettes. Inquiétant. D'autant plus que l'apparente baisse de la concurrence pour l'attribution des droits TV du Championnat de France pourrait amener Canal + à réduire sa contribution. Le foot business à la française devrait prêter plus d'attention à l'actualité. La lutte contre l'obésité est sur le point de devenir une grande cause nationale.

De l'autre côté de la Manche, le club britannique de Manchester United, véritable *money machine* propriétaire du stade mythique d'Old Trafford, est un élément de comparaison intéressant. Pour cueillir les fruits de son prestigieux palmarès sportif, « ManU » a développé depuis longtemps une politique commerciale mondiale extrêmement agressive. Au cours de la saison 2002-2003, un de ses meilleurs « millésimes financiers » des dernières années (173 millions de livres de chiffre d'affaires et 29,7 millions de livres de profit après frais financiers et impôts !), le club a retiré 41 % de ses recettes des matchs, 26,7 % des contrats commerciaux, 32,5 % des droits TV.

À l'exception d'Auxerre et d'Ajaccio et bientôt de Lyon, aucun club français n'est propriétaire de son enceinte sportive. Or, le fait d'être propriétaire de son stade, « outil de production » par excellence des clubs professionnels de football, paraît, au vu de ce qui précède, présenter au plan de la répartition des recettes et de l'aptitude à dégager du profit un avantage stratégique majeur.

Pas si simple pourtant.

C'est parce qu'il était coté en Bourse et qu'il est propriétaire de son stade, offert en garantie des emprunts souscrits par les acquéreurs, que Manchester United a pu être racheté par la famille Glazer lors d'un « raid » boursier épique en mai 2005.

---

77. Saison sportive 2005-2006 – source : statistiques annuelles de la DNCG.

Rassurés par la garantie de revenus que représentait Old Trafford, les prêteurs se sont montrés en effet assez généreux pour permettre à Glazer d'offrir 3,00 £ pour chaque action de ManU, alors que les analystes financiers estimaient, à l'époque, la valeur de l'action comprise entre 2,20 £ ou 2,30 £. Avec une telle plus-value réalisable en quelques jours, tout le monde a apporté ses actions à Glazer qui, après avoir pris le contrôle du club, a pu retirer le titre de la Bourse et le « reprivatiser ». Le problème pour les Glazer, et par voie de conséquence pour le club, c'est le coût de la dette souscrite pour faire main basse sur le bijou mancunien. Comme les nouveaux propriétaires se remboursent sur la bête, il faut « qu'elle donne » toujours plus afin de permettre à ses maîtres de faire face à leurs échéances.

Même punition pour Arsenal, dont la dette bondissait de 150 millions d'euros, pour atteindre un total de 388 millions d'euros au 30 mai 2006, conséquence du coût de financement de son somptueux « Emirates Stadium » de 60 000 places. À tel point que le club s'est vu contraint de rééchelonner son échéancier de remboursement de quatorze à vingt-cinq ans, histoire de ne pas peser trop lourdement sur la trésorerie de l'entreprise. Son inégalable sandwich au concombre risque quand même d'atteindre le tarif du caviar Beluga avant la fin de la décennie. D'ailleurs, le résultat net de son activité « compétition » s'est mécaniquement réduit de 32,3 millions de livres en 2005 à 11,3 millions de livres en 2006. Fort heureusement pour lui, le Club londonien et Arsène Wenger, son chef d'orchestre alsacien, conservent une compétence exceptionnelle dans le *trading* de joueurs : une contribution-mutation de 19,2 millions de livres en 2006. De quoi faire pâlir de jalousie de ce côté-ci du Channel. Et, sur ce point, les charges sociales n'ont aucune incidence. En somme, c'est juste une question de savoir-faire. Qui semble manquer dans l'Hexagone.

Charges : la « danseuse » ne porte que de la haute couture

Entreprises de services, les sociétés sportives exploitantes des clubs de football sont obnubilées par les dépenses de main-d'œuvre : celles des « artistes ». Dont certains exigent des « cachets » astronomiques pour rejoindre la troupe et se produire par tous les temps. Celles des équipes médicales, logistiques et administratives aussi, qui les assistent et émargent également en caractères gras au générique. D'autant que les salaires constituent « l'assiette » de calcul de la portion due aux organismes sociaux qui n'ont pas manqué de s'inviter à un tel festin.

C'est donc sans surprise qu'on découvre qu'au cours de la saison 2004-2005, 48 % des charges des clubs de la Ligue 1 française étaient constituées par la rémunération du personnel ; 14 % par les charges sociales qui s'y rattachent ; 38 % par l'ensemble des autres dépenses, dont les redevances dues aux collectivités locales pour disposer des stades.

Or, à Manchester United, au cours de la même saison 2002-2003, les salaires représentaient également 48,4 % des charges, auxquelles s'ajoutaient « seulement » 6,9 % de charges sociales et 44,7 % d'autres charges.

Conséquence, Deloitte, le cabinet international de consultants qui mène chaque année une étude financière sur le football professionnel faisant autorité[78], pouvait affirmer dans son édition consacrée à la saison sportive 2003-2004 avoir *« calculé qu'un joueur de Première Ligue anglaise coûtait en moyenne autour de 0,9 million de livres par an (ou 17 000 £ par semaine) en charge salariale à son club »* et qu' *« à cause des différences fiscales et sociales, il en coûterait par exemple 44 % de plus à un club français pour assurer à un joueur un salaire net équivalent. Par rapport aux autres grandes ligues européennes, la Première Ligue anglaise bénéficie donc d'un avantage structurel significatif »*.

---

78. Deloitte, *Annual Review of Football Finance*.

Rappelons qu'au cours de la saison 2003-2004, la Ligue 1 française a accusé une perte d'exploitation de 102,4 millions d'euros. Alors que, dans le même temps, la Première Ligue anglaise dégageait – une fois de plus – un bénéfice d'exploitation de 149 millions de livres, soit environ 200 millions d'euros. Ceci explique sans doute partiellement cela.

L'impact des charges sociales sur les performances financières des clubs semble considérable. Et l'ingéniosité qu'ils manifestent pour y échapper paraît directement proportionnelle aux taux de cotisation auxquels ils sont soumis. Compte tenu de son rang au hit-parade des confiscations sociales, pas étonnant que le foot business français ait succombé à la tentation des rémunérations occultes ! Et qu'on le trouve désormais plus souvent à s'en défendre dans les prétoires qu'en finale de la Champion's League.

Les seules règles qu'il respecte encore sont les lois du jeu. Les autres, le foot business hexagonal s'en est affranchi. Avec l'accord implicite des autorités de tutelle et des organes de régulation et de contrôle qui ont trop longtemps gardé l'œil rivé sur la pelouse au lieu de s'interroger sur ce qui pouvait se tramer dans la pénombre des vestiaires. En haut lieu, on se garde bien d'essayer de comprendre – à moins qu'on ne les connaisse trop – les raisons pour lesquelles les dirigeants des sociétés sportives françaises de Ligue 1 paraissent financièrement si « malchanceux ».

Au plan national « le plus grand spectacle du monde » s'apparente en effet à une calamité naturelle subie avec une apparente résignation par ses promoteurs. Jugez plutôt : une perte d'exploitation des compétitions de 38,4 millions d'euros au cours de la saison 2000-2001 ; une autre perte d'exploitation de 97,7 millions d'euros en 2001-2002 ; une nouvelle perte d'exploitation de 60,8 millions d'euros en 2002-2003 ; perte toujours, historique cette fois, de 102,4 millions d'euros en 2003-2004 ; perte d'exploitation des compétitions encore, de 15 millions d'euros en 2004-2005 !

Dans ces conditions, pourquoi diable les producteurs s'obstinent-ils à jouer les prolongations ?

Transferts : le cœur du foot business ? [79]

L'activité principale des clubs professionnels de football consiste à participer aux compétitions dans lesquelles ils sont engagés en obtenant, sur la pelouse, les meilleurs résultats possibles.

Leur palmarès sportif explique et conditionne l'engouement qu'ils vont susciter de la part des spectateurs, des téléspectateurs, des annonceurs publicitaires et de leurs partenaires commerciaux.

Si les représentations de la « troupe » sont conformes aux attentes du public, le club augmentera ses chances de dégager un « résultat d'exploitation » positif. Dans le cas contraire, il « prendra un bouillon ». Sa participation au spectacle se soldera par une perte d'exploitation, d'autant plus douloureuse qu'il aura mis à l'affiche « un dispendieux casting de rêve ».

Le recrutement et les mutations temporaires ou définitives de joueurs, constituent donc le second volet de l'activité des clubs professionnels.

Afin d'améliorer la lisibilité de leur logique économique, leurs Maîtres les ont contraints à mesurer les conséquences économiques de leur activité sportive distinctement de celles de leur recrutement. À ce chapitre, on parle de « contribution-mutation » et non plus de « contribution-compétition ».

Si les chasseurs de talents ont du flair, ils recrutent des joueurs dont la valeur marchande augmente pendant leur présence au sein du club, rendant ainsi leur transfert profitable. Si tel n'est pas le cas, ils « plombent » littéralement les finances du club avec des « chevaux de retour » qui auront été généreusement rémunérés, équipés, entraînés, massés, soignés, transportés. Dorlotés en pure perte.

---

79. Chaque année, environ 3 500 transferts de joueurs sont effectués à travers le monde. Source : Rapport d'information n° 3741, « Transferts de joueurs et activité des agents sportifs : une exigence de transparence », février 2007, Assemblée nationale.

À l'exception notable d'Auxerre, il faut croire que les recruteurs des clubs français de Ligue 1 ont eux aussi la guigne ou qu'ils sont particulièrement incompétents. Alors qu'ils disposent du fantastique réservoir de talents de leurs centres de formation, leurs opérations sur transferts de joueurs se sont finalement traduites par une perte de 19,3 millions d'euros au cours de la saison 2000-2001 ; une autre de 68 millions d'euros au cours de la saison 2001-2002 ; un nouveau gouffre « historique » de 100,1 millions d'euros au cours de la saison 2002-2003. Changement en 2003-2004 avec, enfin, un profit de 17,9 millions d'euros, suivi pour la saison 2004-2005 d'un autre profit, « symbolique » celui-là, de 3 millions d'euros... il est vrai après adoption par la Ligue d'une nouvelle méthode de comptabilisation. L'amélioration sera-t-elle durable ? En 2005-2006, la Ligue 1 française arbore fièrement un profit de 14,6 millions d'euros sur négoce de joueurs. Un « record » tout relatif, à la mesure de l'hémorragie subie au cours des années précédentes.

De manière troublante, c'est à partir de la saison 2003-2004, quand la justice a commencé à se pencher sur les transferts de joueurs, que la « contribution-mutation » des clubs professionnels français, « chantres infatigables de la formation », s'est étonnamment améliorée. Un miracle sans doute. Lorsque les performances financières d'une entreprise sont directement affectées par le degré de curiosité que son activité suscite de la part des autorités judiciaires, il y a tout lieu de penser que les dés sont pipés, que l'activité considérée en dissimule une autre, inavouable.

Raison de plus pour consacrer à l'aspect purement économique de ces opérations de transferts quelques explications supplémentaires.

Lorsqu'il recrute un joueur, le club professionnel devient propriétaire du droit de l'employer dans son effectif pendant la durée de son contrat de travail. Ce droit est souvent qualifié, faute de mieux, de « droit fédératif ». Ce droit immatériel est évidemment séparé du joueur sur lequel il s'exerce. On n'achète pas un joueur mais le droit de l'employer ; encore que cette distinction soit d'une subtilité excessive pour certaines contrées d'Amérique latine et d'Afrique (« Schoelcher au secours ! ») où le joueur est, plus encore qu'ailleurs, réduit à l'état de simple marchandise librement négociable.

Le joueur de foot : coûteux objet de désir

Dès lors qu'on est parvenu à le définir et à le matérialiser, ce droit peut donner lieu à des transactions d'achats et de ventes, d'ailleurs passibles de la TVA. Il peut donc parfaitement appartenir à une tierce partie. À un établissement financier qui en aurait fait l'acquisition à l'insu du joueur concerné, comme d'un autre instrument financier spéculatif. Ou à l'agent du joueur ; voire au joueur lui-même s'il est assez intelligent et assez riche pour pouvoir régler lui-même l'indemnité de transfert due à l'employeur qu'il souhaite quitter par anticipation. Le tout est de lui donner une définition juridique indiscutable et de déterminer l'identité du véritable propriétaire de ce droit. À ce stade tout est possible, puisqu'on est souvent très loin de la rigueur des actes notariés[80]. Quelques lignes manuscrites dans une langue inédite feront trop souvent l'affaire. Exposer des montants parfois pharaoniques sur le fondement de tels documents peut s'avérer très périlleux pour les clubs.

Pour éviter la pagaille et les contestations, les règlements en vigueur en France n'autorisent un club à acheter les droits fédératifs sur un joueur – licencié d'un club dit « autorisé » (à recruter des joueurs professionnels) – qu'auprès d'un autre club « autorisé ». En aucun cas à une société n'ayant pas ce statut et à plus forte raison auprès d'une personne physique. Mais les travers du foot business ne connaissent pas de frontières. Les règlements sont faits pour être contournés, comme nous ne tarderons pas à le découvrir. Un contournement facile à opérer si les règlements sont rédigés avec maladresse. C'est le cas de l'article incriminé qui autorisait les *traders* audacieux à prétendre qu'il

---

80. Le contrat de transfert de Didier Drogba, de l'OM à Chelsea, ne comporte pas plus de 2 feuillets qui matérialisent une transaction d'un montant de 33,7 millions d'euros.

ne s'appliquait qu'aux transferts franco-français[81]. Sa nouvelle version (article 106) n'a rien gagné au plan de l'efficacité. Elle contient même une probable coquille (le mot *cession* au lieu du vocable *acquisition*) qui la rend vide de sens. C'est dire le degré de détermination à en faire usage à l'encontre des fraudeurs. Grâce au ciel, c'est la DNCG qui, en vertu du 3e paragraphe du même article, est *« compétente pour connaître de la violation de la règle »*. On respire : pas d'inquiétude donc pour les auteurs des juteuses importations vaguement interdites, de prometteurs Argentins, Brésiliens, Colombiens et autres Uruguayens, en provenance de clubs pas vraiment autorisés, voire de sociétés exotiques de négoce.

Lorsque le club d'embauche du joueur acquiert ses droits fédératifs, il les inscrit à l'actif de son bilan. Selon le même principe qu'une société de transport avec ses véhicules, par exemple. La valeur de ce droit, représentatif de « l'achat » du joueur, se réduit cependant au fur et à mesure de l'avancement de son contrat de travail.

Si, par exemple, le club achète pour 10 millions d'euros les droits fédératifs sur un joueur qu'il prévoit d'employer pendant quatre ans, il est nécessaire qu'il amortisse ce prix d'acquisition sur la même durée, à raison de 2,5 millions d'euros par an[82]... puisque, au terme de son contrat de travail, le joueur sera libre de quitter son employeur sans que ce dernier puisse prétendre à la moindre indemnité. Migraine garantie.

À moins de prolonger le contrat de travail du joueur, en négociant avec lui, en contrepartie, une augmentation de sa rémunération. Avec l'espoir de « le céder » en pleine gloire, avant la nouvelle échéance de son contrat.

Pour y parvenir, le club fera alors usage de tous les stratagèmes : exercer une pression sur le joueur en réduisant, si nécessaire, son temps de jeu, mais aussi hélas, sa valeur. Convaincre son

81. Voir article 151 du règlement administratif de la Ligue...

82. Amortir le droit fédératif, c'est constater sa dépréciation par la constitution en franchise d'impôt d'une sorte de « réserve » destinée à

agent que ses relations cordiales avec le club dépendent largement de son aptitude à guider son protégé dans la bonne direction.

De la parole aux actes, il saura éventuellement se montrer très généreux avec les agents compréhensifs et acquittera, et le cas échéant en toute illégalité [83], leurs commissions en lieu et place des joueurs qui leur ont pourtant donné mandat de les représenter [84].

Les entreprises de spectacle sportif se montrent décidément moins regardantes pour les commissions des *impresarii* que pour les charges sociales sur les salaires des acteurs. Il est vrai que les montants ne sont pas comparables. Les cotisations sociales sont faites à fonds perdus tandis que les commissions des agents constituent d'authentiques « investissements créatifs ». De plus, comme l'illustre l'actualité judiciaire, les indemnités de transferts [85] recouvrent des réalités parfois surprenantes. Le spectacle des coulisses du « mercato » tend donc à devenir beaucoup plus fascinant que celui qui se déroule sur la pelouse. Une source

---

permettre, au terme éventuel du contrat du joueur, d'en acquérir un nouveau.

83. Philippe Diallo, directeur de l'Union des Clubs Professionnels de Football (UCPF) : « Certes… En ce qui concerne les rémunérations par exemple, la loi française, comme les règles de la FIFA, dispose qu'un agent doit être rémunéré par la partie qui l'a mandaté, que ce soit le club ou le sportif. Dans la très grande majorité des cas, cette disposition n'est pas respectée. Un club de football peut confier à un agent une mission de recherche et le mandater afin de placer un joueur en sureffectif dans un autre pays ; mais le plus souvent, c'est l'agent d'un joueur qui réalise une transaction avec un club, et c'est le club qui le rémunère, contrairement à ce qu'impose la législation. » Voir Rapport d'information n° 3741, Commission des Affaires culturelles, février 2007, p. 203.

84. Durant la saison 2004-2005, 20 millions d'euros de commissions seront versés pour 121 transferts vers la Ligue 1 d'un montant total de 166,1 millions d'euros d'indemnités et 80 départs de cette même ligue pour une valeur de 178,8 millions d'euros.

85. Indemnités qui n'en ont d'ailleurs que le nom puisqu'elles sont comptablement traitées comme des droits incorporels passibles de la TVA.

intarissable pour les scénaristes en mal d'inspiration et de sensations fortes. Bref, les pertes financières des clubs, aussi récurrentes qu'inexplicables, nourrissent généreusement les quelques maquignons qui les approvisionnent deux fois par an en viande fraîche garantie sans additifs, conservateurs et autres hormones de croissance.

Bilan : le patrimoine du club et le moment de vérité

Si son compte de résultat représente, en termes comptables, l'activité d'un club professionnel au cours d'une saison sportive, son bilan fournit une photographie instantanée de son patrimoine à un moment donné, le plus souvent au terme de la saison.

À l'actif du bilan, on trouve ce que le club possède. Au passif, la manière dont il a financé ses acquisitions, et plus généralement ce qu'il doit.

Si la société sportive est propriétaire de son stade, elle va par exemple inscrire sa valeur à l'actif de son bilan, dans la catégorie des actifs dits « immobilisés ». Dans l'hypothèse où la construction du stade aurait été réalisée au moyen d'un emprunt, c'est cette dette qui sera portée au passif.

Les sociétés sportives qui ne sont pas propriétaires de leur enceinte sportive présentent dès lors des bilans très dépouillés.

À l'actif, donc du côté de ce qu'elles possèdent, on relève la valeur de leur « capital-joueurs » représentée par le montant des droits fédératifs acquis et restant à amortir, la valeur de leurs maigres installations, leurs créances, tels les droits TV restant à percevoir, et enfin leurs disponibilités.

Au passif, déduction faite des capitaux propres et des provisions constituées pour faire face aux pertes et charges, on ne retrouve que des dettes : vis-à-vis des actionnaires qui prêtent et renflouent avec la troublante régularité d'un métronome, des banques et établissements financiers, des organismes sociaux et du fisc, des fournisseurs et parfois même du personnel.

À la fin de la saison sportive 2000-2001, le « capital-joueurs » des clubs de Ligue 1 française représentait 434,6 millions d'euros sur un patrimoine total de 929,3 millions d'euros. Autrement dit, 46,7 % de leur « richesse ». Mais au terme de la saison 2004-2005, il s'est réduit à 194,4 millions d'euros sur un actif total de 668,6 millions d'euros.

Et oui, les joueurs ne représentaient plus que 29 % du patrimoine des clubs ! Mais 62 % de leurs dépenses ! Et, durant cinq saisons consécutives, ils ont « joué » à perte.

Au cours de la saison 2005-2006, la situation ne s'est pas franchement améliorée en dépit du triomphalisme du président de la LFP. La masse salariale représente toujours 62 % des charges malgré la mise en œuvre des nouvelles dispositions relatives au droit collectif à l'image de 30 %. La valeur patrimoniale des joueurs, quant à elle, est « remontée » à 32,09 % de la « richesse » des clubs. Enfin, le profit global brandi avec fierté par Frédéric Thiriez n'est qu'une vue de l'esprit : en refaisant le calcul pour 2005-2006, avec les droits TV versés l'année précédente, le Championnat de France de Ligue 1 aurait accusé une perte de plus de 140 millions d'euros ! L'amélioration est donc cosmétique. Elle n'est due qu'à une augmentation de 180 millions des droits télés versés annuellement par Canal +[86]. Une seule conclusion s'impose : y a-t-il encore un pilote dans l'avion ?

86. Les droits TV sont passés de 343,8 millions d'euros en 2004-2005 à 523,5 millions d'euros en 2005-2006.

Chapitre 8

Foot business et droit : une nouvelle théorie de la relativité

« Le football français est surcontrôlé » s'est écrié le président de la Ligue de football professionnel à l'issue des débats judiciaires sur les comptes de l'OM qui ont révélé, au début de l'année 2006, l'invraisemblable gabegie qui régnait au sein du club phocéen de 1997 à 1999. S'il est « surcontrôlé », comme le prétend Me Thiriez avec des trémolos dans la voix et des frémissements dans la moustache, c'est manifestement par des « non-voyants ».

« Les comptes déficitaires apparaissent donc plutôt, dans ce contexte, comme des choix assumés par certains clubs car cohérents avec leurs objectifs de gestion, que comme des dérapages non contrôlés[87] *... »* Nous voilà rassurés ! Si c'est le « médecin-chef » Ponthieu, patron de la commission de contrôle des clubs professionnels de la DNCG que le monde entier nous envie, qui l'affirme, on peut le croire sur parole. La perte totale de 47 millions d'euros subie par les Bordeaux, Lens, Lille, Marseille, Nantes et autre PSG en 2004-2005 était donc *« un objectif de gestion »*. Leurs abonnés déçus, frustrés, contraints d'abandonner le mythique Stade de France aux hordes de supporters londoniens et catalans le 17 mai 2006 pour la finale de la Ligue des champions apprécieront.

87. François Ponthieu, préface au rapport sur la situation du football professionnel français, saison 2004-2005.

Trêve de galéjades. Le foot business à la française est pourtant « surréglementé »[88]. Au point d'en perdre la boussole et le sens du ridicule.

Le match PSG-OM : Guignol au stade

Mercredi 1er mars 2006. Pape Diouf est en colère. Le président de l'OM menace de refuser de jouer contre le PSG dans cinq jours. La raison ? Les dirigeants marseillais n'ont pas reçu les 2 000 places réglementaires qu'ils ont demandées pour le déplacement des supporters olympiens au Parc-des-Princes. De son côté, le club de la capitale affirme que, comme chaque année, 1 000 billets sont réservés aux Marseillais. Un désolant « classico[89] » débute donc en coulisse.

Démagogue incorrigible, Pape Diouf multiplie les déclarations visant à caresser les ultras marseillais dans le sens du poil : *« On ne jouera pas le match si nos supporters ne reçoivent pas le quota de places qui leur est dû et si leur sécurité n'est pas assurée. On préfère perdre trois points plutôt que de jouer sans que ces conditions soient remplies. »* Insensé. Pour l'OM, le match revêt une importance capitale dans la perspective d'une possible qualification en Ligue des champions.

À la Ligue, on commence à grincer des dents. Le championnat à 600 millions d'euros risque de voir son « très grand match » tomber à l'eau. Le président Thiriez se démène comme un beau diable

88. Citons Laurent Davenas : « M. Lagnier, secrétaire général de la DNCG, a été impliqué dans une procédure pénale concernant le dépôt de bilan d'un club de Ligue 2 pour les conseils qu'il avait donnés en tant que DNCG. Un juge d'instruction l'a mis en examen parce que la DCNG avait fermé les yeux sur un certain nombre de choses. Il y a eu un non-lieu mais, pendant une grosse année, il y a eu un tremblement de terre. Il faut bien comprendre que le football est une grande famille. » Source : Rapport d'information N° 3741, Assemblée nationale, Commission des Affaires culturelles, février 2007, page 245.

89. Emprunté au vocabulaire latin. Se dit d'un match au sommet entre deux clubs au palmarès bien garni, rivaux reconnus dans la course au titre de champion.

pour ramener à la raison les dirigeants olympiens. Faisant feu de tout bois, il joint même au téléphone Rachid Zéroual, un supporter marseillais influent, respecté et « malencontreusement » condamné à une interdiction de stade de trois ans. En vain.

Le vendredi 3 mars, avant-veille de la rencontre, Pape Diouf passe la dernière couche. Il annonce qu'aucun supporter n'effectuera le déplacement. Selon lui, leur sécurité ne serait pas assurée en dépit des garanties données par la préfecture de Paris. Mieux, en signe de solidarité avec les supporters, le président de l'OM décide, comme il en a le droit, d'envoyer son équipe réserve au Parc-des-Princes. Au bord de l'apoplexie, les dirigeants de Canal + agitent l'épouvantail de l'annulation de la diffusion de la rencontre. Le football français est la risée de toute l'Europe. C'est du mauvais Pagnol.

L'affligeante prestation des deux équipes, qui se séparent sur un score nul et vierge, ne redore pas le blason du championnat de Ligue 1. « *Un spectacle consternant* », ira même jusqu'à déclarer Alexandre Bompard, le patron des sports de Canal +. Un connaisseur.

Le sommet du ridicule est pourtant encore loin.

Mardi 7 mars, deux jours après la mascarade, le patron de la Ligue riposte. Il décide de transmettre le dossier au Conseil national de l'éthique. On frémit d'avance. Créé en avril 2002, le CNE est censé exercer un pouvoir disciplinaire sur *« tous les manquements, attitudes ou comportements publics de nature à nuire à l'image du football »* ; Mais les douze membres du vénérable Conseil, présidé par l'ancien « Ange vert » Dominique Rocheteau, ressemblent à des agneaux égarés sur le territoire des prédateurs du ballon rond. Pas de quoi entamer l'optimisme de Frédéric Thiriez, qui affirme d'un ton martial : *« Voilà l'occasion rêvée pour le CNE de faire la preuve de son indépendance et de sa puissance. »*

Réuni le 3 avril, le CNE montre bravement les dents et mord. La sanction tombe. Inattendue et sévère : un point au classement retiré au PSG et à l'OM et trois mois de suspension de toute fonction officielle pour leurs présidents respectifs, Pape Diouf et Pierre Blayau. *« L'honneur du foot est sauf »*, pense-t-on.

C'est sans compter sur la ténacité des dirigeants des deux clubs. Même s'ils ont donné une piteuse image d'eux-mêmes et de leur équipe, ils n'ont enfreint aucun règlement. Ils décident alors, et naturellement, de faire appel de la décision.

Le 19 avril, la commission supérieure d'appel de la Fédération fait un pas en retrait et décide de restituer le point retiré à chaque équipe. Pour « l'honneur », on maintient la sanction contre les dirigeants. Les malheureux se voient donc privés de la traditionnelle poignée de main au président Chirac sur la pelouse du Stade de France à l'occasion de la finale de la Coupe. Intolérable. Diouf et Blayau tirent donc leur dernière cartouche en saisissant le CNOSF (Comité national olympique et sportif français). Bonne pioche. Le 28 avril, veille de la finale de la Coupe de France, le CNOSF lève les suspensions contre les présidents en soulignant *« l'attitude positive et constructive manifestée par les dirigeants des deux clubs dans l'organisation de la finale ainsi que leurs engagements et leur implication afin d'apaiser définitivement les conflits contraires à l'intérêt de leur club et à l'image du football »*.

Ultime camouflet pour les sages du CNE qui demandent l'ouverture d'une table ronde afin de « *repréciser ses domaines de compétence, la procédure et éventuellement sa composition* ». Ce sera chose faite le 31 mai, au siège de la FFF en présence des membres du CNE et des présidents Escalettes et Thiriez. Un rencontre consensuelle durant laquelle on se torture les neurones sur la meilleure *« manière d'accroître à terme la visibilité du Conseil national de l'éthique et d'asseoir sa place au sein des institutions fédérales* ». Pantalonnade. Deux mois plus tôt, le président Thiriez ne louait-il pas la toute-puissance et l'indépendance du CNE ?

Le numéro grand-guignolesque du match PSG-OM aura eu au moins un mérite : éclairer l'opinion publique sur la petite cuisine des instances du football français où, comme dans l'armée mexicaine du début du siècle dernier, on aime multiplier les postes honorifiques et les appellations contrôlées. Des hochets pour de grands enfants.

L'amateur pris au piège

Conscients de leur toute-puissance, comme l'illustre l'épisode PSG-OM, les clubs maintiennent la pression sur tous leurs « partenaires », à commencer par leurs joueurs.

S'il manifeste quelques dispositions dans le club de son village, un jeune joueur de treize ans peut se voir offrir, via ses représentants légaux, l'offre optionnelle de rejoindre le club professionnel « de son cœur » entre son quinzième et son dix-septième anniversaire.

Cette convention, dite « Accord de non-sollicitation », et dont les clubs professionnels ne peuvent réglementairement user qu'en nombre limité, est en quelque sorte le premier coup d'épuisette de la planète foot dans le vivier des jeunes talents. Sans risque d'ailleurs, puisque le club n'est nullement tenu de lever l'option à son échéance. Le joueur en revanche, ou plus exactement ses parents, viennent de commettre leur première erreur tactique. Car ce sera ce club, sinon rien, « l'Accord » si bien nommé leur interdisant de s'engager ultérieurement avec tout autre club, fût-il mythique, qui viendrait à lorgner sur les qualités sportives de leur progéniture.

S'il confirme son talent précoce, le joueur intégrera alors, aux alentours de quinze ans, le centre de formation du club concerné pour y signer, par l'intermédiaire de ses représentants légaux aussi longtemps qu'il est mineur, un contrat « Apprenti » ou « Aspirant », régi par la convention collective des métiers du football. Le règlement administratif de la Ligue précise les conditions d'homologation du contrat et de ceux qu'il pourra être conduit à signer ultérieurement jusqu'à son premier contrat professionnel.

Là encore, les « prédateurs sportifs » ont eu la dent dure. Dès qu'il a signé son premier contrat avec un centre de formation de club professionnel, ce dernier, en violation de l'article L 120-2 du Code du travail, a la faculté de lui imposer le suivant, et ainsi de suite, jusqu'à la signature de son premier contrat professionnel. En cas de refus, le joueur n'a d'autre possibilité que de s'expatrier pendant au moins trois saisons ou de retomber amateur, perdant ainsi tout espoir de devenir joueur professionnel [90].

S'il décide de prendre un agent, c'est la loi qui va définir les relations avec son conseiller et, notamment, la durée du mandat qu'il lui confie, les conditions de son éventuel renouvellement et les modalités selon lesquelles il va le rémunérer pour le service fourni. L'impresario, pour sa part, est soumis à des obligations légales et réglementaires contraignantes. Les plus cupides d'entre eux décideront – avec l'assentiment implicite des instances de contrôle qui chassaient, il y a peu, le faux agent aussi efficacement que le dahu [91] – de les ignorer.

Un bras de fer permanent

Devenu professionnel, le joueur doit s'astreindre à d'interminables parties d'un déroutant « puzzle juridique » afin de déterminer, avec l'aide de son conseiller, les décisions qu'il peut prendre et les obligations diverses et multiples auxquelles il doit se conformer. Un jeu qui comprend de trop nombreuses pièces qui ne s'emboîtent pas...

Outre les lois du jeu, il doit en effet « faire avec » les principes généraux du droit français complétés par les dispositions spécifiques nées de la loi fondamentale sur le sport du 16 juillet 1984

---

90. L'arrêt du 26 février 2007 de la chambre sociale de la cour d'appel de Lyon a mis, provisoirement, un terme à cette anomalie, en infirmant le jugement qui avait condamné le joueur Olivier Bernard à payer 22 867,35 euros de dommage et intérêts à l'Olympique Lyonnais, son club formateur, pour avoir refusé de signer son premier contrat professionnel au terme de son contrat espoir en 2000 et s'être engagé en faveur du club anglais de Newcastle.

91. « Or, jusqu'à présent, la profession n'a pas fait montre d'une volonté active de mettre fin à ces pratiques. En effet, le rapport de l'IGF-IGIS note que si la Fédération Française de Football est convenue en octobre 2003, avec la section financière du TGI de Paris, de saisir le parquet au cas où des irrégularités seraient constatées, force est de constater que la communication de la FFF sur sa politique de contrôle sur l'activité des agents sportifs reste des plus limitées... »

ultérieurement modifiée, la convention collective des métiers du football déjà mentionnée, le règlement administratif de la Ligue, le règlement FIFA, le droit communautaire et ses transpositions nationales.

Il n'est plus joueur de football mais danseur de *merengue* et autre *bachata* : un petit pas déhanché par ci, un passement de jambe par là. En devant absolument garder le rythme, puisque les textes abondent, foisonnent, se complètent, s'annulent, se contredisent... Malgré les propos péremptoires de Thiriez, ils n'ont aucun effet sur les dérives du système. Bien au contraire.

La surface de la pelouse, la puissance de l'éclairage, les capacités minimum d'accueil de l'enceinte, le nombre et la nationalité de ses partenaires d'origine extracommunautaire, la surface et l'emplacement de son « costume de scène » destiné à recevoir de la publicité, les sanctions qu'il encourt en cas d'excédent de poids, de retard à l'entraînement, ou s'il urine dans les douches ou refuse de porter en représentation publique « l'uniforme » fourni par son employeur, la distance maximale autorisée entre son domicile et son lieu de travail, les sports qu'il est autorisé à pratiquer à titre de loisir, les contrats publicitaires individuels qu'il peut conclure, ceux qu'il doit honorer à la demande de son employeur, le montant de l'indemnité due à ce dernier pour le libérer par anticipation de ses obligations contractuelles, les contraintes financières auxquelles son club doit satisfaire pour participer aux compétitions nationales et internationales ayant justifié son embauche, les périodes pendant lesquelles il peut être transféré et changer d'employeur... ouf ! Tout est prévu, codifié, réglementé. Contrôlé, voire « surcontrôlé », si l'on en croit Me Thiriez.

Néanmoins, le foot business n'en finit plus de piétiner ses propres règles qui paraissent n'avoir pour seul objet que de rendre ses pratiques plus opaques et plus inintelligibles aux profanes. C'est bien simple : dans le foot business, les textes sont devenus le cache-sexe de la corruption, comme vont le démontrer les pages qui suivent.

Source : Rapport d'information n° 3741, Assemblée Nationale, février 2007, page 103.

Ni oui ni non, bien au contraire...

À titre d'illustration de la confusion ambiante, examinons le cas d'un jeune joueur appelé pour la circonstance Damien Miro qui a décidé de faire appel à un agent. Une fois précisé si son agent allait agir pour son compte en qualité de courtier ou de mandataire, la suite paraît simple. Enfin sur le papier.

Le règlement international de la FIFA « gouvernant l'activité des agents de joueurs » lui fait obligation, en son article premier, de le choisir parmi les titulaires de la licence d'agent délivrée par les associations nationales membres de la FIFA. Dans son 3e alinéa, ledit article admet toutefois qu'il peut choisir également *« un parent, un frère ou une sœur ou le conjoint de celui-ci, ou un avocat... »*

Malheureusement pour Damien, jeune joueur français qui souhaitait bénéficier des conseils de ses proches, l'article 15-2 de la loi du 16 juillet 1984[92] n'autorise que les titulaires de la licence à exercer la profession d'agent, même à titre « occasionnel ». Son entourage et l'avocat de la famille sont donc « hors jeu ». Il se voit dès lors dans l'obligation de recourir à un agent licencié qu'il va être bien en peine de choisir.

Cette exclusion de l'entourage du joueur, pourtant contraire au règlement de la FIFA, est d'autant plus catégorique qu'en France, de jurisprudence constante, *« les fédérations sportives internationales ne se distinguent pas de la multitude des organisations non gouvernementales auxquelles la doctrine dénie toute autre prérogative que celle de régir leur fonctionnement interne... En définitive, elles n'ont pas de statut de droit international donnant à leurs décisions force exécutoire en droit interne. Leur statut est celui d'une association ou d'un groupement de droit privé régi par la loi de l'État où ils ont leur siège. En conséquence, la violation par les fédérations nationales de leurs obligations statutaires envers les fédérations internationales ne peut être utilement invoquée au soutien d'un recours contre une*

92. Modifié par l'article 7 de la loi du 6 juillet 2000.

décision prise par une telle fédération nationale[93]*... »* En clair, les décisions de la FIFA ne reçoivent force exécutoire en droit français que pour autant qu'elles aient été entérinées par la FFF dans le cadre des prérogatives de puissance publique qui lui ont été déléguées par le ministère de la Jeunesse et des Sports. Et c'est loin d'être le cas en ce qui concerne les agents sportifs licenciés.

Le même règlement FIFA précise en outre, en son article 16 – alinéa 2, que puisque Damien a fait appel aux services d'un agent licencié, le nom et la signature de ce dernier doivent figurer sur le contrat de travail négocié au bénéfice du joueur.

Pour le nom, passe encore puisque cette même disposition est reprise par le règlement administratif de la Ligue. Pour sa signature, en revanche, on repassera. Aucune case n'est prévue à cet effet sur le contrat de travail type édité par la LFP.

En Grande-Bretagne, le foot le plus avancé sur ce point, les termes du contrat d'embauche sont plus explicites : doivent y figurer le nom, l'adresse et le montant des honoraires de l'éventuel agent du club d'embauche ; le nom, l'adresse et le montant des honoraires de l'éventuel agent du joueur ; le nom, l'adresse et le montant des honoraires de l'éventuel agent du club cédant. Prudents les *Rosbifs* et pourtant...[94] Mais poursuivons l'énumération des textes pour voir comment la réalité s'en accommode.

L'article 12 du règlement FIFA précise, s'il en était encore besoin, que le mandat donné à l'agent par le joueur ou ses représentants légaux doit être matérialisé par un contrat écrit, d'une durée maximum de deux ans éventuellement renouvelable avec l'accord exprès des deux parties. Mais aussi que l'agent devra être exclusivement rémunéré par son mandant et en aucun cas par une tierce partie. Étrangement, aucune limite n'est fixée à la rémunération de l'agent, sauf en cas de désaccord. Dans ce cas, elle ne peut excéder 5 % du salaire négocié par l'agent pour le compte du joueur ! Enfin, l'article stipule qu'un exemplaire du mandat conclu entre le joueur et l'agent doit être communiqué

93. Conseil d'État, 23 juin 1989, Bunoz.

94. Voir chapitre 19, « La bataille d'Angleterre »

dans les trente jours de sa signature, à la fédération à laquelle appartient le joueur.

Pour sa part, l'article 15-2 de la loi du 16 juillet 1984 modifiée indique en son paragraphe III *« qu'un agent sportif ne peut agir que pour le compte d'une des parties au même contrat qui lui donne mandat et peut seule le rémunérer. Le mandat précise le montant de cette rémunération qui ne peut excéder 10 % du montant du contrat conclu... »*, sans oublier qu'au titre de la délégation de pouvoir qui leur est concédée, les fédérations doivent veiller à ce que les mandats conclus préservent les intérêts des sportifs ; que dans ce but, ils doivent leur être communiqués ; qu'à défaut de communication, des sanctions doivent être prises.

Quelles sanctions ?

Les sanctions, parlons-en[95].

Jusqu'en 2006, par apathie, frilosité, incompétence ou plus vraisemblablement par « esprit de famille » mal placé, la FFF n'infligeait aux agents ayant « omis » de lui communiquer leurs mandats que des suspensions de licence assortis de sursis ou des sanctions mineures. De quoi les épouvanter, on s'en doute. Une farce[96] d'autant moins risible que cette omission est à la base du dispositif mis en place par les clubs pour contourner la loi. Et rémunérer, en violation de l'article 15-2, les agents disposant pourtant de mandats de joueurs. Comment ? Par la délivrance d'un mandat fantaisiste donné à la sauvette à l'agent par le club d'embauche du joueur, au moment de conclure la transaction.

95. 68 sanctions disciplinaires ont été infligées aux agents depuis la saison 2004-2005, dont 45 pour non-transmission de mandats. Elles ont donné lieu à 64 suspensions de licence avec sursis et 4 suspensions fermes. Source : « Transfert de joueurs et activité des agents sportifs : une exigence de transparence », Rapport d'information n°3741, Assemblée Nationale, Commission des Affaires culturelles, février 2007, page 102.

96. M. le Président : « Le blâme au bout de quarante-trois avertissements en quelque sorte !... ». *Ibid.*, p. 168.

À ce stade, l'impresario oubliera fort opportunément le mandat déjà obtenu de son joueur. Un contrat qu'il a pris soin de ne jamais expédier à la « Fédé » et sur la base duquel il aurait dû normalement être rémunéré.

L'ambiguïté de la Fédération est patente, illustrée de manière éloquente par le procès-verbal de la réunion du bureau de son conseil fédéral du 19 mars 2004 quand il évoque le double commissionnement : *« Cette pratique est un usage constant dans le monde du football. Elle est connue et pratiquée par nombre de clubs professionnels. Alors que la loi précise qu'un agent ne peut être rémunéré que par une seule des deux parties (celle pour laquelle il intervient), en général, dans le milieu du football, le club qui recrute un joueur prend en charge la rémunération de l'agent du joueur qui a négocié le contrat... La commission des agents de joueurs a constaté, d'une part, qu'une très faible partie des agents de joueurs se conformait à cette obligation. En effet, aucune disposition légale ne vient sanctionner ce manquement de non-communication. De plus, il apparaît de manière flagrante, que des agents s'abstiennent volontairement de transmettre à la FFF leur contrat les liant à des joueurs, préférant ainsi, au cas par cas, communiquer un contrat les liant à un club lorsqu'ils se trouvent en voie de finaliser un transfert. Dans cette hypothèse, l'agent se trouve dans une situation illégale puisqu'il est agent du joueur (avec un mandat non communiqué) et officiellement agent du club sur la base du contrat communiqué à la FFF. Pour matérialiser cette pratique, il est étonnant de constater que sur les deux cents derniers contrats ou avenants homologués par la LFP, seuls 14 % des joueurs concernés déclarent avoir recours aux services d'un agent de joueurs... »*

Pas taquin, le conseil fédéral se borne donc à constater que la la loi n'est guère respectée. On aurait tout aussi bien pu reproduire quelques autres perles du même tonneau libres de tous droits d'auteur : l'article 160 de son propre règlement administratif par exemple, qui interdit au dirigeant d'un club de rémunérer, *« de quelque manière que ce soit, un agent sportif déjà rétribué par le joueur »*. Ou mieux encore, l'article 164, devenu 112, conforté par un arrêt de la chambre sociale de la Cour de cassation du 5 juillet 1995, qui prohibe l'existence des clauses libératoires prévoyant *« avant terme, en contrepartie d'une indemnité, la rupture de la relation contractuelle par l'un ou l'autre des cocontractants... »* Il faudrait trois pages d'annexes pour reproduire la liste complète des noms des joueurs et entraîneurs français dont les contrats ont contenu de tels accords.

Puisqu'elle est interdite, la clause libératoire n'est évidemment pas transmise à la Ligue avec le contrat à homologuer. Elle prend souvent la forme d'une contre-lettre signée par le joueur et son président. Un exemplaire dans le coffre du boss, l'autre dans la boîte à gants de la Porsche Cayenne de l'artiste. En attendant d'en faire bon usage. Rue Léo-Delibes[97] on connaît la musique. On a donc pris soin de faire figurer dans la convention collective les articles 256 et 257 qui définissent les sanctions applicables au cas où on viendrait accidentellement à avoir connaissance de ces petits arrangements discrets. Comble de l'absurde : si l'accord n'est pas contraire aux dispositions du statut du joueur, on se contente d'amendes pour tout le monde et de l'homologation de la clause « interdite ». S'il contrevient franchement aux textes sacrés, amendes pour tout le monde et nullité de la convention *« sans préjudice d'autres sanctions pouvant aller de la suspension à la radiation du joueur et du ou des dirigeants signataires... »*

Bref, on constate une triche généralisée. Une triche, hélas, d'une affligeante banalité. Résumée de mots de maître avec des circonstances faussement atténuantes par Eugène Saccomano, célèbre animateur radio de l'émission culte « On refait le match » sur RTL : *« Tous coupables. Qu'il s'agisse d'offrir passionnément une grande équipe à leurs supporters, de se remplir (rarement) les poches ou plus souvent de remplir celles des agents ou des joueurs, tous les dirigeants des clubs professionnels sont coupables. Et il n'y a pas que les responsables de l'OM*

97. Siège de la LFP à Paris.

et du PSG qui trempent leurs doigts dans la confiture. Coupables, ou victimes d'un système qui les condamne à tricher, la plupart des présidents pratiquent la fameuse surévaluation fictive des transferts, l'abus des droits d'images, la rémunération camouflée de primes par l'équipementier ou le sponsor principal. Ces dizaines et dizaines de millions d'euros consentis pour les transferts permettent l'enrichissement colossal des agents, échappent au fisc et réduisent considérablement les charges sociales sur les salaires[98]*... »* De pauvres martyrs, esclaves de la révolution cathodique, tous ces gens.

Trafic d'êtres humains ?

Autre spécialité gauloise qui honore ses inspirateurs mais complique le décryptage réglementaire, l'article 15-3 de la même loi. Il pose le principe, sans équivalent dans le règlement FIFA ni dans aucune autre réglementation nationale, selon lequel l'agent d'un joueur mineur ne peut percevoir aucune rémunération ou indemnité d'aucune sorte au titre des contrats qu'il va, lui, négocier.

Cette mesure est destinée à empêcher le trafic d'êtres humains et tout particulièrement « l'importation clandestine » de jeunes talents du tiers-monde. Elle vise également de manière implicite les parents de tous les mineurs français qui pourraient être tentés de les « vendre » aux clubs professionnels les plus offrants, comme on le constate encore trop souvent : *« Aucune rémunération ni indemnité, ni l'octroi de quelque avantage que ce soit au bénéfice d'un agent, d'un club, ou de toute personne agissant au nom et pour le compte du mineur... »*

Hélas, le premier et seul cas emblématique de violation avérée de l'article 15-3 par un agent jamais porté à ce jour à la connaissance de la commission des agents de joueurs a été classé sans suite, tant par ladite commission que par le conseil fédéral, saisi en appel par le joueur mineur victime des agissements de l'agent incriminé. Pas de vagues. Que pèse un pauvre gamin grugé d'origine africaine en

98. *TV Magazine*, 09 avril 2006.

comparaison de l'équilibre de la planète foot ! Au passage, une fin de non-recevoir a été opposée au ministre qui avait eu l'outrecuidance de demander des explications sur l'affaire. Quand on vous dit qu'on lave nos maillots et nos shorts crottés en famille !

« L'élite sous bonne garde »

Notre Damien Miro, mineur de plus de seize ans, est donc dubitatif et on le serait à moins. Il est même fermement décidé à quitter le centre de formation de son club professionnel français au terme de la saison en cours pour tenter l'aventure en Angleterre dans un club de Première Ligue. Un transfert international donc, régi sans contestation possible par le règlement FIFA. Lequel, autorise la rémunération des agents de joueurs mineurs. Et permet également aux joueurs de recourir aux services d'agents choisis parmi leurs proches, ou de leur avocat.

Pour le conserver dans son écurie, son club actuel lui propose la signature d'un contrat « Élite ». Un petit chef-d'œuvre d'hypocrisie. Ce « machin » a été concocté par les grosses têtes de la « Fédé » et de la Ligue pour remplacer feu le contrat « Espoir » tombé au champ d'honneur de la formation à la française.

L'espoir fait vivre dit-on. C'était particulièrement vrai dans le football français où les jeunes pousses d'une quinzaine d'années les plus prometteuses se retrouvaient solidement enchaînées à leur club pour une durée de cinq ans qui se terminait logiquement par la signature d'un premier contrat professionnel. De la sorte, aucun risque que les gamins s'évadent en cours de route vers des contrées pratiquant un football plus présent au palmarès des grandes compétitions européennes, et plus rémunérateur que le minimum syndical prévu à la convention collective. Les forçats de la formation en quelque sorte.

Sous l'amicale pression de ses parrains de Zurich, la grande famille française du foot business a finalement cessé d'infliger à ses prodiges les boulets du contrat « Espoir ». Pour les remplacer sans délai par le fameux contrat « Élite » d'une durée maximale de cinq ans !

Au lieu de les capturer à l'âge de quinze ans comme auparavant, on les attrape maintenant à dix-huit. Les deux premières années seront consacrées à la vie de « Stagiaire », automatiquement suivies d'une « mobilisation forcée » de trois années sous les couleurs de l'équipe professionnelle. Bref, cinq ans fermes remplacés par cinq ans sans sursis. Un vrai progrès. D'autant que « notre » Miro doit son arrivée dans son club actuel à une « erreur de jeunesse » de ses parents qui avaient imprudemment signé le lendemain de son treizième anniversaire, le fameux « Accord de non-sollicitation » déjà évoqué.

Né en septembre, Damien n'aura pas dix-huit ans au 30 juin de la saison en cours. Pourtant, son club harcèle littéralement ses parents depuis des semaines pour qu'ils paraphent au plus vite ce fameux contrat « Élite » qui doit prendre effet au 1er juillet prochain, début de la prochaine saison. Tout Miro qu'il est, Damien n'est pas sourd. Ce n'est pas la première fois qu'il entend parler de l'article 35 du règlement FIFA concernant le statut et le transfert des joueurs qui précise : *« Un joueur qui n'a pas dix-huit ans révolus ne peut signer un contrat en tant que non-amateur que pour une durée n'excédant pas trois ans. Aucune clause portant sur une durée supérieure ne sera reconnue par la FIFA ou un tribunal sportif national. »*

Sans doute s'agit-il d'une autre disposition FIFA non « transposée » dans la réglementation française en dépit de l'existence du même engagement contenu cette fois dans l'article 260-2 de la Charte ? Tout comme celle qui autorise un joueur professionnel dont le contrat vient à échéance dans moins de 6 mois à contracter, à effet différé, avec son nouvel employeur[99].

De plus, lorsqu'il est entré au centre de formation de son club professionnel, ses parents avaient non seulement signé son contrat « Aspirant » mais aussi la convention de formation instituée par l'article 8 de la loi n° 99-1124 du 28 décembre 1999 modifiant, une fois de plus, la loi fondamentale du 16 juillet 1984.

---

99. Il s'agit de l'article 18-3 du règlement FIFA, officiellement « mis à la benne » par la Ligue en septembre 2006 à l'occasion du contentieux Clerc-OL *vs*/OM.

Cette convention, destinée à contrôler d'un peu plus près ce qui se passe dans les centres de formation, c'est le poil à gratter sous le maillot des clubs. Par chance pour Damien, son conseil a obtenu qu'elle soit de la même durée que le contrat « Aspirant » qu'elle complète. Les deux viennent à échéance au 30 juin de cette saison. Mais la lecture de l'article 14 de sa convention de formation donne à Damien l'envie de hurler et de se révolter contre les Maîtres du Monde auxquels il a été livré sans défense par des parents trop crédules. Cet article stipule en effet que *« si au terme de la convention de formation, la société du club ne lui propose pas, au plus tard le 30 avril de la dernière saison d'exécution de la convention de formation, de contrat de travail de joueur de football professionnel, le bénéficiaire est libre de tout engagement à l'égard du club, ce dernier ne pouvant revendiquer les indemnités mentionnées à l'article 15... »*

Pourquoi devrait-il se soumettre aux injonctions de son club et signer, sous la menace à peine dissimulée d'exclusion sportive, un contrat « Élite » prévoyant une période probatoire de deux ans sous statut de stagiaire et d'une durée totale prohibée par le règlement de la FIFA et la Charte du football professionnel, alors qu'il peut légitimement et légalement prétendre dès à présent à un contrat professionnel ?

C'est pour cette raison qu'il veut quitter son club, pourtant bien décidé à l'en dissuader. Par tous les moyens.

« Le problème, dans le foot, est que celui qui a posé la règle est en général celui qui la viole [100] ! »

Alors, pourquoi homologue-t-on à « tour de bras », de l'aveu de Jean Verbeke [101], les contrats de travail de joueurs candides

---

100. Laurent Davenas, avocat général près la Cour de cassation et président de la commission d'appel de la Ligue de football professionnel, devant la mission d'information parlementaire sur « Transferts de joueurs et activité des agents sportifs : une exigence de transparence », 17 janvier 2007.

101. Ancien président de la commission des agents de la FFF.

qui croient être représentés par des agents ayant choisi la clandestinité pour mieux se faire – grassement – payer par la partie adverse ?

Qui tolère, au « bénéfice » – si l'on ose dire – des clubs qui la composent, les violations récurrentes de la loi relevées par la « Fédé » à laquelle elle est pourtant supposée rendre quelques comptes ?

Qui homologue des contrats de plus de 3 ans obtenus par ses clubs à des mineurs et à leurs parents étourdis, en violation de la réglementation internationale et de ses propres règles ?

Qui, avec l'adresse d'un David Copperfield au sommet de son art, captive l'attention d'un public inattentif ou complaisant et de médias soumis ou anesthésiés, pour la polariser sur le maquis de textes boiteux et contradictoires ? Au point de les hypnotiser, pendant que d'autres, *« propres sur eux certes, mais délinquants*[102] *»,* à l'écart des feux de la rampe, s'emploient au mieux à les contourner, au pis à les violer. Le tout, au nom de l'intérêt supérieur de la grande famille du foot business. *Ad nauseam.*

---

102. Eugène Saccomano, *TV Magazine*, *op. cit.*

Chapitre 9

Un droit du travail à géométrie variable

Le joueur professionnel de football français est un employé. Ça ne fait pas l'ombre d'un doute et l'article 265 de sa convention collective *(« Le contrat de joueur s'exécute conformément aux dispositions du Code du Travail »)* est là pour le lui confirmer. Pour autant, le foot business s'efforce de concevoir et d'appliquer *« son »* bon droit, ses propres règles dérogatoires au droit commun, nés d'une double spécificité sportive et économique autoproclamée.

Son problème : être employé d'une entreprise de spectacle mais, en même temps, licencié d'une Fédération à laquelle l'État a confié le soin d'organiser et de gérer le football. Les décisions de la « Fédé », y compris celle de confier à la Ligue la gestion du football professionnel, sont donc des actes administratifs. En cas de contentieux, c'est la juridiction administrative qui sera compétente. Une situation kafkaïenne qui a de quoi refroidir les plus audacieux des contestataires.

Quelles sanctions encourt un joueur ?

Pour le joueur, la question la plus lancinante est celle de la légalité des sanctions disciplinaires qui peuvent lui être infligées. En ne perdant pas de vue que le droit communautaire « bosmanien [103] » prévaut sur les droits nationaux et s'impose donc au

103. L'arrêt Bosman rendu par la Cour de justice des communautés européennes, le 15 décembre 1995, « tacle » les fédérations sportives

pouvoir disciplinaire de la « Fédé » et a fortiori de la Ligue. De même, les actes administratifs et notamment les sanctions disciplinaires doivent respecter les principes généraux du droit, à commencer par le respect des droits de la défense.

Une loi du 13 juillet 1992 a modifié – une fois de plus – celle du 16 juillet 1984. Elle impose au footballeur qui contesterait une sanction disciplinaire de demander obligatoirement la conciliation du Comité national olympique et sportif français (CNOSF) avant tout recours contentieux. À ce stade, son short commence déjà à le serrer à l'entre-jambe. Est-ce qu'un bon coup de boule dans le plexus du « sanctionneur » ne serait pas plus expéditif ? D'autres, et non des moindres, ont été relaxés pour plus que cela.

S'il la joue *soft* et rejette la proposition de conciliation du CNOSF, à quel tribunal doit-il s'adresser pour saisir la justice ? Au cas où il conteste une décision prise à son encontre en vertu de dispositions statutaires de la « Fédé » ou de la Ligue, c'est probablement devant le TGI qu'il devra demander réparation. Si, en revanche, il conteste un acte administratif, il devra présenter sa demande devant une cour administrative : le Conseil d'État jugeant en premier et dernier ressort s'il dénonce une décision à caractère réglementaire, ou le tribunal administratif du lieu de son domicile s'il s'agit d'une sanction à caractère individuel.

Bien entendu, cette prise de tête sans antalgique ne s'applique pas en cas de différend lié à sa rémunération contractuelle. Là, Dieu merci, il pourra directement, ou presque, saisir le Conseil des prud'hommes dans les conditions de droit commun. Même l'ex-cuistot de l'équipe de France remercié par Domenech y a eu recours, c'est dire...

---

nationales et l'UEFA et consacre l'idée que le footballeur est soumis, au même titre que n'importe quel salarié, au droit commun européen. C'est d'ailleurs son principal défaut aux yeux des Maîtres du Monde qui ne jurent que par l'exception sportive.

Amendes amères

Les clubs raffolent des amendes. Pour tout et n'importe quoi. Excédent de poids par rapport au « poids de forme » au retour des vacances ; retard à l'entraînement ; refus de séance de dédicace ; propos publics de nature à « nuire à l'image » du club ; refus de se déplacer dans le véhicule mis à disposition par le sponsor officiel au profit de son Aston Martin personnelle, tout est bon dans les clubs pour grappiller des miettes de salaire de leurs joueurs. S'ils sont des salariés « ordinaires » agissant dans le cadre d'un lien de subordination, qu'attend donc l'UNFP, leur syndicat, pour rappeler à leurs employeurs que – depuis 1932 – *« les amendes ou autres sanctions pécuniaires sont interdites. Toute disposition ou stipulation contraire est réputée non écrite*[104] *»* ?

CDI DCD ?

Le contrat de travail du joueur professionnel est une autre cause de tiraillement entre les exigences du spectacle sportif et les protections acquises par les salariés de droit commun. En particulier du fait de sa nature, sa durée et des conditions de sa rupture.

D'usage constant, le footballeur professionnel signe avec son employeur un contrat à durée déterminée. D'une durée supérieure à celle prévue par le droit commun qui plafonne à dix-huit mois. À ce sujet, le *Guinness des records* revient incontestablement à Peter Luccin qui s'était engagé avec l'OM pour une durée de douze ans. À l'époque, la LNF, pas encore familiarisée avec les facéties olympiennes, avait fait étudier l'accord avant de l'homologuer. Et les sages consultés avaient conclu que, s'il venait au joueur l'idée stupide d'aller aux Prud'hommes pour une raison quelconque au terme des trois premières années, son contrat serait sans doute requalifié en contrat à durée indéterminée. Non sans humour, leur thèse s'appuyait sur plusieurs observations : d'usage, le contrat de joueur professionnel était d'une

104. Article L122-42 du Code du Travail.

durée moyenne de trois ans. Or, en droit commun, il était fréquent de requalifier en contrat à durée indéterminée une suite ininterrompue de contrats à durée déterminée. De plus, affirmaient-ils, la durée moyenne d'une carrière de footballeur est précisément de douze ans. En s'engageant pour toute la durée de sa carrière professionnelle, Peter le visionnaire se comportait donc comme un salarié de droit commun qui aurait signé un contrat à durée très indéterminée. Outre qu'il permettait – surtout – à son agent de décrocher le jackpot, « Pete » la jouait très offensive. En cas de départ du joueur, l'OM n'aurait pu prétendre à aucune indemnité, s'agissant nécessairement d'une démission sous seule obligation de préavis d'un mois. De plus, s'il avait été gravement blessé, rien ne dit que l'OM n'aurait pas été contraint de lui payer ses salaires jusqu'au terme de sa douzième année de contrat. Mais l'histoire finit bien. La LNF décida d'allumer la mèche en homologuant le contrat, puis le joueur fut cédé au PSG en juillet 2000 pour 13,7 millions d'euros.

La durée du contrat du joueur est un autre perpétuel sujet d'étonnement. Puisque les droits fédératifs patrimoniaux des clubs sur leurs artistes s'amortissent sur la durée de leur engagement, quel que soit son talent, un joueur en fin de contrat de travail « ne vaut plus rien ». Il faut donc que les clubs parviennent à « vendre » leurs vedettes à une date aussi éloignée que possible du terme de leur contrat de travail. D'où ces pratiques incongrues qui voient un joueur prolonger son contrat de plusieurs années quelques jours avant son transfert.

Ce postulat a pourtant été battu en brèche à plusieurs reprises. Craignant de devoir cumuler moins-values de cession et salaires excessifs, des clubs, et non des moindres, sont régulièrement conduits à payer, à titre d'indemnités, une partie non négligeable des salaires prévus jusqu'au terme de leur contrat à des joueurs dont ils souhaitent finalement se débarrasser par anticipation. Comme pour n'importe quel salarié en contrat à durée déterminée. En d'autres termes, le droit commun est un outil de crise ; le non-droit, un instrument de croissance.

Libération très conditionnelle

Assortie d'une contrepartie pécuniaire, la clause par laquelle un joueur professionnel peut mettre un terme anticipé à son contrat, dite libératoire, est en fait... nulle. C'est en tout cas ce qu'il ressort de l'analyse de l'article L 122-3-8 alinéa 1er du Code du Travail qui dispose que *« sauf accord des parties, le contrat à durée déterminée ne peut être rompu avant l'échéance qu'en cas de faute grave ou de force majeure »*.

Appelée à se prononcer sur cette question – fondamentale pour la viabilité du foot business – la Cour de cassation a maintenu une position sans ambiguïté. « *Mais attendu qu'aux termes de l'article L 122-3-8 du Code du Travail, sauf accord des parties, le contrat à durée déterminée ne peut être rompu avant l'échéance du terme qu'en cas de faute grave ou de force majeure et qu'il résulte de ces dispositions d'ordre public que le salarié ne peut, par avance, accepter la rupture du contrat par l'employeur pour d'autres causes que celles prévues par le texte, la cour d'appel a décidé de bon droit que la clause permettant à l'employeur de dénoncer le contrat avant son terme était nulle*[105]. »

À plusieurs reprises, nous avons interrogé la direction juridique de la Ligue sur le sens qu'il fallait donner à l'article 112 de son règlement administratif. Refusant obstinément d'admettre que cette interdiction était systématiquement contournée par les clubs, nos interlocuteurs ne manquaient jamais de souligner l'inconvénient majeur d'une telle disposition : transformer un contrat à durée déterminée en contrat à durée indéterminée. Avec toutes les conséquences que cela implique. Mais voilà, dans l'univers du ballon rond, une autre trouvaille est apparue pour contourner ce problème : le prêt.

Prêt ? Partez !

Allez au diable, vous n'entrez plus dans nos plans, nos schémas tactiques, et si vous restez au club, vous constituerez une

105. Cour de cassation, 16 décembre 1998.

double charge ! À l'erreur (apparente) de vous avoir recruté s'ajoutera le fardeau de votre salaire obscène. Que faire ? Quelle solution ? Nous allons vous prêter, vous louer, vous éloigner, vous, preuve vivante et tangible de notre incompétence ou de notre cupidité. Qu'importe l'emballage pourvu qu'on touche la galette, et pas le fond. Avec la fève.

« Toute opération à but lucratif ayant pour objet exclusif le prêt de main-d'œuvre est interdite, sous peine des sanctions prévues à l'article L 152-3, si ce n'est pas une opération faite dans le cadre du travail temporaire », affirme pourtant l'article L 125-3 du Code du Travail qui qualifie cette pratique de « marchandage ». Encore un texte que l'on peut ranger au vestiaire.

Le « prêt payant » de joueurs/marchandises, tel l'illustre Barthez « prêté » par Manchester à l'OM, est prohibé par le droit commun. Tout comme l'est théoriquement leur mise à disposition de l'équipe de France par leurs employeurs, pour la même raison. Le simple versement par la « Fédé » de primes aux joueurs sélectionnés suffirait en effet à qualifier la violation de l'interdiction édictée par le Code du Travail. « Marron » les Bleus ! Sauf à ce qu'ils soient salariés non pas de la société sportive elle-même, mais d'une de ses filiales ayant pour objet social la fourniture de travail temporaire. À quand, après « OL Coiffure », « OL Interim » ou « PSG Interim » pour assurer le « portage » de leurs joueurs susceptibles d'être sélectionnés en équipe nationale ?

Zone de non-droit

Ce tour d'horizon juridique des spécificités du foot business se suffit à lui-même. Actif patrimonial capitalisé, le joueur de football professionnel est privé de la plupart des garanties dont bénéficient les salariés de droit commun. Sans même évoquer le droit de la concurrence et la libre circulation des travailleurs. En particulier hors de l'Union européenne.

Le mercantilisme triomphant du spectacle sportif s'inscrit en vérité dans un plan à long terme élaboré par les Maîtres du

Monde, visant à ce que les représentations soient données dans une zone de non-droit. Ça ne date pas d'hier. Déjà, dans le cadre du salon Football Expo 98 à Singapour, le secrétaire général adjoint de la FIFA, arrêt Bosman en travers de la gorge, ne craignait pas de déclarer : *« Nous voulons que l'Union européenne exempte le sport des lois sociales européennes. »*

En cascade, les règles se délitent et le joueur est devenu une simple denrée aux mains de ces professionnels de l'import-export que sont les agents et présidents de club. On ne fait plus dans l'or, l'argent, le titane, les céréales, le sucre, le baril de brut ou les carcasses de porc, mais dans les droits fédératifs et le trafic d'êtres humains. Sueur, sang et larmes qui seront, à n'en pas douter, cotés en continu un jour prochain à la Bourse de Budapest, reléguant le « mercato » au rang de vestige historique ou de sujet de mémoire pour étudiants attardés en économie du sport.

De 1999-2000 à 2004-2005, les producteurs du plus grand spectacle du monde ont enregistré en Ligue 1 française *(« contribution compétition »)*, des pertes cumulées de 278 millions d'euros. N'importe quel producteur hollywoodien moitié moins performant serait déjà interdit de studios depuis longtemps. Or, sur la même durée, le négoce des acteurs *(« contribution mutation »)*, a pour sa part, contenu ses pertes dans une fourchette plus raisonnable : seulement 158 millions d'euros. On perd donc – officiellement – moins d'argent comme *dealer* de joueurs qu'à prendre part à la compétition qui les emploie. Ça n'est pas sans conséquence pour la compréhension des mœurs du système.

L'histoire, en revanche, reste provisoirement muette sur la rémunération réelle des « foot-traders », ces *golden boys* d'un genre nouveau. Ni sur la date à laquelle les Maîtres du Monde décideront de remplacer définitivement le Code du Travail par celui du Commerce.

Troisième Partie

Off-side ? No off-Shore !

« La vérité est comme le soleil.
Elle fait tout voir et ne se laisse pas regarder. »

Victor Hugo.

Au risque de choquer, nous sommes arrivés à la conclusion que, dans la course à l'enrichissement occulte qui ronge le foot business, le commerce de joueurs est sur le point de prendre le pas sur la quête de la victoire. Ce *trading* d'un genre nouveau génère plus de trois mille cinq-cent transferts de joueurs par an. Il contribue à enrichir tout le monde : acheteurs, vendeurs, intermédiaires, voire d'autres si affinités. Une activité d'autant plus lucrative quand elle est discrètement exercée à partir de paradis fiscaux, hors du champ de toute espèce d'imposition. L'un de ces havres de paix, les Îles Vierges britanniques, et tout particulièrement Tortola, attire comme un aimant les transactions les plus sulfureuses du « foot-biz ». Nous avons tenté d'en comprendre la raison et y avons découvert la présence de sociétés locales, propriétaires, tantôt de joueurs, tantôt de chevaux de course et de sites Internet de paris en ligne. Tout un pan du foot business qui ne se dispute plus « à l'extérieur » ou « à domicile », mais *off-shore*. Et côtoie, par la force des choses et dans l'apparente indifférence des institutions sportives, des individus peu recommandables. Aussi invraisemblable qu'il y paraisse, le foot business pourrait tuer par noyade...

Chapitre 10

Les secrets de l'île de la Tourterelle

Road Town, Tortola, février 2006. *« C'est juste là »* dit-il, en français et à voix basse, pour ne pas éveiller l'attention des plaisanciers tout proches. Il tend furtivement son index gauche en direction d'un point invisible dans l'eau bleu nuit de la marina. *« La police a repêché son corps vers 11 h 30, le 17 septembre dernier. Une corde reliait sa cheville droite à son poignet droit. Elle était fixée à un bloc de béton. L'autopsie a conclu à une noyade. Malgré les promesses du commissaire Frazer – un bon flic au demeurant, un natif, entré dans la police tout en bas de l'échelle en 1973 – le mystère demeure entier et mon sentiment est qu'il le restera. »*

Un match de trop ?

Nous nous retournons comme un seul homme. La tour rouge emblématique, sorte de moulin à vent sans hélice de la couleur de l'argile de Roland Garros, est à l'autre extrémité du ponton. Toute proche, presque à portée de voix.

« Mais comment est-ce possible ? demandons-nous. *Avec tous ces bateaux aux alentours et à moins de cent cinquante mètres de la terrasse de l'hôtel, il y avait un énorme risque de se faire remarquer !*

— *Oui*, répond-il, sans conviction, en esquissant un sourire triste et las : *Quand on sait qu'il n'y a eu que trois assassinats pour l'ensemble des 50 îles du territoire en 2005, James Bolan n'a vraiment pas eu de chance. Il n'avait d'ailleurs aucune chance de s'en tirer.*

— Vous avez une idée sur ce qui s'est passé ?

— J'en ai plusieurs. Certaines ont pris forme depuis nos discussions de décembre dernier. Vous jugerez par vous-même mais je pense que c'est le foot qui l'a tué. »

Nous sommes sans voix. Comme tétanisés. Il n'est pas encore 9 h 00 et le soleil antillais de ce début de printemps est déjà haut. Une petite brise soufflant de l'est fait tinter à l'unisson les drisses contre les mâts des voiliers. Il y a moins d'une demi-heure, nous prenions notre petit déjeuner à la terrasse couverte du *Village Cay Hôtel*, qui fait face à la marina et à ses quatre pontons de la rive ouest. De notre table, maintenant occupée par un couple de retraités asiatiques, jusqu'à l'extrémité du ponton de droite d'où nous observons les lieux avant d'entreprendre une visite guidée de la ville, il n'y a pas plus de cent cinquante mètres. Sur la droite, un promontoire artificiel sur lequel trône le siège du gouvernement local, reconnaissable entre tous. Sa Gracieuse Majesté n'a pas lésiné sur les moyens : l'immeuble est, de loin, le plus imposant de toute l'île. Ce bout de terre conquis sur la mer, c'est Wickham's Cay 1. En face, à l'autre extrémité de la marina, Wickham's Cay 2, construit plus récemment, la protège côté nord-est.

Derrière l'hôtel, sur une profondeur totale qui n'excède pas cinq cents mètres, s'étend, si l'on peut dire, ce minuscule village bâti pour des personnages de *Polly Pocket* qu'est Road Town, capitale des Îles Vierges britanniques et, subsidiairement, « poumon » discret du foot business mondial. Une décharge à ciel ouvert de ses scories.

Silencieux, nous tournons le dos à la marina pour remonter vers le centre-ville, niché au pied de la colline. Denis nous précède de quelques pas et s'immobilise au bout du ponton pour nous attendre. Dans un anglais épuré de guide pour touristes incultes, il nous brosse le décor.

« Votre centre d'intérêt, explique-t-il, *c'est un carré de deux cent cinquante mètres de côté compris entre Decastro côté*

marina et Main Street à l'opposé. Entre les deux, Waterfront Drive qui traverse Road Town avant de rejoindre le littoral à Romasco Place. Pour le reste, revenez quand vous serez en vacances... »

Decastro d'abord. Aucun intérêt architectural et pas plus de quatre-vingts mètres de long. Ne vaut, d'après notre guide, que par ses deux immeubles dénommés *Akara* au numéro 24 et *Simmonds* au 30, dans lesquels s'entassent des milliers de sociétés domiciliées et de secrets des affaires plus ou moins explosifs.

Waterfront Drive ensuite, c'est la voie rapide du front de mer qui serpente le long de la côte sud de Tortola et mène en une trentaine de minutes à l'île de Beef, reliée à sa grande sœur par un pont d'une centaine de mètres, et à l'aéroport. Dans Road Town, Waterfront irrigue le centre- ville pour rejoindre la côte, au sud de la « ville », à hauteur du terminal des ferries. Au n° 333 de la voie s'élève *Geneva Place*, l'une des rares bâtisses d'au moins trois étages, dotée d'une petite surface commerciale inaugurée en janvier 2000 et appartenant à la famille Vanterpool, une puissance locale.

Main Street enfin. La « rue principale » de Road Town n'est qu'une petite route étroite et sinueuse, orientée nord-sud où, par endroits, deux 4X4 ont du mal à se croiser. De chaque côté de la voie alternent échoppes et restaurants en rez-de-chaussée de maisons de bois et de pierre aux couleurs vives, construites dans le plus pur style caribéen. Pas de quoi dégainer la caméra.

Malgré son teint blafard qui contraste avec la symphonie de couleurs de sa chemise hawaiienne pur coton, Denis semble insensible à la chaleur. Il tient absolument à nous montrer « ses » petits, avant de nous offrir un « Ting » – soda jamaïcain au citron – chez *Dorothy's*. Puis le déjeuner au *Cabanon*. Renseignements pris, les protégés de Denis répondent aux noms évocateurs de *Geneva Place*, sur Waterfront et *R.G. Hodge Plaza*, que nous découvrons sur Main. Deux immeubles quelconques. Des occupants qui le sont moins.

Un guide bien documenté

Denis Sutton – c'est le nom de sa mère et nous nous sommes engagés à le désigner sous ce patronyme – est un hybride très convenable d'Herbert Von Karajan et de Gérard Depardieu. De feu le célèbre chef d'orchestre allemand, il a le menton altier couronné d'une fossette et le regard autoritaire surmonté par une tignasse indocile couleur poivre et sel qu'il a manifestement renoncé à discipliner depuis longtemps. Une « tronche » façon gotha mondain posée sur un long tronc sans cou qui trahit, au niveau de l'estomac, un penchant immodéré pour les excès de table que ne parvient pas à dissimuler son ample chemise multicolore. L'ensemble est saisissant.

« Je vous les recommande. Ils sont excellents et très puissants... »

Ses traits se sont brutalement durcis à la vue du *Hodge Plaza* que nous dépassons sans rien dire et nous comprenons qu'il ne s'apprête pas à nous faire l'article pour une spécialité culinaire locale. Il est détective, pas critique gastronomique. « Rangé des voitures » après une longue carrière bancaire internationale comme *Chief Compliance Officer.* Un job difficile à décrire, qui consiste à s'assurer que, dans la banque, tout le monde traverse dans les clous. Que les commerciaux ne profitent pas des informations confidentielles obtenues en interne afin de boursicoter pour leur propre compte en passant quelques ordres discrets à leurs banques. Que les gestionnaires des comptes boursiers des clients ne se goinfrent pas de commissions indues en multipliant, sans raison, les achats et les ventes, les allers et retours aussi prohibés que profitables. Que les responsables de clientèle connaissent tout de leurs clients, et que ceux qui leur inspirent des doutes font effectivement l'objet de déclarations de soupçon aux autorités, comme le préconisent les guides de procédures internes. Bref, une sorte de « super-surveillant général », chargé de garantir que haute finance et moralité font bon ménage.

Ménage, pas blanchiment. Comme la banque de Denis commençait à ne plus faire la différence, il l'a quittée en 2002, année de Coupe du monde, du « big bang » mondial qui a vu exploser le montant des contrats publicitaires, des droits TV, dérivés, à l'image, du montant des transferts et des commissions des agents, du nombre des sociétés *off-shore* consommées par les célèbres et les obscurs, les titulaires et les remplaçants, tous les grands et petits métiers du foot business, pour toucher leur part du butin, si modeste fût-elle.

De Paname à Panama ?

« *De quoi parliez-vous Denis ? Qu'est-ce qui est excellent et puissant ?* »

Notre guide s'éponge le front. Le patio du *Cabanon* est maintenant entièrement occupé par une clientèle hétéroclite et bruyante. Une nuée d'oiseaux tropicaux, qui se disputent nos miettes, ajoute une note exotique au brouhaha ambiant. Nous terminons notre mousse de noix de coco et Denis semble chercher ses mots :

— *Je parlais des Panaméens.*

Un coup d'œil en direction des autres tables du patio, puis il baisse la voix d'un ton et assène :

— *Les gros pontes de Geneva Place et du Hodge Plaza. Je voulais absolument que vous jetiez un œil sur leurs boîtes. Dans le premier, les cabinets Aleman, Cordero, Galindo & Lee d'une part, et Icaza, Gonzalez-Ruiz & Aleman, se partagent le troisième étage. Dans Hodge Plaza, on trouve le reste : Alfaro, Ferrer, Ramirez & Aleman, et puis Quijano & Associates et un truc moins typé du nom d'Overseas Management Company, mais qui fait partie de la nébuleuse panaméenne. Tous au 2e étage. Et du personnel commun. Marta Gordon Escobar, par exemple, qui bosse indistinctement pour Alfaro, Quijano ou Overseas Management Company... L'associée locale de Quijano, une certaine Johanna Vivar, a soutenu sa thèse en 1996. Le sujet devrait sûrement vous amuser : la falsification de documents publics à Panama.*

Il s'interrompt et nous interroge du regard. D'un hochement de tête aussi expressif que possible, nous l'invitons à poursuivre :

— *Difficile de s'y retrouver. Jaime Eduardo Aleman était associé du cabinet Icaza, Gonzalez-Ruiz & Aleman, de 1982 à 1984. En 1985 il fonde Aleman, Cordero, Galindo & Lee. Or le cabinet Icaza-Gonzalez-Ruiz s'est fait surprendre pour avoir crée deux off-shore pour le compte d'un certain Sarasti Guerrero qui roulait pour les Rodriguez Orejuela du Cartel de Cali. Washington a estampillé SDNT les deux boîtes : Kesman Overseas et Zaratan Corp*[106]*. À Panama, les mêmes se sont fait attraper en mars 2002 pour avoir monté et domicilié Panamerican Organization Properties Corp. La boîte a été utilisée en 1997 pour acheter des armes destinées à la marine équatorienne. La moitié des fonds alloués a disparu et les Équatoriens n'ont rien vu venir. C'était un des trois frères Aleman, José, associé du cabinet, qui était en charge de l'opération. Le problème, c'est qu'il est devenu ministre des Affaires étrangères de Panama en septembre 1999. Il l'est resté jusqu'en 2003. Ça gâte la photo officielle. En mai 2004, il se présenta même, sans succès, à l'élection présidentielle. Bien entendu, il a toujours affirmé n'avoir aucune responsabilité directe ou indirecte dans le détournement des fonds. Il y a dix jours, ça repart avec la découverte par les autorités chiliennes que la maison Aleman, Cordero, Galindo & Lee avait monté et domicilié ici une flopée de sociétés off-shore contrôlées par Pinochet. Les Eastview Finance SA, Abanda FinanceLtd, BelviewInternational Inc., GLP Ltd et autre TaskerInvestments Ltd SA s'en sont donné à cœur joie. J'ai travaillé sur une partie de leurs comptes à la Banco de Chile et chez Lehman Brothers à Miami. C'était pas triste. Un juge panaméen a même ordonné l'audition de Blondell Challenger et Delta Fraser, deux de leurs secrétaires qui travaillent ici. Ils se débattent comme ils peuvent et affirment que*

106. SDNT : Specially Designated Narcotics Traffickers. Il va sans dire que des documents corroborent ce propos.

c'est à la demande de Barclays Bank Miami qu'ils ont fait le montage. Avec de gros sous-entendus du genre : comment nous, pauvres petits avocats panaméens, pouvions-nous nous méfier d'une énorme banque so british ?

Ses efforts pour s'exprimer dans un anglais compréhensible par un nouveau-né semblent le fatiguer. Il s'arrête et s'essuie la bouche avec le dos de la main gauche.

— *Quel est le rapport avec le foot ? Qu'est ce que le noyé vient faire là-dedans ?*

On jurerait lire de l'exaspération dans son regard.

— *J'y viens. Je voulais simplement que vous compreniez que les Panaméens pèsent très lourd ici. Ils se sont emparés d'une part importante du gâteau du montage et de la gestion des off-shore et des trusts basés à Tortola. Rançon du succès, ils ont besoin de plus en plus de prête-noms professionnels, ces actionnaires ou administrateurs de complaisance domiciliés dans toute la Caraïbe et payés une misère pour que leurs noms figurent dans les livres à la place de ceux des ayants droit économiques. Bolan était l'un d'eux et il devait adorer les off-shore sportives et le football sud-américain en général.*

Nous nous efforçons de ne manifester aucun signe d'impatience.

— *S'ils concouraient pour le Nobel de la paix, une bonne partie des clients des Panaméens seraient disqualifiés d'office. Bolan a dû prêter son nom à des mauvais joueurs. Des types qui n'ont pas vraiment apprécié sa curiosité. Car je sais qu'il était devenu fouineur depuis qu'il avait appris qu'un certain nombre des boîtes dont il était actionnaire de paille étaient en même temps propriétaires de chevaux de course et de joueurs de foot.*

— *Comment l'avait-il appris ?*

— *Il avait fait appel à un détective local que je connais. Il lui avait demandé de déterminer qui était derrière une demi-douzaine de sociétés contrôlées par des Européens et des Sud-Américains fortement impliqués dans le sport professionnel. Il aurait mieux fait de s'abstenir. Les dealers du football détestent qu'on s'intéresse à leurs affaires. Ils le font parfois savoir de manière très convaincante. Même Juan Figer*[107]*, que vous devez connaître, ne se déplace plus à São Paulo que dans son Opel Omega blindée, des vitres jusqu'au réservoir d'essence*[108]*. Dieu seul sait ce que Bolan avait en tête. Sans doute négocier une augmentation de ses honoraires directement avec les ayants droit économiques. Pure folie.*

Il marque un temps d'arrêt. Juste assez pour vérifier que nous sommes toujours attentifs et reprend :

— *Renseignez-vous de votre côté. Vous allez sûrement être surpris. Le siège de la FIFA est peut-être en Suisse, mais c'est à Miami que se prennent les vraies décisions. Que se rencontrent les amoureux du beau jeu et les adeptes du hors-jeu et du tacle à la gorge. Que les Universal, Claxson Interactive Group, MediaPro et autres GolTV, et qui sais-je encore, s'échangent leurs droits TV et leurs tuyaux sur le commerce de joueurs. Que s'ouvrent, en nombre croissant, les comptes bancaires des off-shore propriétaires de joueurs de football, de chevaux de courses ou de sites de paris en ligne. Zurich fixe peut-être les lois du jeu, mais c'est à Miami que s'échangent les fanions avant que se disputent les plus grosses parties. Régies, celles-là, par la loi de la jungle.*

Manifestement satisfait de sa métaphore, il reprend son souffle et poursuit, après avoir jeté un dernier regard vers l'autre extrémité du patio dont plusieurs tables sont maintenant libres.

— *Comme vous le savez, on a passé en revue toutes les off-shore locales créées ou domiciliées par les Panaméens afin*

---

107. Un agent uruguayen. *Cf.* Chapitre 11, « Don Casal, un piranha hors de l'Amazone », page 181.

108. Le 22 décembre 2003, Ricardo Acevedo, journaliste sportif uruguayen au quotidien *La Repùblica* et à la chaîne de télévision Tveo Canal 5, reçoit une balle dans la jambe devant chez lui alors qu'il rentrait à son domicile. À plusieurs reprises il avait dénoncé les pratiques présumées mafieuses de l'entreprise Tenfield. Source : Reporters sans frontières, rapport annuel 2004. Voir plus loin : « Don Casal, un piranha hors de l'Amazone ».

d'identifier dans le tas celles qu'on soupçonnait de dissimuler du négoce de joueurs ou l'encaissement de commissions occultes. Les copies des R101 [109] *nous ont bien facilité le travail.*

Il extrait alors de sa poche arrière un minuscule carnet à spirale dont il tourne nerveusement une dizaine de pages et prend connaissance de quelques notes griffonnées à l'encre verte.

— *J'ai personnellement recherché parmi toutes celles d'Aleman et Cordero depuis AcaTrading Ltd créée le 19 janvier 2004, jusqu'à Zenith Associates Inc., immatriculée en mai 2001. Parmi toutes celles aussi d'Overseas Management Company, à commencer par Acot Company Limited fondée le 17 février 1997. Pour finir à Ziska Limited, immatriculée le 28 février 2000. Idem pour celles de Quijano, en commençant par Alcoral Associates Ltd immatriculée le 16 avril 2003 pour finir avec Woodison Trading Limited fondée en janvier 1999. Le plus dur, ça a été d'analyser la longue liste de celles du cabinet Icaza, Gonzalez-Ruiz : de Amersham Services Ltd créée le 30 novembre 2004 à WWI Investment Corp immatriculée le 10 février 2003. En passant – rubrique que sont-ils devenus ? – par KTV (KhalifaTelevision* [110]*) Limited, immatriculée ici à Road Town le 26 septembre 2002. Ça vous rappelle quelqu'un ? J'ai travaillé de A à Z au sens propre.*

Il feuillette son carnet quelques secondes supplémentaires.

— *Après avoir étudié toutes les sociétés créées ou domiciliées par les Panaméens, j'en ai conclu que plus d'une centaine d'entre elles se consacrent aujourd'hui au commerce lié au foot. Parmi elles, Methane Investment Ltd, dont vous m'avez parlé l'année dernière, a elle aussi été créée par Overseas Management Company Trust Ltd, et la commission versée par l'OM sur*

---

109. Document au moyen duquel est effectuée la demande d'immatriculation d'une société aux Îles Vierges britanniques.

110. Le groupe algérien Khalifa a été sponsor de l'OM au cours de la saison 2001-2002. Mercredi 21 mars 2007, le procureur du tribunal criminel de Blida a demandé la réclusion criminelle à perpétuité contre Rafik Khalifa, réfugié à Londres, dans le cadre du procès de la Khalifa Bank, le plus gros scandale financier algérien de tous les temps.

l'achat de Marcelo Dos Santos en juillet 2000 est aussi allée à Miami. Au Crédit Lyonnais. Par contre, j'ai beaucoup ri quand vous m'avez dit que l'ayant droit économique était l'agent brésilien Gilmar Veloz. Je vous signale que le Crédit Lyonnais Miami a affirmé que l'administrateur de la boîte était Veloz. Pas qu'il en était l'ayant droit économique. Ils sont bouchés en France ou quoi ? »

Une vision très originale

Denis a une thèse d'une audace folle : il prétend être en mesure de nous démontrer que depuis 2002, la recherche d'un palmarès prestigieux dans les compétitions est devenue un objectif secondaire par rapport à celui qui consiste à faire commerce des joueurs qui les disputent. Pour lui, la course au palmarès sportif n'est qu'une fausse barbe destinée à justifier l'envol du nombre et du montant des transferts internationaux. Peu importe que les comptes des clubs soient dans le rouge, avance-t-il, l'important ce n'est pas leur profit mais leur pouvoir d'achat. Leur budget. Leur capacité à acheter d'avantage de joueurs, à des prix toujours plus extravagants, et aisément manipulables, la valeur de ces derniers n'étant fondée que sur des appréciations subjectives, voire fantaisistes.

Il en aurait eu la révélation récente en se souvenant avec nostalgie de son autre vie, lorsqu'il surveillait sa salle de marché à New York et ses jeunes *traders*, trop dynamiques pour être honnêtes :

« Pauvres clients : qu'ils perdent ou qu'ils gagnent, on s'en foutait totalement aussi longtemps qu'ils passaient des ordres et payaient nos commissions, commente Denis. *Notre fric, voilà ce qui comptait. Le leur servait simplement à gagner le nôtre. Notre job consistait inlassablement à les convaincre d'acheter ce qu'ils venaient de vendre et réciproquement. Pour ça, nos gars des Études économiques produisaient des rapports plus ou moins bidon démontrant que tel titre était sûr ou sous-évalué, et préconisaient la vente ou l'achat. Nos amis Dow Jones, Footsie et CAC 40 faisaient le reste. »*

Tout, selon un Denis fort de cette expérience, trahirait ici la supercherie mondiale : les comptes des clubs obstinément plombés et l'apparente résignation aussi désabusée qu'inexplicable de leurs propriétaires. *« Les droits TV peuvent bien s'envoler,* observe-t-il goguenard, *la ligne du bas*[111] *demeure une ligne brisée. »*

Comment donner une explication rationnelle à tant d'incohérence ? argue-t-il. De l'augmentation inquiétante du nombre des joueurs n'appartenant pas à des clubs, en passant par celle du nombre et du montant des transferts internationaux de joueurs finalement peu ou pas utilisés par les clubs acquéreurs, au cas extrême de ceux qui, bien qu'achetés, n'y sont jamais venus, quelle logique déceler derrière tout cela ?

« Comment ne pas s'alarmer de l'invraisemblable subjectivité de la valeur des droits fédératifs et de l'augmentation du nombre des clubs contrôlés par les mêmes actionnaires, qui auraient dû nous mettre la puce à l'oreille depuis longtemps ? », ajoute cet as des montages étranges... avant de nous administrer sa preuve la plus tangible : la progression vertigineuse du nombre des sociétés *off-shore* engagées, plus ou moins directement, dans le négoce de joueurs. Rien qu'à Tortola, et en prenant une confortable marge d'erreur, selon ses dernières estimations, on serait passé de moins de dix en 1998 à plus de cent vingt en 2005.

Fric & foot

Loin d'être novatrice, l'idée selon laquelle les clubs de foot sont des entreprises de spectacle est, pour Denis, une vue du passé. Déjà dépassée. Les clubs, nous martèle-t-il sous le cagnard caribéen, sont – d'abord – des entreprises de négoce. De *trading*. D'import-export de viande sur pied. Et il faut être un *aficionado* aveuglé par sa passion pour ne pas en prendre conscience.

---

111. « Bottom line » en anglais. Qui désigne le résultat net comptable, profit ou perte.

« Que croyez-vous que des types comme Joe Lewis et Daniel Lévy, Abramovitch ou Louis-Dreyfus soient venus faire dans le football, à part plonger les comptes de leurs clubs dans le rouge[112] *? »*, nous assène-t-il avec conviction. *« Ce qu'ils font le mieux : du négoce. Net d'impôts et de taxes. Que ce soit des devises, du pétrole brut, du gaz naturel, des céréales ou des avant-centres, c'est le même business. Là où ils ont été supérieurement intelligents, c'est d'avoir compris que le cours de la livre sterling, le prix du baril de brut ou celui du quintal de blé sont beaucoup plus difficiles à manipuler que la valeur déclarée d'un milieu défensif. Je n'évoque même pas celle d'un avant-centre phénoménal. Ouvrez les yeux, si je peux me permettre : une quarantaine de joueurs à bichonner au tarif haute saison pendant je ne sais combien de matchs de Champion's League pour finalement toucher combien ? 30 millions d'euros pour le vainqueur au bout d'un parcours épuisant, laissant un groupe décimé par les blessures, sans compter les grosses primes à payer aussi bien aux éclopés qu'aux survivants ? Fantasmons un moment. Que ferais-je si j'étais aux commandes d'un de leurs joyaux ? Tordu et flemmard comme je suis, je préférerais ne pas agacer mon diabète et me contenter de transférer deux Drogba par saison. Didier pour 37 millions ou les deux pour 50 millions. Une affaire à saisir. Imaginez que j'ai eu à m'en occuper. Et sachant que 10 % de la transaction viendraient grossir en duty-free mon pécule personnel dans une banque de Miami, il faut vraiment que je vous fasse un dessin sur l'opération la plus rentable des deux ? Ne me demandez pas comment j'aurais réussi à convaincre l'acheteur de mettre 50 millions pour mon Didier et son clone. Comme pour les salaires des joueurs en Europe dont le brut est calculé à partir du net, dans le trading de joueurs, on fixe d'abord la part qu'on va mettre de côté à Miami*

112. MM. Joe Lewis et Daniel Lévy sont co-propriétaires du club anglais de Tottenham au travers du fonds d'investissement ENIC. Abramovitch possède celui de Chelsea et Robert Louis-Dreyfus, l'Olympique de Marseille.

avant de déterminer la taille exacte du gâteau. De plus, imaginez toujours que, comme mes copains texans de Hicks Muse Tate & Furst[113]*, ou Casal, le piranha de Montevideo, je sois en même temps propriétaire de joueurs et actionnaire des boîtes de télévision qui les mettent en scène. Pas besoin de longues explications à mon chef réalisateur pour qu'il comprenne ce que j'attends de lui. Match après match, mes petits devraient monopoliser les écrans, paraître de plus en plus puissants, rapides, adroits devant le but, télégéniques, indispensables, inaccessibles, fantasmatiques. Si j'étais vendeur au prix fort, c'est le jackpot assuré. Acheteur au prix fort, j'aurais droit à une partie du jackpot du vendeur, sinon, ses petits, il se les garde. Et je deviendrais vendeur à mon tour. Même à perte pour mon club, pour moi ça resterait ultra-juteux. Mon club serait seulement le levier de ma rémunération occulte. Contrairement au bonus de mes ex-traders new-yorkais, lourdement imposés, le mien serait net et lisse comme la joue d'un bébé après le bain. »*

La plus grande perplexité doit se lire sur nos visages. Nous avons du mal à retenir les objections qui nous brûlent les lèvres. La quête déclarée d'un palmarès prestigieux dans la compétition ne serait finalement, si on le suit, que la justification officielle des modifications incessantes apportées aux équipes à des fins purement mercantiles ? La quête annoncée d'un prestigieux palmarès, par définition aléatoire, justifierait donc un recrutement à tout va, aussi massif qu'immédiat, et, bien entendu, sonnant et trébuchant ? Nous ne savons plus quoi penser.

Upercut

Nous passons le reste de l'après-midi et la matinée du lendemain à Breeze Haven. À une dizaine de minutes de route de Road Town, dans la petite maison de Denis Sutton. À consulter

---

113. Un fonds d'investissement créé par des Texans ayant pris, avec des succès divers, des participations très importantes dans le sport professionnel, principalement aux USA et en Amérique Latine. *Cf.* Chapitre 17, « Les diffuseurs TV », page 361.

l'incroyable documentation qu'il est parvenu à réunir sur les sociétés constituées à Tortola par « les Panaméens » pour le compte de leurs clients *trader*s européens et latino-américains de « l'Internationale du ballon rond ». Stupéfiant. De quoi ébranler toutes les certitudes. Frénétiquement, nous prenons des notes. Les patronymes familiers succèdent aux inconnus. La cartographie mondiale du foot business clandestin prend forme sous nos yeux.

En début d'après-midi, il nous raccompagne à l'aéroport. C'est un peu avant le pont de Beef Island qu'il nous distille ses deux dernières confidences.

D'abord, qu'Adidas AG (Suisse) et Adidas Amérique latine SA figureraient parmi les principaux clients internationaux du cabinet d'avocat panaméen Alfarro, Ferrer & Ramirez, également présent à Road Town au second étage de l'immeuble *Hodge Plaza* sur Main Street. Faut-il faire un lien avec la fièvre acheteuse de l'OM ? Le procès qui doit s'ouvrir en mars 2006 à Marseille devrait nous donner une première indication sur la validité de sa démonstration qui, dans l'immédiat, nous impressionne, autant qu'elle nous anéantit.

Ensuite que, dans les semaines à venir, la Première Ligue anglaise s'apprête à révéler qu'elle confie au cabinet britannique d'investigation Quest une mission d'enquête sur tous les transferts effectués par ses clubs entre le 1er janvier 2004 et le 31 janvier 2006. Un probable séisme à en attendre, compte tenu de la place éminente de la Grande-Bretagne sur la planète foot. Sans parler de sa maîtrise indiscutable des trusts et des sociétés *off-shore*.

Tout est foutu ?

L'aéroport « International » de Tortola est déconcertant. La sorte d'entrepôt sans étage qu'on s'attend à trouver dans la zone industrielle d'une ville de province assoupie. Très loin de l'idée qu'on peut se faire du caisson de décompression ultramoderne et rassurant dans lequel on trouve refuge après une immersion profonde dans les bas-fonds du foot business. Notre avion, un turbopropulseur Beechcraft qui n'est plus de première jeunesse, décolle avec peine et vire assez brutalement sur l'aile droite. Sous le hublot, un bleu turquoise succède, un court instant, au bleu nuit du Francis Drake Channel. Peut-être un symbole. La promesse de prochaines clarifications. Et d'illusions perdues à jamais. Nous mettons cap au sud...

QUATRIÈME PARTIE

Le coup d'envoi

« Je crains que le football ait aujourd'hui à souffrir beaucoup de l'argent et de l'excès d'argent... »

Nicolas Sarkozy, le 28 novembre 2006,
à l'Assemblée nationale.

Entendu le 28 novembre 2006 par la mission parlementaire d'information sur les transferts de joueurs et l'activité des agents sportifs, Laurent Davenas, avocat général près la Cour de cassation, président de la commission d'appel de la Ligue de football professionnel, a eu ces mots terribles : *« Il est tout d'abord frappant que toutes les grosses aventures dans le football français se terminent devant le juge correctionnel : Saint-Etienne, Bordeaux, Marseille, le Paris Saint-Germain. J'espère que Lyon échappera à cette constante. Mais, jusqu'à présent, les grands clubs français qui ont joué un rôle au niveau européen ont vu leur histoire se solder lamentablement par une condamnation pénale devant le tribunal correctionnel. »*

Et d'ajouter :

« Le milieu du football est très compliqué, et aime d'ailleurs le flou dans lequel il vit. C'est un conseil d'administration qui pose la norme, la règle. Or les présidents de ce conseil d'administration sont souvent les premiers à ne pas vouloir que la règle s'applique ou, tout au moins, à la contourner, ce qui rend malaisée l'approche de ce milieu... »

C'est précisément l'objectif des pages qui suivent : dépeindre le foot business en pleine dérive à travers ses personnages les plus influents. Vous découvrirez aussi, comme si vous y étiez, le roman noir de l'OM. Un récit vécu de l'intérieur peignant les épisodes les plus croustillants des dix dernières années. Le club marseillais incarne jusqu'à la caricature les turpitudes contemporaines du foot même si le PSG, son pseudo-rival parisien, n'a pas de leçons à recevoir.

Chapitre 11

Don Casal, un piranha hors de l'Amazone

Le milieu du football l'appelle Don Casal. Avec ses chaussures en croco, ses costumes italiens et ses faux airs d'Al Pacino, Francisco « Paco » impose le respect.

Sa carrière sportive ne présente pourtant aucun intérêt et n'a laissé aucune empreinte : ailier médiocre à peine capable de faire usage de ses deux pieds, il demeura longtemps un supporter inconditionnel de Penarol, le club des « pauvres » de Montevideo dont il ne porta pourtant jamais les couleurs. Rancune tenace. À trente ans, Paco Casal prend enfin conscience qu'il ne sera jamais un joueur célèbre et décide de faire de l'exploitation du football uruguayen l'instrument de son irrésistible ascension sociale.

En 1988, il réalise sa première transaction importante : la vente à un club mexicain du joueur du Nacional Montevideo, Juan Ramon Carrasco. Un an plus tard, il signe avec Jean-Pierre Bernès, représentant l'Olympique de Marseille, une convention selon laquelle il cède pour trois saisons – preuve que, dans son esprit, ses joueurs lui appartiennent « à vie » – ses droits « de licence [114] » sur Enzo Francescoli pour 750 000 dollars par saison. En 1990, il est déjà l'agent des meilleurs joueurs de la « Celeste [115] » qui disputent la Coupe du monde en Italie. Outre

114. On parlera plus tard de « droits fédératifs », histoire de rendre plus obscure encore la réalité qu'ils désignent.

115. La « Celeste » est le « surnom » de la sélection nationale uruguayenne.

Fransecoli, Daniel Fonseca, Nelson Gutierrez, José Perdomo, Ruben Sosa, Ruben Pereira, Pablo Bengoechea et Carlos Aguilera rejoignent son « écurie » [116].

C'est sa société, Hadley Corporation SA, qui décroche le jackpot. Son siège est situé dans un immeuble cossu de la rue Misiones à Montevideo. Un quartier très prisé des négociants en joueurs puisque, douze ans plus tard, un de ses confrères, Logbi Henouda s'y installera [117]. On y croisera aussi occasionnellement Juan Figer, autre « gros calibre » mondial de la profession [118]

Paco passe à la télé

En 1994, la Fédération uruguayenne de football (AUF : Associacion Uruguaya de Futbol) cède pour trois ans et 3,2 millions de dollars à la société TyC Uruguay (Torneos y Competencias del Uruguay), les droits de retransmission TV du football uruguayen.

À l'échéance de cette convention, TyC a la faculté d'en demander la prolongation jusqu'au 1er juillet 1999, ce qu'elle

---

116. Il deviendra, à la fin des années 1990, l'agent de l'international franco-argentin, David Trezeguet.

117. Voir chapitre 12, « Logbi Henouda ou la Brazilian Connection, page 208.

118. Agent des Robinho, Alex, Luis Figo et autres Edu et Julio Batista, Figer est surtout le génial inventeur du *triangulaçao uruguaia* (le triangle uruguayen) utilisant les clubs locaux de Central Espanol et Rentistas pour « loger » ses profits sur la vente en Europe de joueurs brésiliens. Jusqu'à une date récente, les plus-values sur cessions de joueurs n'étaient pas imposables en Uruguay alors qu'elles l'étaient au Brésil. L'astuce de Figer a donc consisté pendant plusieurs années à faire acheter, à « petit prix », les joueurs-cibles brésiliens par le Central Espanol qui les cédait ensuite, « à prix d'or », aux acheteurs européens. Ainsi, en 1997, l'international brésilien Ze Roberto sera cédé pour 4,6 millions de dollars par le Portuguesa São Paulo au Central Espanol, qui le vendra le même jour au Real de Madrid au prix de 9,98 millions de dollars.

fera en proposant de verser 1,3 million de dollars par année supplémentaire. De plus, TyC et sa société-mère TVC, toutes deux filiales du groupe de presse argentin Clarin, ont également la possibilité de s'aligner sur la meilleure offre reçue par la Fédération uruguayenne au terme de ce contrat et, donc, de conserver les droits de retransmission.

C'est sans compter avec l'ambition, l'appétit féroce et les réseaux d'influence de Casal qui entend bien, lui, se les approprier. « Paco » s'est en effet associé début 1998 avec « ses » anciens joueurs Nelson Gutierrez et Enzo Francescoli afin de créer la société Tenfield *« désireuse d'être partie prenante de la vie des Uruguayens au travers de la grande passion que constitue le football*[119] *»*. Une intense course de vitesse et partie de bras de fer s'engage.

Le lundi 4 novembre 1998, les dirigeants de la Fédération expédient une lettre au groupe Clarin, l'invitant à leur faire parvenir leur offre dans les quarante-huit heures, histoire qu'elle soit examinée par l'assemblée des présidents de clubs, convoquée pour le mercredi 6 novembre à 11 h 30. Une urgence intrigante. À l'ouverture des débats, les présidents des clubs Defensor, River Plate, Liverpool et Nacional protestent avec vigueur contre la procédure mise en œuvre qui, selon eux, traduit le fait que la Fédération semble avoir déjà pris fait et cause pour l'offre de Tenfield. Tollé. Noms d'oiseaux... Dans la confusion générale, l'assemblée est levée sans qu'aucune décision ne soit prise.

Une nouvelle réunion, « urgente et extraordinaire », est programmée pour le mercredi 20 novembre. Mais le 15, en signe de protestation, le vice-président de la Fédération, Carlos Molinari[120], démissionne de ses fonctions.

---

119. *« Ha tenido la aspiracion de estar ligado a la vida de los Uruguayos a travès de la gran passion que es el futbol. »*

120. Aucun rapport avec son homonyme français, président du FC Metz et membre influent de la LFP.

L'assemblée des actionnaires (« socios ») du Nacional [121], réunie le mardi 19, décide à l'unanimité et à mains levées de s'opposer le lendemain à l'octroi d'une concession d'une durée de dix ans jugée excessive [122]. Le même jour, les actionnaires des Wanderers exigent à leur tour plus de transparence dans les négociations. Tous ignorent en fait que, le dimanche 10 novembre, le groupe Clarin s'est résigné à retirer sa candidature. Pourquoi ? Parce qu'un certain Frederick, en charge du dossier des droits TV uruguayens au sein du groupe argentin, a reçu la visite surprise de Casal et de Julio Luis Sanguinetti, avocat de Tenfield et subsidiairement fils du président de la République Julio Maria Sanguinetti. Lesquels, lors de l'entrevue, lui ont calmement exposé les raisons « extracontractuelles » pour lesquelles *« le football uruguayen appartenait à Paco* [123] *»* et ce qui pourrait advenir au cas où le groupe argentin ne se conformerait pas à cette maxime.

Le mercredi 20 novembre, dans une ambiance indescriptible typiquement sud-américaine, la séance est donc riche en coups de théâtre [124]. Convoqué par téléphone en urgence par l'un de ses obligés qui sent que l'affaire risque quand même de leur échapper, Paco fait irruption dans la salle de manière totalement irrégulière. Et rappelle à l'ordre ceux qu'il a « dépannés » par le passé, tout en promettant à ses opposants qu'ils mourront de

---

121. Le Nacional de Montevideo est, à l'inverse de son rival le Penarol, le club des « riches » de Montevideo, et des provinciaux d'origine argentine, ceux qui votent politiquement pour le parti « Blanco ».

122. Elle sera prolongée dans des conditions plus discutables encore jusqu'en 2014 !

123. *« El futbol uruguayo era de Paco »*, dans « Pacodependencia », article de Nelson Cesin publié dans l'hebdomadaire *Brecha* du 8 avril 2005.

124. Lors d'une conférence de presse organisée au siège de la section sportive du quotidien uruguayen *El Pais* le 17 février 2005, soit sept ans après les faits, Casal les niera. Il refusera aussi d'admettre que son offre de 1998 était inférieure à celle de Clarin. (« C'est pourquoi la

faim[125]. Impressionnée, l'assemblée générale de la Fédération, présidée par le très controversé Eugenio Figueredo, décide donc d'attribuer, pour une durée de dix ans, les droits télévisuels du football uruguayen à Tenfield. Autrement dit à Casal et ses associés, parmi lesquels on relève la présence discrète de la société brésilienne TrafficMarketing Esportivo[126].

Cette concession octroyée à Tenfield consacrait la capitulation sans condition des autorités fédérales uruguayennes en charge d'un football professionnel moribond et corrompu, face à l'appétit carnassier de Casal et sa clique qui, par prudence, avaient pris soin de verser à la Fédération 1,9 million de dollars quelques semaines avant sa décision. Somme qualifiée, sur le reçu délivré à Tenfield par l'AUF, *« d'avance sur le prix de vente des droits TV pour la période 1er août 1998-31 juillet 2002*[127] *»*.

L'appel d'offres était en somme une mascarade puisque, comme le pressentaient un certain nombre de présidents de grands clubs, l'affaire était pliée au profit de « Paco » bien avant le 20 novembre. L'offre de Clarin, d'un montant total de 83 millions de dollars, comportait pourtant l'engagement de reverser aux clubs concernés 70 % des bénéfices résultant de la commercialisation des droits à l'étranger, argument auquel les clubs ne se montraient pas insensibles.

Sûre de son fait, de ses appuis et de la crédibilité de ses arguments, Tenfield s'en était tenue à son offre de 50 millions de dollars (dont 36 pour les clubs et 14 pour les sélections nationales) pour une durée identique, mais avait obtenu, en contrepartie, les droits les plus étendus. Non seulement sur le championnat

---

différence n'était pas celle qu'ils disent. Il fallait en retirer 22 millions de dollars. »)

125. Article de l'hebdomadaire uruguayen *Guambia* du 4 août 1999.

126. Société du Brésilien Jos Hawilla.

127. *« Adelanto a cuenta del precio de venta de los referidos derechos de television por el periodo 1/8/1998 a 31/7/2002... »*, article « Pacodependencia » dans la revue *Brecha*, déjà citée page 185.

mais aussi sur les prestations des équipes nationales sur lesquelles la Fédération avait abandonné quasiment tous ses droits au bénéfice exclusif de sa cocontractante. Jusqu'à l'usage commercial de l'appellation « Sélection nationale » et des couleurs de la « Céleste », tout ou presque [128] avait été happé voracement par Casal et ses congénères, qui laissaient la Fédération à peu près dans le même état qu'une carcasse de vache Hereford [129] au fond du fleuve Paranà après la curée d'un banc de piranhas rouges.

Caustique, le célèbre mathématicien uruguayen Copetti ne manqua pas, lorsque l'affaire s'ébruita, de relever que *« c'est la première fois dans l'histoire de l'humanité que 50 est plus grand que 83 ».* L'ultime obligation de Tenfield consista à fournir annuellement deux mille ballons aux clubs [130]. Le genre de commerce équitable dénoncé avec force dans les croisades de Max Havelaar [131].

La Celeste et Paco : un couple télégénique

En raflant en 1998 le butin des droits TV, Casal entre dans la cour des grands. Il jette aussi les bases de la stratégie exposée par Denis Sutton lors de notre bref passage à Tortola. Posséder des joueurs, des droits de retransmission des compétitions qui les emploient, des réseaux de télédiffusion des dites épreuves et vendre le tout au prix de l'or, tel un néoconquistador de la planète foot, voilà l'astuce.

---

128. *« Derechos sobre la utilizacion exclusiva de calquier elemento identificatorio de las selecciones nacionales o de la AUF, en productos que se comercialicen o que puedan ser comercializados. »*

129. Race bovine la plus fréquente en Uruguay.

130. *« La ultima obligacion de Tenfield consiste en proporcionar a la AUF, con exclusivo destino para el futbol local, 2000 pelotas por ano para ser utilizadas por los clubes... »,* article « Pacodependencia », dans la revue *Brecha*, sous-chapitre : « Con Tenfield : un contrato leonino », déjà citée

131. Marque commerciale mondiale déposée par les promoteurs du concept de commerce équitable.

S'étant assuré la propriété des droits TV, « Paco » se consacre ensuite à consolider sa stratégie : avoir plus de joueurs, les valoriser et diffuser leurs exploits, de préférence en *pay per view*.

Pour ce qui est des joueurs, il prend en 1999 deux décisions radicales. Le meilleur moyen d'augmenter leur valeur marchande, se dit-il avec ses compères Gutierrez et Francescoli, c'est d'en faire des internationaux. La recette la plus sûre pour y parvenir ? Exercer un contrôle efficace sur « les choix de l'entraîneur ». Au pas de charge, au cours de la saison sportive 1999-2000, il suggère ainsi « amicalement » à la Fédération l'embauche de Daniel Passarella, l'ex-prestigieux joueur argentin, en s'engageant vis-à-vis de l'AUF à prendre en charge son coût à hauteur de 60 000 dollars par mois [132].

Pour les joueurs uruguayens les plus talentueux, l'équation à résoudre devient dès lors d'une simplicité confondante : signer avec Casal, c'est devenir international, se donner une chance d'être vendu à un grand club européen et d'y prospérer. À l'inverse, refuser l'offre de Paco de rejoindre sa prestigieuse écurie constitue le plus sûr moyen de mener une existence misérable dans l'anonymat du championnat national. Les exemples abondent. Hubo, le meilleur joueur uruguayen à son poste, et Tio Sanchez ont tous deux le défaut de ne pas appartenir à Casal ; leur statut de possible international est vite réglé. À l'inverse, Damiàn Rodriguez signe avec Casal et se voit convoqué par Passarella dans les jours qui suivent alors qu'il n'est pas encore remis d'une grave blessure.

Paco met le paquet

Des joueurs plus chers, mais surtout davantage de joueurs, voilà le credo. Faute d'en avoir été capable sur la pelouse, Paco donne une accélération foudroyante à ses affaires en créant de toute pièce et en s'adjugeant le marché du transfert des « packs » de plusieurs joueurs locaux.

---

132. « Pacodependencia », dans la revue *Brecha*, déjà citée.

Le meilleur exemple ? Celui du pack (« el paquete ») des joueurs du Bella Vista, « composé » d'Adrian Berbia, gardien de vingt-deux ans, des défenseurs Alejandro Lembo (vingt et un an) et Léonel Pilipaukas (vingt-quatre ans), du milieu Guillermo Giacomazzi (vingt et un an) et de l'attaquant Diego Alonzo (vingt-quatre ans). Casal reçoit en effet fin juillet 2003, pour 4,2 millions de dollars, le droit de transférer ces charmants jeunes gens. Une très belle opération puisque, moins d'une semaine plus tard, il « vend » Pilipaukas 3,87 millions de dollars à l'Atletico de Madrid, montant dont il conservera 3,1 millions, soit 75 % de la valeur du « pack » total [133] ! Afin de mener à bien la vente du « solde » à Penarol, il sollicite et obtient de la part du Bella Vista, avec l'accord implicite de la Fédération, un accord de prolongation de son mandat, hors « mercato » international. Hélas, la manœuvre est trop colossale pour ne pas susciter des remous... En dépit de sa toute-puissance, le scandale est énorme et le Nacional, grand rival de Penarol, prend la tête de la campagne contre cette violation des statuts de la Fédération et des règlements internationaux.

Plus tard, début 2005, Penarol fait à son tour les frais des méthodes expéditives de Casal quand celui-ci s'approprie, sans l'accord du club, le « pack » constitué cette fois de Carlos Bueno, Cristian Rodriguez et Joe Emerson Bizera. Le club en est réduit à les déclarer en « rébellion » afin de les priver de toute participation aux compétitions internationales. *« Notre préoccupation est de savoir si le PSG croit aux rois mages »* s'interroge même son président, le señor Damiani, au plus fort de la crise entre les deux clubs lorsque ceux-ci s'arrachent la propriété de Bueno et Rodriguez, venus en France.

Dans le dossier présenté à la FIFA en juillet 2005 dans le cadre du litige qui l'oppose au PSG, le club de Penarol communique plusieurs informations embarrassantes pour l'agent uruguayen. D'abord, qu'en infraction avec le règlement FIFA, Casal n'apparaît pas en qualité d'agent des joueurs Bueno et Rodriguez

133. « Pacodependencia » dans la revue *Brecha*, déjà citée.

sur les contrats conclus entre les joueurs et leur employeur. Ensuite, et contrairement à ce qu'affirme l'agent, que Penarol peut exiger la prolongation de leur contrat de travail à des conditions économiques révisées à la hausse, la législation locale permettant, de manière abusive, de reconduire automatiquement de deux saisons supplémentaires le contrat d'un joueur ayant disputé au moins un match officiel sous les couleurs de son club ! Penarol dévoile notamment les nouvelles conditions offertes à Carlos Bueno, à savoir un salaire annuel de 71 000 dollars majoré d'une prime à la signature de 25 000 dollars pour deux saisons supplémentaires, des primes diverses, le bénéfice de contrats publicitaires. Rien toutefois que le joueur ait pu accepter dès lors que Paco en a décidé autrement. Enfin, et autrement plus grave, que Casal viole la législation uruguayenne (notamment le décret-loi n° 14996 du 18 mars 1980) en se livrant au « commerce d'esclaves [134] ».

Bonjour l'embrouille. Mais la puissance, douteuse parfois, de l'agent ne s'arrête pas là.

Gol TV

Le 20 février 2003, Casal et ses deux compères savourent une nouvelle victoire dans leur conquête de la planète foot : Gol TV retransmet sa première émission.

« Propriétaires », ou à tout le moins agents de la plupart des internationaux uruguayens, propriétaires des droits TV du football uruguayen via Tenfield, propriétaire d'une chaîne payante uruguayenne VTV, Paco, Enzo et Nelson voient enfin leurs ambitions internationales prendre corps. Gol TV vient en effet de voir le jour. C'est une chaîne payante, basée à Miami, bilingue

134. *« Los representes de Penarol probaron ademas la violacion a las normas des Estado uruguayo por parte de paco Casal que vende futbolistas (personas fisicas) en provecho propio, como si se tratara de esclavos, lo que esta prohibido por la legislacion nacional – decreto ley 14996 de l 18 de marzo de 1980. »*

espagnol-anglais, 100 % foot, diffusant sept jours sur sept, vingt-quatre heures sur vingt-quatre, et alimentée par les droits de retransmission pour les États-Unis du Calcio italien, de la Ligua espagnole et des championnats de Colombie, d'Équateur, d'El Salvador, du Guatemala, du Pérou et de Bolivie. Sans oublier le passionnant championnat d'Uruguay si familier à nos trois aventuriers.

Du football « latino » pour les hispaniques des USA, voilà l'idée de génie. L'affaire, qui emploie dès le départ soixante personnes, vise entre 5 et 6 millions d'abonnés dès la fin 2003. Comme cadeau de bienvenue aux abonnés, Paco s'est assuré les droits de retransmission du match entre le Real de Madrid et les « FIFA All stars », qui doit avoir lieu le 18 décembre à l'occasion des cérémonies du centenaire du club madrilène. *« Nous sommes sincèrement très émus et croyons que notre chaîne possède un énorme potentiel qu'on ne retrouve chez aucun concurrent qui se consacre à diffuser le meilleur du football »* déclarent solennellement les organisateurs le jour J.

De Paco ou d'eau fraîche

« Le meilleur du football. » El Pais en donne une tout autre vision dans son supplément du 26 juillet 2003. Le quotidien révèle en effet sans détour que 30 % des joueurs de première division uruguayenne gagnent moins de 1 200 pesos par mois. Soit 40 dollars US ! Une misère absolue au sens strict du terme. Nombreux sont même ceux qui ne mangent pas à leur faim en dépit d'un second emploi et qui ne peuvent subvenir aux besoins vitaux de leurs familles. *El Pais* multiplie les témoignages et les exemples qui écornent le tableau idyllique des objectifs de la chaîne. Luis Ernesto Jonne, âgé de vingt-huit ans, survit au Central où il est arrivé en 2002 avec la promesse de gagner 15 000 pesos (500 dollars) si le club bénéficie d'un prêt de Tenfield de 50 000 dollars pour payer les salaires. Comme le prêt ne s'est jamais matérialisé, il doit se contenter de ses 1 200 pesos mensuels.

Marcelo de Armas, joueur de vingt-deux ans titulaire à la Juventus de las Piedra, joue pour la première fois en première division, perçoit 2 000 pesos par mois mais regrette de ne pouvoir donner son maillot à un ami ou de l'échanger en fin de match avec un adversaire, sous peine de se voir infliger une réduction de salaire de 500 pesos par maillot « égaré ». Et le journal de citer les cas de Nicolas Nicolay, de Marcelo Ferreira et tant d'autres, tous poignants, terrifiants, écœurants.

Fernando Silva, président de la Mutuelle des footballeurs professionnels, affirme dans le même article que 30 % des 1 000 joueurs professionnels licenciés de l'AUF perçoivent le salaire minimum national de 1 200 pesos ou à peine plus. Pis encore, que 50 % des joueurs professionnels gagnent moins de 5 000 pesos (170 dollars). *« Entre 5 000 et 6 000 pesos, c'est ce que gagne l'immense majorité, bien que certaines équipes puissent payer quelque chose en complément »* déclare-t-il à l'enquêteur du quotidien. Il dévoile aussi que, depuis 2002, existe en Uruguay un règlement qui limite la masse salariale mensuelle de la moitié des clubs de première division à 150 000 pesos (5 000 dollars), montant fourni par Tenfield aux clubs concernés au titre des droits de retransmission télévisuelle. Par chance pour eux, et surtout pour leurs joueurs, Penarol, Nacional, Defensor Sporting, Danubio, Bella Vista Liverpool et Wanderers ont pu échapper à une telle cure d'austérité. L'allocation mensuelle de Casal aux clubs de deuxième division est de 25 000 pesos (833 dollars). Donc pas de quoi faire des folies.

On voit que les matchs diffusés par la chaîne sont plus juteux pour les diffuseurs et programmateurs que pour les joueurs eux-mêmes. Et on comprend mieux l'espoir obsessionnel de ces malheureux d'être « achetés » par Paco et de rejoindre sa prestigieuse écurie et les clubs européens avec lesquels il fait fructifier son négoce. Lui qui se plaît à affirmer avec arrogance, à longueur d'interviews, *« que l'esclavage est* terminé », et plus encore *« que personne n'a fait autant que lui pour valoriser le football uruguayen »* se garde de dévoiler la sinistre réalité qu'il recouvre. Lorsque, timidement, d'aucuns lui font observer qu'il est devenu riche grâce aux joueurs, à ces hommes mal payés et aimés, il s'emporte et objecte : *« Ceux qui me connaissent savent que j'ai fait beaucoup de choses par passion, par goût personnel et non pas pour l'argent... Sais-tu ce que c'est de réussir à placer un joueur uruguayen en Italie ou en Espagne ? C'est comme essayer de vendre une voiture polonaise en Allemagne, pleine de Mercedes Benz et de BMW. »*

Les désirs de Paco sont des ordres

Paco sait ce qu'il veut et l'obtient toujours, ou presque.

Un exemple ? Il s'oppose à la vente directe par Penarol de Washington Tais au prix, « net vendeur », de 1,2 million de dollars. Un an plus tard, c'est toutefois lui qui réalise la vente du même joueur, au même montant. Que s'est-il passé entre-temps ? Une grosse différence : sa commission vient désormais en déduction du montant net perçu par le club.

En juillet 2004, les clubs italiens de Lecce et de Palerme trouvent un accord pour le transfert de Javier Ernesto Chevanton, jeune et prolifique attaquant de petit gabarit dont Paco a « acquis 30 % » dans des conditions obscures, lorsque le joueur sévissait encore au Danubio où il avait marqué 50 buts 53 rencontres. N'étant pas favorable à l'opération, Paco, qui s'y entend comme personne lorsqu'il décide de faire échouer une transaction portant sur l'un de ses protégés, s'active. Tant et si bien que Palerme jette l'éponge. Son joueur signe finalement à Monaco pour quatre ans. Avec une confortable rémunération pour son « propriétaire partiel ».

Le club de la principauté est assez bon pour Chevanton, mais par pour Carlos Bueno. Peu de temps avant d'inclure ce joueur « en rébellion » dans le « pack » proposé au PSG, Paco l'a convaincu de refuser d'être transféré à Monaco pour 3 millions de dollars. Le joueur s'est évidemment exécuté et la transaction a échoué. Dans une interview accordée au quotidien *El Pais* le 26 mars 2005, un journaliste pose à l'agent la question qui fâche : *« Pourquoi avez-vous dit à Carlos Bueno de ne pas accepter son transfert à Monaco sans votre intermédiation ? »* Et lui de répliquer : *« Penarol est venu se glisser au milieu d'une négociation que j'avais engagée des mois plus tôt. J'ai amené les vidéos de Bueno, j'ai parlé au président de Monaco et au directeur sportif. C'est moi qui ai consacré des heures de mon temps, des voyages, des séjours dans les hôtels, pour que les dirigeants puissent le voir pendant la Copa America. Penarol a essayé de s'approprier tout le travail que j'avais effectué. Comment expliquez-vous qu'aujourd'hui il y ait deux Uruguayens à Monaco alors que le club n'en n'a eu aucun au cours des cent dernières années ? Que quelqu'un me l'explique. »*

Les méthodes de Paco finissent toutefois par agacer et susciter de plus en plus de critiques et de condamnations. En Uruguay comme ailleurs. Le député « colorado [135] » Carlos Lago se montre, à plusieurs reprises, extrêmement sévère dans la presse à l'encontre de l'impresario, notamment lorsqu'il déclare publiquement : *« Entre la vente d'êtres humains qui jouent au football et celui de femmes exerçant la prostitution, la traite des Blanches, il n'y a pas grande différence [136]. »*

Mais pour l'un qui s'exprime, combien doivent se taire ?

Un bon journaliste est un journaliste mort

En Uruguay, le travail de la presse est particulièrement difficile, la diffamation étant un crime prévu et sanctionné par le Code pénal local. Ricardo Gabito Acevedo en sait quelque chose, lui qui est journaliste à *La Republica* et sur la chaîne de télévision Tveo Canal 5 [137]. Un type courageux cet Acevedo, qui

135. Le parti « colorado » est un parti politique populaire de gauche, par opposition au parti « blanco », de droite.

136. *« Entre la venta de seres humanos que juegan al futbol y la de mujeres que ejercen la prostitucion, la trata de Blancas, no hay mucha differencia... »*

137. Tveo : contraction de *Te veo*. En français, « je te vois », « je te surveille ».

traque sans mollir, depuis plusieurs années, les actions douteuses de Paco, Enzo et Nelson.

Le 22 décembre 2003, alors qu'il rentre chez lui, il se voit attaqué par un homme armé d'un revolver qui lui tire dessus, le blesse à la jambe et s'enfuit en courant. Le journaliste, qui s'en tire, dépose plainte auprès du juge Hackenbruch. Après plusieurs mois d'enquête, le magistrat parvient à identifier l'auteur de l'agression et le fait appréhender. Juan Carlos Martinez avoue avoir été contacté par téléphone et avoir reçu 500 dollars, un revolver calibre 22 et dix projectiles pour tuer ou blesser gravement le journaliste. Il prétend toutefois pendant plusieurs semaines ne pas connaître l'identité du commanditaire. Poursuivant ses investigations avec pugnacité, le magistrat obtient, en avril 2004, la condamnation et l'arrestation de Nelson et Daniel Spillman, les commanditaires présumés de l'attentat [138].

Pourquoi évoquer cette histoire de voyouterie ? Parce que Nelson Spillman n'est rien de moins que le président du conseil unique juvénile de la Fédération uruguayenne de football. Un de ses cadres éminents même. On ne compte d'ailleurs plus les photos officielles d'Enzo Francescoli, l'un des associés de Paco, en compagnie du président de la Fédération Eduardo Figueredo et de Nelson Spillman, son collaborateur en charge de la jeunesse [139]. Évidemment, il n'en faudra pas plus pour renforcer la rumeur relative aux dérives mafieuses du football uruguayen.

L'affaire a en tout cas un important retentissement dans les médias [140]. D'autant qu'elle fait suite à une agression identique perpétrée quelques semaines plus tôt contre un autre journaliste de Tveo Canal 5, Julio Sanchez Padilla. Lequel avait déjà attribué au groupe Casal l'attentat qui l'avait visé. Une responsabilité

---

138. Nelson sera libéré en août et son frère en septembre 2004. Ils nient farouchement connaître le « sicaire » Juan Carlos Martinez.

139. www.espectador.com :Test :novedad :nov12202.htm.

140. L'Association Uruguayenne de Presse – APU – publiera un communiqué dénonçant l'agression d'Acevedo *« expression de la barbarie et de l'intolérance inadmissibles dans une société démocratique ».*

dans l'attentat qui n'a cependant jamais été formellement établie. Reste que ce fait divers a marqué la fin de la période de conquête étincelante de Paco et de ses acolytes. Ainsi que le début des ennuis médiatiques internationaux.

Courant 2005, c'est la publicité faite autour du journaliste argentin Jorge Lanata, suite à la suppression brutale de sa série de portraits consacrés aux « intouchables » diffusée par Canal 12, l'une des trois télévisions privées de Montevideo, qui envenime un peu plus les relations du groupe Casal avec la presse indépendante. Lanata prétend en effet publiquement que ce sont les pressions de Casal qui ont conduit la chaîne à supprimer son émission. Des pressions, affirme-t-il, qui auraient commencé après la diffusion du premier portrait « d'intouchable » consacré à Casal lui-même et aux accusations diverses à son encontre sous couvert de transferts de joueurs. À la suite de l'émission, « El Principe [141] » « invite » Lanata à un entretien privé avec Paco. Non sans humour, le journaliste propose à ce dernier que l'entretien « privé » se déroule devant les caméras [142]. Aux dires de Lanata, Paco aurait préféré les faire éteindre.

Fin novembre 2005, c'est le journaliste sportif uruguayen de Tveo Diego Munoz qui dépose plainte auprès du juge Jorge Diaz pour des prétendues menaces de mort proférées par Nelson Gutierrez. « Tano », le sémillant vice-président de Gol TV, reconnaît alors avoir pris contact avec Carlos Munoz, le père de Diego, pour lui faire part de son mécontentement face aux critiques renouvelées de son fils à l'encontre de Tenfield et de la Fédération. La requête du journaliste est finalement classée sans suite après que Gutierrez se fut fendu d'une contrition publique. Selon lui, ses propos ont été tenus *« dans un contexte très particulier de colère et de déception causées par une succession de mauvaises nouvelles »*. Mais, conclut-il avec force, un soupçon de sanglots dans la voix, il n'a jamais eu *« l'intention de menacer ou d'attenter à l'intégrité physique de Diego »*.

141. Surnom d'Enzo Francescoli.
142. www.voltairenet.org/article12526.html

Peu convaincue par cette figure imposée, l'APU dénonça la menace sur le journaliste lors d'une entrevue avec le sous-secrétaire à l'Intérieur, Juan Faroppa. La délégation rappela au ministre que Munoz avait déjà été menacé de mort un mois plus tôt.

Un collègue et ami de Munoz, Joel Rosenberg, résume bien l'ambiance générale en Uruguay et dans les pays où Paco et ses hommes opèrent en affirmant : *« L'effervescence des derniers jours et la lapidation publique de quiconque tiendrait des propos critiques à l'égard du football uruguayen m'amènent à penser que quelque chose de ce genre pouvait survenir. L'impunité a atteint un tel niveau que dans ce pays où l'on peut affirmer que le ministre* (de l'Intérieur) *José Diaz est stupide, que Tabaré Vasquez* (président de la République) *est incapable d'accomplir deux tâches, il est interdit d'affirmer que le système de gestion du football uruguayen est anéanti. »*

Pour faire bonne figure, et sans doute pendant à cette polémique, Paco révèle à la même époque que sa vieille maman a elle aussi déposé plainte au commissariat de Carrasco après des menaces de mort sur la personne de son fils, reçues par téléphone !

Paco perd son toucher de balle

Début 2005, tout laisse penser que le roi Midas du football uruguayen a perdu la main. Serait-il victime d'une malédiction inca ? Retranché dans sa somptueuse résidence climatisée de Carrasco, un quartier résidentiel de Montevideo, villa construite à grands frais sur les plans du célèbre architecte Walter Lorenzo Alfaro, Paco voit s'accumuler les mauvaises nouvelles.

D'abord, la « double » surprise du mois de mars : l'élection du nouveau président de la République, Tabaré Vasquez, qui ne lui a manifesté aucun signe de sympathie et la nomination d'un nouvel entraîneur national, Jorge Fossati, qui ne l'a pas non plus rempli d'enthousiasme.

Ensuite, il a vu sa guerre avec Penarol redoubler de violence. Délaissant momentanément *Les Feux de l'Amour*, tous les Uruguayens se passionnent en effet pour les rebondissements de la

« télénovela » à succès de l'été 2005 qui entretient un suspense insoutenable : Sepp (Blatter) autorisera-t-il Carlito (Bueno) et Cristian « Cebolla » (Rodriguez) à jouer enfin pour le PSG, en dépit du soutien public de Julio (Grondona) à José Pedro (Damiani) ? Dans l'affirmative, Paco versera-t-il à José Pedro les 8 millions de dollars promis pour les deux joueurs ? Et à qui appartiennent-ils véritablement ?

Fin juillet 2005, le ministre des Sports Hector Lescano ne trouve rien de mieux à faire que de recevoir une délégation de Frontera de Rivera venue l'informer de la plainte déposée par le club contre la Fédération, Tenfield, ses dirigeants, et plusieurs arbitres. Les dirigeants de Frontera se sont mis en tête qu'ils ont été victimes d'un complot en 2001, affirmant qu'un groupe d'arbitres corrompus, menés par Gustavo Mendez, a obéi à un « décret » de Tenfield exigeant que l'équipe soit reléguée en deuxième division. Lescano semble prêter une attention bienveillante à la délégation et l'assure que si le club était en mesure de produire des preuves de ses allégations, il prendrait toutes les mesures qui s'imposent dans de telles circonstances.

Enfin, ultime rebuffade et mauvaise nouvelle, contre toute attente l'Uruguay est éliminé par l'Australie de la phase finale de la Coupe du monde, les internationaux de la Celeste s'avérant incapables de défendre l'honneur du pays. *El Observador*, qui guette les moindres faiblesses de Casal, publie en décembre un article titré *« Merci à Paco et son équipe »*. Le réquisitoire est sans appel : *« Ce sont les pires années de l'histoire du football de ce pays. Outre Casal, cette période néfaste doit beaucoup à la Fédération et à son président Figueredo*[143] *. »*

Quelle année !

---

143. *« Son los peores anos del futbol en la historia de este pais y, ademas de Casal, mucho tiene que ver en este periodo nefasto, la AUF y su presidente Figueredo. »*

Ça peut toujours être pis

2006 n'est même pas meilleure pour Casal. En mars, sous la plume acérée d'un Gabito Acevedo plus remonté que jamais, *La Republica* publie un article fondé sur la transcription de 57 minutes d'écoutes téléphoniques dévastatrices. Selon la transcription, l'un des ex-proches collaborateurs de Paco admet avoir reçu 20 000 dollars destinés à un arbitre international uruguayen afin qu'il favorise River Plate au cours de la Copa Libertadores 2005. Conséquence, l'arbitre est suspendu deux mois par la Fédération.

Comme s'ils s'étaient donnés le mot, Penarol et Nacional, les éternels rivaux de Paco, montent à leur tour au créneau. Et agitent la menace de créer une nouvelle ligue professionnelle indépendante si l'accord sur les droits TV entre la Fédération et Tenfield n'est pas renégocié. Contre toute attente, Defensor et Danubio s'associent à la révolte.

Le 24 juillet, *La Republica* publie les confidences de Juan Pedro Damiani, vice-président de Penarol, au journaliste Ricardo Gabito Acevedo plus revanchard que jamais. C'est un séisme[144] d'un niveau jamais atteint auparavant à Montevideo sur l'échelle de Richter des dérives du foot business uruguayen, dans la mesure où ces propos sont dévastateurs. *« Je vais te raconter l'histoire officielle,* dit ainsi Damiani. *Ce que je vais te dire est la réalité des faits. Environ deux mois avant le Mondial en Allemagne, approximativement à fin mai, j'ai demandé à Juanjo Ramos*[145] *d'aller à Buenos Aires pour y rencontrer Paco Casal dans le but de trouver une solution mutuellement acceptable au différend qui nous oppose sur les joueurs. L'objectif de la réunion consistait à trouver une formule qui permette aux deux parties de sortir d'une situation qui ne sert ni les intérêts de Casal ni ceux de Penarol (...) Non seulement Casal s'est opposé à la*

---

144. www. Larepublica.com.uy :lr3 : ?a=nota1e=2006-07-241n=21 8166

145. Juanjo Ramos est l'un des administrateurs du club Penarol, proche des Damiani, père et fils.

proposition de solution que Juan José Ramos soumettait en notre nom, mais il l'a menacé de mort. » Et de citer, en évoquant une liste de personnes censées bénéficier des largesses de Paco, un certain Fernando Caceres.

Le lendemain, 25 juillet, un article, dans l'*Espectador*, donne la parole au malheureux Fernando Caceres, directeur des Sports au ministère du Tourisme et des Sports. *« Personnellement, je ne connais pas M.Francisco Casal et n'ai eu aucun contact direct ou indirect avec lui,* explique-t-il. *Encore moins quelque type de relation de dépendance que ce soit. »* Le même jour, « Damiani Senior », sans doute épuisé par des mois de lutte avec Casal, démissionne sans fournir d'explication de la présidence de Penarol, emboîtant le pas à Eugenio Figueredo qui a mis fin à son mandat à la tête de la Fédération le 21, soit dix jours avant le terme réglementaire. L'onde de choc se propage, remonte l'embouchure du fleuve Uruguay, et rien ne semble en mesure de l'arrêter.

Le 26, le président du pays, Tabaré Vasquez, dont Paco avait toutes raisons de se méfier, réclame dans un discours très écouté *« la transparence dans les activités sportives »*. On ne saurait mieux dire.

Le 3 août, lors de sa première intervention publique [146], le nouveau président de la Fédération, José Luis Corbo, directeur de la Coopération juridique internationale au ministère de l'Éducation et de la Culture au moment de son élection, solidement équipé d'un doctorat en droit et sciences sociales et d'une maîtrise en économie politique internationale, enfonce le clou en déclarant tout de go : *« Je ne rendrai compte ni au gouvernement ni à aucun groupe ou à quelque personne que ce soit. »* Et de préciser que sa priorité consiste à *« récupérer l'indépendance et l'autonomie »*. Sans doute pas exactement ce que Paco, Enzo, Nelson et les autres auraient souhaité entendre.

---

146. www. espectador.info :nota.php ?idnota=74366

Le « Fou » et « L'Oignon » sous les couleurs parisiennes

À des milliers de kilomètres de là, dans l'hémisphère Nord, les « rebelles » Bueno et Rodriguez, devenus enjeux d'une quasi-guerre civile, tardent étrangement à fouler la pelouse du Parc-des-Princes.

Carlos Eber Bueno Suarez, dit « El Loco », effectue de modestes débuts dans le Championnat de France le 27 août 2005. Contre Nice. Au terme d'une douzaine de bouts de matchs peu convaincants, le PSG, qui a « remué ciel et terre » pour s'assurer ses services, décide de le prêter au Sporting Portugal pour la saison 2006-2007. Troublant. Son collègue Cristian Gabriel Rodriguez Barrotti suscite les mêmes interrogations. « L'Oignon [147] » a perdu de sa vigueur légendaire et tarde à faire pleurer les défenses de la Ligue 1 française. Entré en jeu pour la première fois le 3 décembre 2005, il s'incline avec ses nouveaux partenaires devant l'Olympique Lyonnais. Et il attend la 22e journée du championnat pour connaître sa première titularisation. Exceptée la spectaculaire chevauchée solitaire qui lui vaudra le gain d'un penalty transformé par Pauleta, les états de service parisiens du second « rebelle de Montevideo » sont plutôt minces. Ils paraissent toutefois devoir s'étoffer en 2006-2007 puisque le lascar, remonté comme une pile électrique, se dépense sans compter lorsque « Coach Lacombe » puis « Coach Le Guen » lui donnent la possibilité de s'exprimer sur la pelouse. Malgré une grande maladresse dans le dernier geste – vitesse et précipitation – il affiche une volonté de bien faire et d'encaisser sans sourciller les charges les plus rudes qui force le respect. Il sera récompensé d'un premier but – heureux – en Coupe de France contre Valenciennes le 30 janvier 2007. Déconcertant.

Enjeux d'une guerre totale entre Casal et les Damiani émaillée de menaces épisodiques, de recours devant les organes compétents de la FIFA et le Tribunal arbitral du sport [148], le « Fou »

---

147. Cebolla, « oignon » en espagnol.

148. Penarol demandait au TAS de prononcer la condamnation du PSG à lui verser une indemnité, pour rupture abusive de contrat, de 6,75 millions de dollars pour Bueno et de 8,25 millions de dollars

et « L'Oignon » ne seraient-ils, finalement, que des « seconds couteaux » sans avenir ? Si tel était le cas, il faudrait que Paco se soit montré particulièrement convaincant avec ses interlocuteurs de la Porte de Saint-Cloud pour être parvenu à les inciter à charger la barque avec deux recrues hyper-médiatisées, deux joueurs sans impact aucun sur les performances de l'équipe, et dont la valeur patrimoniale pour leur propriétaire véritable, quel qu'il puisse être, a été sérieusement amputée au cours de la saison écoulée ! Lecteur assidu de Dostoïevski et d'Hemingway, Paco aime répéter à l'envi « qu'il n'a pas eu besoins d'Harvard pour réussir ». Des origines modestes complétées par l'école de la rue semblent le meilleur bagage des agents les plus influents du foot business. Comme l'illustre la remarquable ascension de Logbi Henouda.

---

pour Rodriguez. Toutes ses demandes seront rejetées dans un arrêt du tribunal sportif particulièrement sévère envers les dirigeants du club uruguayen

CHAPITRE 12

Logbi Henouda ou la Brazilian Connection

Logbi Henouda est un authentique citoyen du monde. Un infatigable globe-trotter. Il a fait son chemin depuis Seriana, minuscule oasis perdue aux pieds des Aurès, à une quinzaine de kilomètres au nord de Batna dans le Constantinois, en Algérie, où il est né en mai 1957. Un terroir qui donne du caractère à ceux qui y plantent leurs racines et la quittent pour se forger un destin. Celui de Logbi est lié au football. Comprenant très vite que le métier d'agent de joueurs est à sa mesure, il décide de s'y consacrer à temps plein.

Expert en droit des sociétés

Flanqué de son frère Karim, à qui il confie les tâches les plus ingrates, il se met à l'ouvrage avec enthousiasme et détermination. Alors qu'il est encore domicilié à Athis-Mons, en région parisienne, il fonde, le 13 décembre 1996, la société luxembourgeoise Brasil Futebol Marketing Sarl dont il souscrit et libère l'intégralité du capital social de 800 000 F, puis en prend la gérance.

Magie des chiffres. 800 000 F c'est précisément le montant de la caution bancaire requise à l'époque pour obtenir la licence délivrée aux agents de joueurs agréés par la FIFA. Bien qu'il dispose manifestement des fonds nécessaires, Logbi décide de se dispenser de cette formalité et d'exercer « en dehors de ce cadre » son activité, laquelle traite de *« la gestion de ressources humaines ainsi que de la formation liée aux activités sportives en général »*, si l'on en croit l'objet social approximatif de cette première société.

Comme il est conscient de la fragilité de son statut au plan juridique, l'essor de son négoce l'amène à prendre deux décisions importantes à ses yeux. D'abord, il complète son patronyme du prénom officieux de Franck, sans doute plus « tendance » dans le milieu des *impresarii* sportifs où la forme compte autant, sinon plus, que le fond. Il décide ensuite de renforcer la robustesse de ses « protège-tibias » juridiques, notamment en termes d'anonymat et de défiscalisation. Aussi fonde-t-il, le 13 mai 1997, la société World Football Corporation BV. Un dispositif de type *off-shore* de très bonne facture. Outre son conseil juridique, la société IMFC Management BV, l'attelage comporte deux administrateurs suisses en les personnes d'Alain Gardiol, aujourd'hui décédé, et d'André Cuendet. Un capital social de 90 000 euros libéré à hauteur de 18 000 euros et un siège social aux Pays-Bas [149] complètent le montage de l'entreprise bénéficiant du régime fiscal néerlandais avantageux de « holding intermédiaire ».

Cerise sur le gâteau de World Football Corporation BV, son capital social est détenu par Arbory Corporation NV. Une société immatriculée à Curaçao, aux Antilles néerlandaises, le 30 août 1996 sous le numéro 74 164. Un capital modeste de 30 000 dollars libéré à hauteur de 6 000 dollars, un siège social domicilié chez Maduro & Curiel Trust Company, filiale de la très privée banque locale du même nom, révèlent clairement l'objectif du dispositif : éloigner le plus possible de Logbi l'attention des curieux tandis qu'il s'emploie à développer son commerce [150].

---

149. Le siège, initialement situé Amsteldijk 166, PO Box 42, 1079 LH Amsterdam, sera ultérieurement transféré De Ruyterkade 5 kelder, 1013 AA Amsterdam. On relève d'ailleurs, à la même adresse, la présence d'autres sociétés opérant dans le football, telles Foot Vision BV, E-Football BV.

150. Arbory sera dissoute le 12 juin 2006.

De janvier 1999 à juillet 2003, une mystérieuse société Gortin Europe BV accompagnera World Football Corporation BV en qualité d'administrateur dans sa conquête du marché brésilien. « Gortin[151] » : un nom familier à tous les « fondus » de foot puisque c'est celui de la société d'Alexandre Martins et Reinaldo Pitta, les « pères sportifs » du célébrissime Ronaldo, le gamin de Bento Ribeiro « acheté » 7 500 dollars à l'âge de seize ans par ces deux compères[152]. C'est en tout cas à peu près au même moment que l'agent franco-brésilien, véritable explorateur des temps modernes, va réellement prendre pied au Brésil. Fort du parrainage de Gortin et de ses prestigieux aînés, il s'organise, améliore sa maîtrise du portugais et, avec l'aide efficace de sa compagne Gislaine Alves de Abreu[153], fonde la société International Football Corporation IFC Assessoria e Promoçào Ltda. Signe d'une réussite sans ostentation, son siège est situé sur l'artère la plus commerciale d'Ipanema à Rio[154].

---

151. Gortin Promoçoes Ltda, Av. das Americas 4200, bl. 09 conj. 309B, Edificio Paris, Centro Empresarial Barrashoping, Barra Da Tijuca, 22640-102 Brasil.

152. Pitta et Martins ont été condamnés à de multiples reprises par la justice brésilienne pour fraude, évasion fiscale et corruption de fonctionnaires. En décembre 2005, ils sont interpellés par 60 agents fédéraux dans le cadre de l'opération « Firula ». Les deux hommes sont soupçonnés d'avoir détourné et blanchi plusieurs dizaines de millions de dollars provenant de transferts de joueurs.

153. Pour s'occuper, son épouse Gislaine, associée avec Lucia Alves Paim et Lara Abreu, ouvrira en 2002 « La Maison », une boutique chic de Rio qui importe de France bibelots, articles de décoration et d'arts de la table. Le succès étant au rendez-vous, ces dames remettront le couvert à Porto Alegre en juin 2006 et inaugureront en grande pompe leur second établissement situé rue Barào de Santo Angelo. « La Maison » de Porto Alegre importe notamment la porcelaine de Laure Selignac. Pourquoi pas ?

154. IFC Assessoria e Promoçào Ltda, rue Visc de Pirajà, 550 sl 1902, Ipanema, Rio de Janeiro.

Négoce de joueurs « do Brasil », c'est bonheur...

Armé jusqu'aux dents au plan juridique, Logbi intervient à l'automne 1998 dans le transfert d'Edson Luiz Da Silva, du club brésilien de Recife, à l'OM. Rôle dont il devra s'expliquer devant un magistrat instructeur le 12 juin 2002.

De prime abord, l'affaire est d'une totale banalité. Selon les termes d'une convention du 12 novembre 1998, le joueur est prêté à l'OM pour la période comprise entre le 23 décembre 1998 et le 30 juin 1999 moyennant un « loyer » de 500 000 dollars dont 10 %, soit 50 000 dollars, devront être versés par le club phocéen avant le 20 novembre 1998 à minuit. L'Olympique de Marseille bénéficie en outre d'une option d'achat du joueur au prix stipulé de 2,5 millions de dollars qu'il devra exercer au plus tard le 15 mai 1999. Le contrat d'Edson Da Silva sera homologué par la Ligue le 28 janvier 1999, sans aucune réserve des experts de la rue Léo-Delibes. À Marseille quelqu'un songe-t-il un seul instant à faire l'acquisition définitive du joueur, dont le contrat est résilié par anticipation le 24 mai 1999 ? Da Silva, cinq mois, ça va ; au-delà... Bref, la routine ou presque. Si ce n'était un ou deux détails pittoresques.

D'abord, le « loyer » du prêt du joueur, qui doit être étrangement réglé à la société Crystal Financial Services Inc. Plus précisément, sur le compte n° 601063001 ouvert au nom de cette dernière dans les livres de la Banco Real, agence de Miami, 2 South Biscayne Boulevard, Suite 1870, 33131 Miami Floride [155].

---

155. Fondée en 1925 sous le nom de Banco de Lavoura par Clémente De Faria, la Banco Real revint à son fils Aloysio de Andrade qui en prit la direction à l'âge de 28 ans en 1948 et la transforma en institution financière puissante présente dans l'ensemble du Brésil. En 1955, elle est la première banque privée du pays. Deux ans plus tard, elle ouvre à New York son bureau de représentation, qui devient une agence à part entière en 1964. Lors de son 50e anniversaire, en 1975, la Banco Real possède 512 succursales au Brésil. Aloysio de Andrade Faria la cède en novembre 1998 à ABN AMRO, pour 3 milliards de dollars, dont 2,1 milliards en cash.

Ensuite, l'adresse du siège social de l'heureuse bénéficiaire du loyer est située dans un immeuble modeste de Road Town, sur « l'île de la Tourterelle », 24, De Castro Street, Wickham Cays 1. Refrain et adresse connus de Denis Sutton, notre guide touristique local déjà évoqué.

Bons baisers de Montevideo

Le compte bancaire de Crystal Financial Services, ouvert le 21 août 1997, fonctionne sous la signature conjointe de Dana Castesana et Sylvia Aquino. Les administrateurs de la société, une flopée de résidents brésiliens domiciliés à São Paulo, n'ont pas de procuration sur le compte où seront respectivement virés, par le club marseillais, 50 000 dollars le 18 novembre 1998 et le solde de 450 000 dollars le 21 janvier 1999.

De quoi intriguer. De fait, ces étonnants transferts de fonds vont attirer l'attention de la justice, donner lieu à une longue instruction, et conduire en 2006 à un procès très médiatique, mettant à jour des pratiques illégales. L'enquête préalable à ces audiences sur les transferts douteux de l'OM révélera ainsi que les instructions données à la banque ne provenaient ni de Recife, ni de Tortola, ni même de Miami, mais de Montevideo, en Uruguay. Par ailleurs, sera saisie par les enquêteurs, dans le dossier relatif au transfert d'Edson Da Silva, une carte de visite au nom de Logbi Henouda le présentant comme consultant pour l'Amérique du Sud de la société Brasil Futebol Marketing déjà évoquée. Lors de son audition, lui-même indiquera avoir reçu de la part du club de Recife environ 120 000 dollars pour son intervention, versés en janvier 1999 à sa société IFC de Rio *« par l'intermédiaire d'une banque américaine »*. Voilà qui est bigrement généreux de la part du club brésilien puisqu'il s'agit d'une mission qui se serait limitée à remettre quelques cassettes vidéo du joueur aux recruteurs marseillais.

La question à « 500 000 dollars » s'impose donc d'elle-même : quel rapport entre le club de Recife et Crystal Financial Services Inc. ? Recife, Marseille, Tortola, Miami d'accord, ou peu surprenant. Mais que vient faire Montevideo dans ce vaudeville méridional ?

Montevideo, précisément, où sont déposés, le 26 juillet 1999, les statuts de la société uruguayenne Dewirey Corporation SA, déclarés conformes le 18 octobre 1999. Une ville où la société, au capital social de 200 000 dollars, est immatriculée au registre du commerce le 10 novembre 1999 avec un objet social strictement identique à celui de World Football Corporation BV, création publiée au journal officiel le 24 novembre 1999. Lors de son assemblée générale ordinaire du 13 septembre 2000, la société Dewirey Corporation SA nomme même à sa présidence M. Logbi Henouda et, à sa vice-présidence, Mme Gislaine Alves De Abreu, *« unicos integrantes del Directorio designados a la fecha... »*.

Néanmoins, personne ne peut affirmer que Crystal Financial Services Inc., destinataire du loyer versé par l'OM pour la location d'Edson Da Silva, appartenait à Franck Henouda, et qu'il était l'ayant droit économique du compte à la Banco Real. Pour autant, les coïncidences sont troublantes, même si, de son côté, Denis Sutton, qui connaissait le *Chief Compliance Officer* de la Banco Real, un certain Edson Antonio Manzano, a définitivement banni le mot « coïncidence » de son vocabulaire.

La caisse de Bordeaux

Les mois passent. *Business as usual.* Logbi Henouda poursuit son activité avec passion. Le 10 janvier 2000, en qualité de représentant mandaté du club brésilien de Treze de Campina Grande, avec lequel il a noué des relations fructueuses, il conclut avec Charles Camporo, par ailleurs directeur sportif des Girondins de Bordeaux depuis le début de la saison 1997-1998, une convention de conseil généreuse. Pour faire simple, il s'agit de garantir le paiement à son ami bordelais d'une rémunération annuelle de 200 000 F par le club brésilien en contrepartie *« d'un rapport oral écrit concernant les dossiers présentés par le club* (Sic)... *»* C'est ce qui s'appelle un investissement... Tout comme la licence d'agent sportif, qu'il décide d'obtenir à la fin de l'année 2000. Pour ne pas perdre la main, il achète aussi les droits fédératifs du joueur Luis Claudio, qui opère au club Vasco de Gama.

Eurico Miranda, le président du Vasco, semble en effet apprécier les manières de « Franck », ou Logbi, c'est selon, qui lui a été présenté par Pitta et Martins, puisqu'il lui confie, le 21 juin 2001, un mandat en vue du transfert de Paolo Miranda de Oliveira [156] du Vasco de Gama au club des Girondins de Bordeaux où Franck entretient, comme on vient de le voir, de solides relations. Le prix demandé, un million de dollars net vendeur, et l'excellente présentation du joueur brésilien, sont semble-t-il du meilleur effet sur le directeur sportif du club aquitain Charles Camporo, « conseiller privé » à ses heures perdues [157] du club de Treze FC.

« Charles », comme le désignent affectueusement ses fournisseurs sud-américains, est aveyronnais de naissance mais girondin d'adoption. Titulaire d'un baccalauréat, une sérieuse référence dans le football professionnel, il a été employé par le Conseil général de Gironde pendant une quinzaine d'années avant d'intégrer la grande famille du football bordelais en 1988. Des joies, des peines, des désillusions. De nombreuses rencontres. Certaines, sans lendemain. D'autres, pour la vie. Rolland Courbis par exemple, dont il fait la connaissance en 1992 et auquel, cinq ans plus tard, il ne pourra refuser un petit service qui lui vaudra, de la part du TGI de Marseille, en mars 2006, six mois de prison avec sursis pour faux et usage de faux, et 10 000 euros d'amende [158].

---

156. Aucun rapport entre le joueur Miranda et le propriétaire du Vasco, Eurico Miranda. Il s'agit d'un patronyme très fréquent au Brésil.

157. Fax de Charles à Almeida.

158. Cf. « Et Moïse vint à Marseille », page 253. Il est important de préciser que Rolland Courbis a fait appel de ce jugement, donc qu'il est présumé innocent.

Henouda expédie l'affaire Miranda avec célérité. Dès le 27 juillet, il donne instruction de transférer un peu de monnaie : d'une part, 2 millions de dollars au compte n° 0011967973 ouvert au nom de la Banco de Montevideo dans les livres de la Chase Manhattan Bank, agence de New York, pour crédit ultérieur du compte de Dewirey Corporation SA ouvert dans la banque uruguayenne. D'autre part, le virement du « solde de l'opération » (un petit demi-million de dollars) sur le compte n° 2000192000364 ouvert dans les livres de la First Union National Bank, agence de New York, au nom de Lespan SA. Or cela constitue une inexcusable faute de goût.

Le foot occulte dans les pas de la criminalité financière

Lespan est en effet l'une des « bêtes les plus noires » des autorités occidentales en charge de la lutte contre le blanchiment planétaire de capitaux. Car cette obscure officine uruguayenne de change et de transfert de fonds est extrêmement active et l'on voit régulièrement son nom apparaître dans les médias spécialisés en criminalité financière internationale.

Dans une affaire datant de février 2003 ayant eu un énorme retentissement aux USA et en Amérique du Sud [159], l'ex-procureur général de New York, Robert Morgenthau, affirmait qu'au terme d'une enquête approfondie portant sur l'analyse de plus de 300 000 transactions financières, ses services étaient parvenus à la conclusion que Lespan SA avait utilisé de manière illégale la Citibank pour effectuer près de 142 millions de dollars de transferts. La banque Wachovia, pour sa part, aurait effectué des virements irréguliers entre New York et les diverses succursales sud-américaines de Cambio Gales, filiale de Lespan SA, pour au moins 38 millions de dollars. La Bank of America, quant à elle, se serait

---

159. *Wall Street Journal* : *« As investigations proliferate, big banks feel under the gun »*. Links to Cash-Transfer Firms Raise troubling questions about money laundering. Glen R. Simpson *Wall Street Journal*, 30 décembre 2004.

limitée à 8,8 millions de transferts illégaux pour le compte de Lespan. À la JP Morgan Chase enfin, très prisée de Logbi, on n'arrive même pas à se mettre d'accord sur les montants. Ce sont au moins 265 millions de dollars qui ont été transférés illégalement par les banques américaines au nom de Lespan entre 1997 et 2003.

Les autorités brésiliennes, associées à l'enquête, avaient transmis un rapport d'une centaine de pages au département américain de la Justice mettant plus largement en cause la banque Wachovia. Elles affirmaient qu'une part importante des fonds identifiés provenait de la région dite « des Trois Frontières » entre l'Argentine, le Brésil et le Paraguay. Une zone de non-droit contrôlée par des organisations criminelles composées de narcotrafiquants et de criminels plus inventifs, usant de la contrebande et de la contrefaçon pour lever des fonds destinés notamment au Hezbollah libanais.

Faut-il poursuivre la peinture peu agréable de cette société ? À tout le moins, au sein du groupe Lespan, le jeu de « cash-cash » est une seconde nature. En juillet 2003 [160], il confie au transporteur de fonds Prosegur Transportadora de Caudales SA, qui la sous-traitera à son tour à Via Mat International South America Ltd, la mission de transporter 2 757 975 dollars de Montevideo à Londres, via Miami. Lorsque l'avion en provenance d'Uruguay se pose en Floride, la douane américaine saisit la cagnotte pour défaut de déclaration d'entrée des fonds aux USA. Via Mat engage alors des actions judiciaires en vue de récupérer les fonds en invoquant, à juste titre, le fait que le pactole se contentait d'une courte escale à Miami, qui n'était pas sa destination finale. En vain. Jusqu'à ce que Lespan « sorte du bois » et récupère la valise contre communication du nom de tous les bénéficiaires des dollars baladeurs. Des aveux malvenus dans ce genre de commerce.

En 2005, lors d'un congrès de spécialistes, Nelson Alvarez, président de Lespan SA et de l'Association uruguayenne des bureaux de change autorisés (AUDECCA), se fend d'un petit

160. US Court of Appeals – Eleventh Circuit, 24 avril 2006.

couplet nostalgique à la tribune : *« Les choses ont beaucoup changé depuis quarante ou cinquante ans. À l'époque, les gens avaient l'habitude de se déplacer avec du cash alors qu'aujourd'hui, l'argent est en plastique... »* Poussant le bouchon un peu plus loin, il ajoute : *« À l'époque, les transferts d'argent étaient faits en camion blindé et en avion, tandis qu'aujourd'hui tout est électronique, aussi avons-nous dû nous y adapter. »* Murmures et mimiques dans l'assistance qui semble reprocher à Alvarez d'en faire un peu trop.

Et pour cause. Le premier jeudi de février 2002, deux cadres de la société de transport de fonds Proscgur SA ont embarqué à bord d'un avion léger à l'aéroport international de Carrasco, à destination d'Asunción, au Paraguay, afin d'y prendre livraison de quelques millions de dollars en devises brésiliennes. Partis en début de matinée, ils étaient de retour en début d'après-midi avec des cartons pleins de reales confiés à l'aéroport Silvio Pettirrosi par des collaborateurs de la société Tupi Cambios, pour les transférer à Montevideo.

L'avion s'est posé à Carrasco, puis la cargaison a été acheminée par la route jusqu'à la base aérienne n° 1 de l'armée de l'air uruguayenne. Le véhicule s'est immobilisé face au parking des hélicoptères où stationnait un camion blindé de l'entreprise Prosegur en attente du chargement à transporter, cette fois vers la capitale. L'envoi se composait, d'une part, d'un million de reales destinés à Cambio Gales (Lespan) et de 2,230 millions de reales à remettre à Cambios Continental. Les deux ordres d'expédition étaient signés du vice-président de Tupi Cambios SA, un certain Francisco Lovera. En outre, le bordereau remis à Lespan comportait les instructions suivantes : *« Par la présente, vous confirmons l'opération arrêtée téléphoniquement, et vous remettons par l'intermédiaire du transporteur de fonds Prosegur 1 million de reales. »* Les ordres précisaient : *« Veuillez, s'il vous plaît, déposer le produit de ladite opération conformément aux instructions suivantes : Banque : JP Morgan Chase – Agence de New York – bénéficiaire : Tupi Cambios SA – compte nº 53 977761 – ABA 021000021.C.D.E.*[161] » De mémorables références bancaires ! Celles d'un compte new-yorkais imprudemment ouvert par la banque JP Morgan Chase au nom de Beacon Hill Service Corporation. Une obscure officine de transferts de fonds employant une douzaine de personnes, située au septième étage d'un immeuble discret de Manhattan, et qui, de 1994 à février 2003, est parvenu à transférer illégalement plus de 6,5 milliards de dollars. *« Il est raisonnable de conclure qu'une part infime, voire inexistante de cet argent a été confiée à Beacon Hill pour des motifs légitimes »*, affirmera le procureur Morgenthau lors de son audition[162].

Un « compliment » indirect du magistrat dont la société Lespan, important fournisseur de Beacon Hill, se serait sans doute bien passé.

Quant à l'agence bancaire de la JP Morgan Chase de Manhattan, c'est précisément celle choisie par Franck Henouda, sept mois plus tôt, pour y remettre, l'espace d'un instant, le prix dopé de la cession de Paulo Miranda, du Vasco de Gama, aux Girondins de Bordeaux. Et ce n'est pas tout. Le même Logbi a aussi confié le solde de l'opération du transfert du joueur, un demi-million de dollars, à la société Lespan, via la First Union National Bank. Logique, la succursale de Lespan située dans la vieille ville de Montevideo[163] se trouve à moins de 150 mètres du siège social de sa société Dewirey Corporation SA, au 4e étage de l'immeuble situé Misiones 1 486, 11000 Montevideo. Voilà une méthode autrement plus pratique que la fente ridicule d'un distributeur de billets pour permettre à un trader chevronné de retirer un montant en espèces digne de son rang.

161. *« Lespan SA envió dinero a cuenta de Beacon Hill en el JP Morgan Chase »*, *La Republica*, 31 janvier 2005.

162. Déposition de Robert M. Morgenthau, procureur général de New York devant la commission des finances du Sénat des USA, le 21 juillet 2004.

163. Lespan SA, Ciudad Vieja : Rincon 483, 11000 Montevideo.

Divorce à la brésilienne

Hormis l'écart monumental entre le prix demandé par le Vasco et celui payé par les Girondins de Bordeaux, on pourrait parfaitement qualifier le transfert de Paulo Miranda d'affaire courante menée avec brio. Mais le temps se gâte très vite car, dès le 15 août 2001, « Frankie » croit nécessaire d'expédier, au nom de Dewirey Corporation SA, une petite missive à Reinaldo Pitta, son mentor et ami supposé brésilien.

« *Nous attendons toujours – ce qui relève de votre responsabilité – la libération des sommes qui nous sont dues pour le transfert du joueur Paulo Miranda de Vasco à Bordeaux,* lui explique-t-il. *Nous sommes très ennuyés car malgré nos accords, la part qui nous revient n'a pas été versée alors que Vasco a été payé par l'intermédiaire de votre entreprise. Bordeaux a, comme convenu, renvoyé les garanties bancaires à l'établissement que vous aviez désigné (Dexabank) et lesdites garanties ont déjà été décomptées. Diverses personnes ayant participé à cette opération souhaitent récupérer leur part comme Charles Camporo, qui était avec moi, l'entraîneur du club ainsi que Flavio, qui a travaillé ici et doit être rémunéré.*

Nous demandons donc avec insistance la remise de ces sommes sur les comptes à la First Union Bank au nom de Lespan, et à la Chase Manhattan Bank au nom de notre entreprise Dewirey à hauteur des montants déjà déterminés sur le document du 27 juillet de cette année, afin que nous n'ayons pas à débiter Vasco De Gama et que nous nous en tenions à nos accords initiaux. Car la majoration du prix par rapport au montant encaissé par Vasco vous a été personnellement largement favorable, de même qu'à votre entreprise et au président de Vasco lui-même. »

Au fait, et le joueur ? Comment se fait-il que Logbi ait oublié son nom dans la liste des « invités » ? Si l'on en croit les conclusions du procès de Marseille, ce sont pourtant les joueurs, absents des débats, qui auraient contraint les malheureux clubs à élaborer des circuits financiers souterrains pour répondre à leurs exigences carnassières.

Quand un « ami » vous lâche

Franck Henouda ne va pas tarder à découvrir, à ses dépens, que l'amitié est une denrée autrement plus rare que les billets de 100 dollars dans le football professionnel mondial.

Reinaldo Pitta, son « partenaire » d'un jour, entendu, deux mois plus tôt, le 24 avril 2001, par la commission d'enquête sénatoriale sur le football, en fournira quelques illustrations aux parlementaires brésiliens[164].

Sénateur Althoff.— *Vous avez aussi consenti un prêt à M. Mario Angelo de Oliveira Miranda ?*

Pitta.— *oui.*

Aalthoff.— *Pourriez-vous avoir l'obligeance de nous expliquer pourquoi ?*

Pitta.— *Parce qu'il est dirigeant et qu'il est le fils de M. Eurico Miranda, qui est aussi une personne de mes relations, comme toute sa famille.*

Althoff.— *Quelles sont les justifications, ou quels sont les motifs qui vous ont amené à consentir ce prêt ?*

Pitta.— *Parce que nous avons de l'affinité, des relations étroites...*

Tellement étroites, en effet, que Pitta devra aussi reconnaître qu'il est le propriétaire de *Twister*, le bateau à bord duquel le président du Vasco aime voguer au large de Rio en charmante compagnie. Et admettre avoir « prêté » à ce même Eurico Miranda 320 000 R$ en 1999 à titre de contribution à sa campagne électorale.

Il est clair, au vu du court extrait d'audition qui précède, que s'il doit choisir entre Frankie, le petit Français, et Eurico, le grand manitou du club, Pitta n'hésitera pas un instant. Il reste d'ailleurs apparemment sourd à l'injonction que lui adresse

164. *Senado Federal – Relatorio final da Comissào Parlamentar de Inquerito criada por meis do requerimento n° 497, de 2000SF « destinada a investigar fatos envolvendo as associaçoès brasileiras de futebol »* – Brasilia 2001 – Volume III, page 42.

Logbi le 15 août. Ce dernier renouvelle donc l'exercice cinq jours plus tard :

« À Messieurs Reinaldo Pitta et Alexandre Martins,

« Nous sollicitons une nouvelle fois le paiement des sommes dues et déjà libérées par la Dexabank de Suisse, relatives à l'opération concernant le joueur Paulo Miranda, de Vasco de Gama, au club des Girondins de Bordeaux. Nous souhaitons vous dire que nous avons eu des frais, notamment des billets d'avion et des notes d'hôtel avec M. Charles Camporo au Brésil, au-delà de notre accord d'honorer les commissions des personnes ayant collaboré à l'affaire, notamment Charles lui-même, Flavio Almeida, et surtout l'entraîneur du club ayant donné son aval à la conclusion de l'affaire. Nous attendons donc votre versement sur les comptes que nous avons indiqués et sur lesquels nous n'avons toujours rien reçu, contrairement à Vasco de Gama qui a déjà reçu un million de dollars et à votre société qui a perçu une commission de 600 000 dollars. Nous devons payer au joueur une avance de 640 000 dollars qu'il cherche, légitimement, à recouvrer avec beaucoup d'insistance. L'opération fut fantastique pour nous tous mais le fait est que nous sommes ennuyés par le retard. Nous souhaitons que soient immédiatement déposées les sommes déjà évoquées sur les comptes en votre possession sous quarante-huit heures, pour que nous n'ayons pas à nous rendre au Brésil pour les recouvrer personnellement. »

Pas content « Frankie ». À moins qu'il s'agisse d'une mascarade destinée à faire patienter Charles, Flavio et les autres en leur laissant croire, comme dans un thriller de série B, qu'il s'est fait doubler par Pitta et Martins lors du partage du butin. Atmosphère torride garantie au prochain conseil d'administration de la « World Company [165] », dont Gortin Europe BV, autrement dit Pitta et Martins, sont administrateurs depuis 1999 !

Les choses s'arrangeront péniblement, mais le cœur n'y est plus. Les Bordelais qui, si l'on ose dire, se sont dépensés sans compter pour enraciner profondément la filière brésilienne de

---

165. En fait, la World Football Corporation BV.

Logbi dans la pelouse du Stade Lescure, s'estiment mal payés en retour.

Le match tourne au vinaigre

Un an plus tard, le 22 novembre 2002, le président du club brésilien de Treze, J.Battista Costa, confirme à Charles Camporo, son « conseiller technique à 200 000 F », que Logbi Henouda n'est plus *persona grata* :

« *Cher Monsieur,*

« Nous vous informons qu'à titre définitif, notre unique représentant légal, et ce de façon irrévocable, pour tous les actes nécessaires à notre club, est M. Flavio Guilherme Paraense de Almeida, qui détient tout pouvoir pour accréditer ou des-accréditer qui que ce soit. Ainsi, aucune autre personne physique ou morale n'est autorisée par le club à conduire en son nom et pour son compte quelque négociation que ce soit. Ainsi, seul M. Flavio Guilherme Paraense de Almeida est autorisé à signer un document en notre nom. D'autre part, nous vous informons que M. Henouda Logbi et la société Dewirey Corp. ne possèdent aucune procuration de notre club pour nous représenter, à quelque moment que ce soit, au Brésil ou à l'étranger. Campina Grande le 22 novembre 2002. Signé Joào Battista Costa, Président. »

Pressentant un possible durcissement du jeu, Charles Camporo prépare son dossier, en fin tacticien. Il répond – en espagnol – à Flavio Almeida *« [...] Flavio. J'ai bien reçu ton fax et, dans le prolongement de notre conversation téléphonique, je te confirme que c'est moi qui ai besoin de ce document pour m'aider personnellement et très confidentiellement. Ce document n'a pas été utilisé parce que je n'en ai pas eu besoin. Si tu veux m'envoyer un fax au sujet de ce cas particulier, envoie-le au numéro... (attention aux horaires. C'est mieux après 8 heures du matin et avant sept heures du soir, heures du Brésil)... Merci de préserver notre amitié... »*

Brésil sur Gironde

Les mois et les années passent : Ricardinho, Miranda, Eduardo Costa, Deivid, Christian, Paolo Costa, Thiago Ribeira, Adonis, Denilson, Henrique, Fernando Menegazzo, Wendel... on ne compte plus les joueurs brésiliens qui prendront l'accent du Médoc. Avec des soubresauts souvent, des échecs retentissants parfois, la greffe brésilienne a finalement pris à Bordeaux où il n'y a plus aucun risque de réaction de rejet. Tout au plus quelques rechutes occasionnelles. Celles, par exemple, de l'UNECATEF, le syndicat des entraîneurs, lorsque le club girondin annonce en juin 2005 le recrutement de Ricardo (Raymundo Gomes) comme entraîneur. Pierre Repellini, au nom du syndicat français, se laissera aller à quelques confidences agressives dans le quotidien *L'Équipe* : *« Ricardo n'a même pas le 1er degré d'entraîneur, obligatoire en France pour les formateurs de n'importe quel sport... Il y a là usurpation du titre d'entraîneur... »* À Bordeaux, Charles Camporo, en vieux briscard xénophile, suggérera de nommer Ricardo « manager général » et de « couvrir », comme on dit dans le foot, ses fonctions d'entraîneur en faisant signer les feuilles de matchs par Éric Bédouet, titulaire du précieux DEPF [166].

Bon serviteur de la cause brésilienne défendue avec opiniâtreté par Logbi Henouda, Charles Camporo décide de son côté de tirer sa révérence à la veille du procès des transferts douteux de l'OM où il se présentera, pauvre de lui, histoire d'attendrir le président Turbeaux, *« sans profession ni patrimoine »*. Le 26 février 2006, il démissionne de ses fonctions aux Girondins de Bordeaux en faisant part de son intention de s'installer au Brésil. Les mauvaises langues mal renseignées prétendent que Charles et son compère Henouda, réconciliés, ont l'intention

---

166. Le diplôme d'entraîneur professionnel de football, théoriquement obligatoire pour entraîner une équipe française professionnelle. Une autre disposition réglementaire laissée à la « libre appréciation » des parties concernées. *Cf.* feuilles de match disponibles sur le site Internet de la LFP.

d'investir leurs économies dans une école de samba de Rio de Janeiro. Plus sérieusement, d'autres affirment avec insistance que la multinationale IMG McCormack[167], peu présente sur place, s'est assurée ses services de « chercheur de talents ».

De son côté, « Frankie » suit méthodiquement le chemin qu'il s'est lui-même tracé. En compagnie de l'agent du joueur Jorge Machado, il discute en mai 2005, avec le président du club brésilien Gremio, du possible transfert d'Anderson à Bordeaux. En août 2006, avec son nouveau partenaire Ivanhoé Cirne, il étudie de près la situation de Bolivar et son transfert possible à Monaco. En octobre, Ivanhoé et Frankie supervisent le passage d'Elder Granjà du Club Portuguesa.

Ainsi prospère le football brésilien. Huit cent-quatre joueurs « exportés » au cours de la seule année 2005 pour un montant total de 158 millions d'euros dont 25 millions pour Robinho vers le Real et 18 millions pour Fred à Lyon. La Banque centrale du Brésil estime que les transferts de joueurs ont rapporté un milliard de dollars entre 1994 et 2005. C'est tout dire[168]. Quand on sait ce qui a échappé aux calculettes des fonctionnaires « auriverde[169] » pour bifurquer discrètement vers de très hospitalières sociétés caribéennes, on comprend mieux l'intelligence du plan de carrière de « Frankie ».

---

167. La société IMG McCormack est l'un des premiers agents sportifs mondiaux. Elle opère dans tous les sports professionnels et possède même un département « Agence de mannequins ».

168. *Sport Finance & Marketing*, 23 mars 2006, page 5.

169. « Or et vert », les couleurs du drapeau brésilien et de la sélection nationale brésilienne.

CHAPITRE 13

Si l'OM m'était compté

9 août 1996. Le soleil inonde le magnifique bureau du maire de Marseille. Jean-Claude Gaudin et Robert Louis-Dreyfus[170] règlent les derniers détails de la cession du club marseillais. Une ultime poignée de main vient sceller leur accord. Jean-Claude Gaudin peut respirer[171]. Après de nombreux rebondissements, il tient enfin son repreneur.

Trois mois plus tôt pourtant, Robert Louis-Dreyfus lui a opposé une fin de non-recevoir. Dans une télécopie datée du 6 mai 1996, adressée au directeur général de l'OM Jean-Michel Roussier, Robert Louis-Dreyfus, patron d'Adidas, égrenait la litanie de ses objections :

« Les frais de personnel administratif et commerciaux sont, pour des raisons historiques, beaucoup trop élevés ,

— L'équipe actuelle doit être profondément remaniée, ou plus exactement, une autre équipe doit être formée autour d'éléments nouveaux à recruter dans les semaines à venir avec les

---

170. Interrogé par courrier les 18 et 23 janvier 2007, Robert Louis-Dreyfus n'a pas souhaité répondre à la liste de 18 questions portant sur sa gestion à la tête du club depuis 1996.

171. En redressement judiciaire depuis le 7 avril 1995, l'OM, laissé exsangue par Bernard Tapie, est transformé en société anonyme d'économie mixte (SAEM) détenue majoritairement par la commune de Marseille. Jusque-là, Jean-Claude Gaudin était à la fois maire et président de l'Olympique de Marseille.

incertitudes que comporte une telle construction en matière d'homogénéité ;

— Le stade est en travaux et le nouveau stade ne sera disponible que pour la saison 1998-1999 ;

— Le coût des recrutements envisagés n'est pas négligeable puisqu'il est de l'ordre de 50 MF dans l'immédiat et d'environ 20 MF chaque année. Nous avons bien compris qu'une partie de ces coûts pouvait être payée à terme, mais le volume de l'investissement demeure et a un impact sur les résultats des exercices futurs ;

— Enfin, le climat passionnel qui entoure le club constitue sans aucun doute un de ses atouts majeurs, mais risque également de limiter l'autonomie des dirigeants lorsque surviennent les problèmes.

La complexité de ce dossier, par les contraintes qu'elle induit, sort largement du cadre que nous nous étions fixé et ne nous permet pas, à notre grand regret, d'y donner une suite favorable... »

On le voit, dressant un état des lieux sévère, préoccupé par le contexte local, Robert Louis-Dreyfus ne montrait alors aucune envie de poser un pied dans le bourbier marseillais. Durant toute cette période, Jeanne, sa maman, le conjurait même de ne pas acheter le club marseillais[172] : *« Si tu vas à l'OM, tu auras des ennuis. »* Mais, en dépit des conseils maternels, le milliardaire change finalement d'avis. Le boss d'Adidas craint de voir son rival Nike, déjà sponsor du PSG, s'emparer de l'autre « meilleur » club français. Alors il craque... et va cracher au bassinet.

La saga Robert Louis-Dreyfus

Une fois de plus, le garnement n'en fait qu'à sa tête. Comme autrefois, quand il séchait les cours du lycée de Saint-Germain-en-Laye au profit des cercles de jeu de la capitale où il menait une carrière naissante de joueur de poker professionnel. À l'époque, déjà, il ne détestait pas la compagnie de figures aux

172. *VSD* du 15 avril 2004.

costumes rayées sur chaussures bicolores ; c'était bien plus excitant que le carreau vichy et les Weston bleu marine de ses petits camarades du Lycée Marcel-Roby.

Dans la famille Louis-Dreyfus, Robert a longtemps fait figure de vilain petit canard. Trop lunaire. Trop atypique. L'adolescent s'offre même le luxe de rater son baccalauréat. Après un « pantouflage » à l'École des cadres de Neuilly, à l'époque un établissement pour gosses de riches en déshérence académique, il décroche le prestigieux MBA de Harvard à l'âge de vingt-sept ans. Voici d'emblée toute la complexité du personnage au travers d'un parcours d'ombres et de lumières.

À son retour en France, Louis-Dreyfus SA, le groupe familial, lui offre le poste de directeur général, puis de vice-président. Où il s'ennuie ferme pendant dix ans. Aussi, à trent-sept ans, décide-t-il de voler de ses propres ailes et prend-il la direction d'IMS, le leader mondial des études de marchés dans le domaine médical. C'est un premier succès. La revente de la boîte, en 1988, lui permet d'empocher 100 millions d'euros. Un businessman est né. En 1989, à Londres, lors d'une partie de poker, il rencontre Charles Saatchi, un des frères patrons de l'agence de pub anglaise Saatchi & Saatchi. La société bat alors de l'aile. Robert arrive à la rescousse, parvient à sauver l'agence et à céder sa participation avec une confortable plus-value. En 1993, il change de dimension et rachète Adidas à Bernard Tapie par l'intermédiaire du Crédit Lyonnais. Une vente pour le moins opaque qui va faire couler beaucoup d'encre [173].

C'est la première fois que Robert Louis-Dreyfus met ses pas dans ceux de Bernard Tapie. Ce ne sera pas la dernière, puisque le 14 décembre 1996, « Billion Dollar Bobby » prend officiellement en main les destinées de l'Olympique de Marseille en affirmant haut et fort se démarquer des méthodes de son

173. Un arrêt de la cour d'appel de Paris du 30 septembre 2005 a condamné le Crédit Lyonnais à verser aux mandataires liquidateurs de Bernard Tapie 145 millions d'euros de dommages et intérêts, décision annulée par la Cour de cassation début octobre 2006.

prédécesseur : *« On ne mélange pas les torchons et les serviettes »*, aime-t-il répéter, un soupçon de condescendance dans le regard.

Des lendemains qui chantent

Ce samedi 14 décembre, Robert Louis-Dreyfus fanfaronne devant un parterre de journalistes : *« Je veux donner à l'OM une rigueur germanique. Je veux en faire le Bayern du Sud. La seule tragédie du club marseillais est d'avoir toujours été tributaire d'une seule personne. L'édification de structures irréprochables, assortie d'une véritable politique de formation, doit nous permettre d'y remédier*[174]. *»*

Pour mener à bien cet ambitieux projet, il crée la Holding Eric Soccer qui rachète, au prix de 20 millions de francs, les 200 000 actions détenues par la société anonyme d'économie mixte OM. Une SAEM rapidement transformée en société anonyme à directoire et conseil de surveillance. Robert Louis-Dreyfus et Jean-Michel Roussier composent le premier, respectivement comme président et directeur général.

Sur le papier, ils sont les véritables dirigeants de la boîte. Pour les contrôler, il y a un conseil de surveillance présidé par Reto Stiffler[175], exploitant du *Club Hôtel* de Davos, la station suisse de standing où réside Louis-Dreyfus. Aux yeux de ce dernier, Reto Stiffler, ami de longue date du nouveau boss de l'OM, a une qualité essentielle pour occuper cette éminente fonction : il avait *« du temps libre »*, comme il le confiera plus tard au juge Franck Landou, en charge de l'enquête sur les transferts opérés par le club. Un argument imparable.

Parmi les autres gentils membres du conseil de surveillance figure Saïd Fakri, vice-président de la Fédération sénégalaise de football, chaudement recommandé par Jean-Claude Darmon. L'animateur de télévision Jean-Pierre Foucault, président de l'association OM, complète cet aréopage baroque où trouvent

174. Conférence de presse donnée à Marseille le 14 décembre 2006.
175. Il est également le PDG d'Eric Soccer.

également place Pierre Bellon, un proche de la mairie, Gilles Barissat, un éditeur de presse, et Denys Angeloglou, avocat parisien représentant la société Eric Soccer qui détient la majorité des parts de l'OM.

Le budget explose

Très vite, à la direction financière, confiée à Pierre Dubiton, expert-comptable pointilleux et réputé pour son intégrité, on s'inquiète des dérives financières qui laissent apparemment sans réaction un organigramme bringuebalant. Cet homme de chiffres, que rien n'impressionne, refuse même de rembourser à Robert Louis-Dreyfus des notes de frais de déplacements en hélicoptère sans rapport avec ses fonctions de président de l'OM. Le 1er septembre 1997, soit huit mois après le rachat de l'OM par Robert Louis-Dreyfus, Pierre Dubiton tire le signal d'alarme. Dans une lettre confidentielle adressée à Robert Louis-Dreyfus, il indique :

« Cher Robert,

Je suis inquiet pour la situation financière du club. En effet, alors que l'on prévoyait un résultat positif pour l'exercice écoulé de 11 millions de francs, si l'on ne parvient pas à transférer de joueurs, je pense que la situation, au 30 juin 1997, fera ressortir un résultat négatif de 20 millions de francs. L'écart vient du fait qu'à ce jour, presque aucun joueur n'a été cédé et que les plus values budgétées ne sont pas réalisées.

Outre le résultat, c'est la trésorerie qui s'en ressent directement et qui va manquer immédiatement. Si l'on avait cédé des joueurs, je pense à Éric Roy, en particulier, ce problème de trésorerie ne serait pas apparu immédiatement. (...)

On fait comme si je ne donnais pas d'avis ou très peu, et l'on me met souvent devant le fait accompli. Je ne vais pas établir une liste exhaustive de tous les griefs que je pourrais faire mais je vais en donner quelques exemples :

— On devait faire le stage de préparation à Talloires où tout était payé. Au lieu de cela, on est allé à Merano, en Italie, puis

à Biarritz, chez Serge Blanco. Coût de l'opération : 825 000 francs. Personne ne m'a demandé mon avis ;

— On fait une mise au vert un jour par semaine. Coût : 10 000 francs l'unité. En fin de saison, ce sont environ 400 000 francs de dépenses supplémentaires, non budgétées. Personne ne m'a avisé avant que l'on s'engage ;

— Au sujet du recrutement du personnel, on ne me tient pas au courant. Résultat, la masse salariale augmente sans mon accord.

Après 25 ans d'expérience professionnelle et à mon âge, je ne vais pas penser toutes les nuits aux problèmes que me pose l'OM, et en particulier comment faire face aux échéances... »

Remise à l'heure

Le 8 septembre 1997, une semaine après cette missive, Robert Louis-Dreyfus, président du directoire, semble vouloir remettre les choses d'aplomb au cours d'une réunion dont le procès-verbal indique clairement l'ensemble des problèmes. *« Après un exercice 1996-1997 de "transition", il est nécessaire pour notre groupe de rechercher une plus grande efficacité et une qualité accrue dans tous les domaines.*

Pour ce faire, les fonctions de chacun au sein de l'OM et de l'OM- Exploitation sont précisées comme suit :

— Terrain :

M. Rolland Courbis a l'entière responsabilité de ce département sous l'autorité de M. Robert Louis-Dreyfus auquel il reporte directement. Il s'agit notamment de la sélection des joueurs pour chaque match. M.Rolland Courbis propose les recrutements et les cessions qui lui semblent nécessaires. Après accord de M. Robert Louis-Dreyfus, la négociation et l'établissement des contrats sont du ressort de M. Jean-Michel Roussier.

— OM-Exploitation :

Le développement de ce pôle constitue l'un des axes essentiels de notre stratégie. M. Jean-Michel Roussier y consacrera la plus grande partie de son temps de façon à ce que, au minimum, les objectifs soient atteints.

— Administration-Finances :

Il n'est pas normal que notre groupe ne puisse suivre ses budgets, maîtriser ses dépenses, respecter ses procédures.

M. Pierre Dubiton est chargé :

— De proposer un organigramme actualisé ;

— De proposer de nouvelles procédures susceptibles de satisfaire aux objectifs de qualité du groupe ;

— D'en informer le personnel et de faire le nécessaire afin d'obtenir la meilleure efficacité des services ;

— De mettre en œuvre un strict contrôle budgétaire. Ce contrôle ne doit pas s'exécuter a posteriori. Il s'agit d'une démarche active visant à s'assurer que les engagements de dépenses sont conformes au budget, et respectent les procédures du groupe. À cette fin, tous les engagements de dépenses ou dépenses des sociétés devront être soumis à son visa.

M. Pierre Dubiton reporte directement à M. Jean-René Angeloglou pour toutes les questions d'ordre administratif et financier.

— Juridique :

Il est rappelé que tous les contrats doivent impérativement être soumis à Fidufrance pour avis avant signature.

— Réunion de direction :

— Des réunions de direction auront lieu toutes les trois semaines, M. Jean-René Angeloglou est chargé de préparer l'ordre du jour et d'établir les comptes rendus. »

Les mesures ? Pierre Dubiton, le directeur financier, est placé sous l'autorité de Jean-René Angeloglou, l'expert-comptable de la SAOS-OM, qui n'est ni salarié ni dirigeant de l'OM. Un détail qui ne l'empêche pas de signer quelques chèques au nom du club lors de transferts de joueurs. Même punition pour Denys Angeloglou, avocat parisien spécialisé dans le droit des sociétés et collaborateur de longue date de Robert Louis-Dreyfus. Frère de Jean-René, Denys Angeloglou contrôle d'une main de fer, depuis... Paris, tous les contrats de transfert.

Peu enclin à faire de la figuration et fatigué par une telle gabegie, Dubiton préfère donner sa démission le 25 septembre 1997 au lendemain de l'achat de Fabrizio Ravanelli pour 52 millions de francs. Un transfert record pour le Championnat de France d'alors.

Guy d'Arbonneau, successeur de Pierre Dubiton à la tête de la direction financière, ne bénéficie pas de davantage de prérogatives : *« Je n'ai jamais été associé aux transactions sur les transferts de joueurs. J'ai tenté par divers courriers adressés à la direction générale de participer à l'aspect financier de ces transactions pour en déterminer l'incidence sur l'exploitation et la trésorerie. Malgré mes demandes, je me suis aperçu que je n'avais pas été entendu et que les transactions se faisaient sans que la direction financière y participe. Les budgets étaient discutés par Robert Louis-Dreyfus et Rolland Courbis, l'entraîneur, et dans un deuxième temps en association avec les frères Angeloglou »*, expliquera-t-il plus tard.

Le 3 décembre 1998. Soit un an après les premières alertes de « Monsieur Pierre », Jean Ayel, le commissaire aux comptes de l'OM, s'inquiète à son tour. *« Dans le cadre de ma mission,* écrit-il, *j'ai relevé les faits suivants : concernant la procédure d'achats de joueurs, les éléments suivants sont indispensables :*

— identification claire des niveaux de contacts, de conclusions et des mutations ;

— personnes habilitées pour négocier pour le club et décider de la signature ;

– les procédures marquant ces différentes étapes, les entités qui contrôlent ces différents engagements, l'établissement de dossier pour chaque joueur et d'une base de données pour les plus significatifs ;

— la présence de domiciles fiscaux de managers dans des paradis fiscaux, Vaduz, Monaco, est peu recommandée. »

Inflexible, Robert Louis-Dreyfus restera toutefois sourd à ces mises en garde. *« Robert, vous finirez en correctionnelle »,* lui a déjà prédit, dans un courrier, Pierre Dubiton.

Un gendre idéal

Palais de justice de Marseille, lundi 13 mars 2006. Cheveux au vent, chemise blanche et écharpe de l'OM autour du cou, Robert Louis-Dreyfus s'apprête à jouer une partie décisive. L'actionnaire majoritaire du club phocéen a rendez-vous devant la sixième chambre correctionnelle. En compagnie de treize autres prévenus[176].

Il doit répondre du détournement de 22 millions d'euros à l'occasion de quinze transferts entre 1997 et 1999. Droit dans ses bottes, Robert Louis-Dreyfus possède une ligne de défense qu'il croit à l'épreuve des balles de tous calibres : il ne participait jamais aux négociations lors des transferts, se contentant de fixer en amont une enveloppe globale pour l'achat des joueurs.

Cette épreuve judiciaire est vécue comme une infamie par ce milliardaire, « tsar » du négoce international, nommé patron de Louis-Dreyfus SA le 1er mars 2006. Le groupe familial diversifié (commerce de matières premières, armement maritime, télécommunications...) emploie quinze mille personnes à travers le monde et réalise plus de 27 milliards d'euros de chiffres d'affaires. Il possède aussi un parc immobilier mondial de près de un million de mètres carrés. La multinationale, troisième producteur planétaire de jus d'orange, est également le premier propriétaire terrien de Floride. Un terroir qui réussit aussi bien aux agrumes qu'aux comptes bancaires des *foot traders*. Louis Dreyfus SA est présente à Marseille à travers LD Travocéan, une filiale spécialisée dans le câblage sous-marin qui emploie un certain Ronan Kerhervé. Un jeune homme, compagnon de Camille Beaume,

---

176. Rolland Courbis, entraîneur. Jean-Michel Roussier et Yves Marchand, présidents délégués. Denys Angeloglou, avocat. Marcel Dib et Charles Camporo, respectivement directeurs sportifs de l'OM et de Bordeaux. Rolf Wegener, administrateur de société. Licio d'Onofrio, Gilbert Sau, Jean-François Larios, Edmond Adam, Hervé Goursat, agents de joueurs. Bernard Almeras, intermédiaire. Hormis Roussier, Marchand et Goursat, tous les prévenus ont fait appel du jugement. Marcel Dib a, quant à lui, été relaxé.

qui n'est autre que le gendre de Jacques Beaume, le procureur de Marseille.

Un membre de la famille du chef du parquet de Marseille, salarié du patron de l'OM ! Voilà qui ne manque pas de susciter des interrogations. À l'ouverture du procès, Jacques Beaume déroute d'ailleurs tout le monde, en déclarant, en marge de l'audience : *« L'OM a un statut particulier. Je mets dans un coin de ma tête l'importance sociale que le club a à Marseille. Le rôle de l'OM sera présent à travers les réquisitions. »* Malaise général. *« Si j'avais pu éviter cette situation privée, je l'aurais évitée... Sur le fond, le parquet a expliqué point par point toutes ses prises de position. Nous nous sommes attachés au dossier, rien qu'au dossier »*, se justifiera-t-il plus tard [177].

Ce lien de parenté a-t-il influencé le bon déroulement de l'enquête ? Le juge Franck Landou s'était en tout cas ému de se voir refuser par le parquet deux demandes de réquisitoire supplétif. Un complément d'enquête concernait des comptes bancaires en Suisse et en Israël, demande du magistrat intervenue après un article de *VSD* du 3 avril 2003, intitulé « Les détournements de Robert Louis-Dreyfus », où l'hebdomadaire révélait l'existence de ces comptes bancaires destinataires de fonds provenant d'opérations de transferts. Des comptes dont Louis-Dreyfus était le signataire d'après l'hebdomadaire.

Un pilonnage en direct

Une confiance excessive explique-t-elle la sérénité affichée par l'actionnaire majoritaire de l'OM au premier jour du procès ?

En tout état de cause, il a sous-estimé la pugnacité et la sagacité de Vincent Turbeaux, le président du tribunal de Marseille. Au cours des trois semaines d'audiences, le magistrat s'efforce en effet de mettre en pièces la défense olympienne basée sur le mutisme et l'amnésie. Lors de la deuxième semaine de débats, il apostrophe même les prévenus, les provoque : *« Vous m'avez épuisé ! Il n'y en a donc pas un qui va pouvoir parler dans*

---

177. *Le Parisien* du 29 mars 2006.

le football ? Vous savez, nous sommes là, le mercredi soir, en comparution immédiate, avec de pauvres gens accusés de recel pour des trucs trouvés à côté de poubelles, ils disent "oui" et acceptent la prison. Là, c'est affligeant. Ce n'est pas possible de se comporter ainsi quand on est pris comme des rats, quand tout se voit comme le nez au milieu de la figure. C'est incroyable de se conduire comme des minables. »

L'affaire prenant une sale tournure, « Bobby » va s'en remettre aux suggestions de ses avocats, et modifier son système de défense.

Coup de théâtre

Jeudi 23 mars. 15 heures. 6e chambre correctionnelle du TGI de Marseille. Après neuf jours de débats accablants pour sa gestion à la tête de l'OM entre 1997 et 1999, Robert Louis-Dreyfus, joueur de poker émérite, abat une dernière carte. La mine défaite et les mains tremblantes, il sort un petit papier de sa poche. Il se lève et demande humblement au président Vincent Turbeaux :

« *Puis-je faire une déclaration ?* »

« *Allez-y* », lui répond sèchement le magistrat.

D'une voix mal assurée, le milliardaire aux yeux embués s'élance :

« *Les débats ont démontré l'existence de dérives dont le football est la principale victime, même si c'est mon patrimoine qui en a été directement affecté. Or, je ne me suis pas investi autant pour que mon sport favori soit éclaboussé par ce qui apparaît comme un système de fraude généralisé. Je ne peux davantage supporter l'idée que l'on puisse penser que je couvrirais ces comportements par laxisme ou vanité, ni surtout que je les aurais facilités de quelque manière que ce soit. L'audience m'a révélé ce qui m'avait été dissimulé et qui heurte ma morale. Je ne crois pas avoir commis d'infraction, même par négligence ou imprudence. Il appartiendra à votre juridiction de dire ce qu'il en est, mais je souhaitais dire publiquement ma grande tristesse.* »

De l'autre côté du banc des prévenus, Rolland Courbis, son ancien entraîneur, transpire à grosses gouttes. Il s'éponge énergiquement le front avant de jeter un regard revolver à celui qu'il considérait quelques minutes plus tôt comme un ami. À la sortie du tribunal, visiblement ébranlé, il contre-attaque devant les journalistes :

« Je ne me sens pas concerné par cette déclaration de Robert Louis-Dreyfus, et pour plusieurs raisons. D'abord, quand on m'attaque, c'est nommément. Pourquoi serais-je concerné ? À l'OM, j'étais éducateur, pédagogue, psychologue, pédiatre, psychiatre, coordonnateur avec les supporters. On ne voulait pas non plus que je sois avocat et juriste ? En ce qui concerne cette déclaration, elle est programmée, voire dirigée. » Et d'ajouter, à la fois sibyllin, menaçant et faussement naïf : *« Alors que ce soit bien clair, il faut que Robert Louis-Dreyfus précise son propos. Est-ce que je fais partie des "équipes" dont il parle ou est-ce que je dois comprendre ce que je pense, c'est-à-dire que je n'ai rien à voir là-dedans ? Je persiste à dire que tout ce que j'ai pu faire à l'OM, c'était aider mon club, et en accord avec Robert Louis-Dreyfus. Je ne me sens pas concerné par cette déclaration. Ou alors, il faut qu'il me précise ce qu'il me reproche, avec qui et comment, quand, où et combien. À moins d'avoir mal compris le message, ça sent le traquenard. »*

Courbis et orbi

Les histoires d'amour finissent mal. Robert Louis-Dreyfus et Rolland Courbis se sont beaucoup aimés. Leur première rencontre remonte au mois d'avril 1997 dans un grand restaurant parisien. Jean-Michel Roussier, qui souhaitait depuis plusieurs mois embaucher Rolland Courbis, le présente à son président. Un dîner mémorable. Entre les deux hommes, le courant passe immédiatement. Tout oppose pourtant l'héritier et l'ancien môme de la Belle de Mai, un quartier populaire de Marseille *« où l'on devenait soit flic soit voyou »* selon lui.

Le beau Rolland n'échappe pas à la règle. Il traîne comme un boulet son image sulfureuse. Il ne fait d'ailleurs pas vraiment mystère de ses fréquentations dans le milieu. Le 30 mars 1996, à la sortie du stade d'Hyères, son ami Dominique Rutily, membre du fameux clan de la « Brise de mer », voit son compte réglé sous ses yeux. Et Rolland s'en tire après avoir reçu une balle dans l'abdomen. Un simple avertissement sans doute.

Courbis est aussi celui qui a enseigné les ficelles du milieu footballistique à Bernard Tapie. Comme l'ancien patron de l'OM, il est passé par la case prison. Quatre-vingt-dix-huit jours exactement en 1990, en détention provisoire. Une histoire de caisse noire et de fausses factures au RC Toulon, un club où il officiait en tant que manager à la fin des années 1980. Une affaire pour laquelle il a été condamné en 1995 à trois ans de prison avec sursis pour faux en écriture privée, usage de faux et abus de confiance. Rebelote en 1998 : cette fois, il est condamné par la cour d'appel d'Aix-en-Provence pour fraude fiscale. L'entraîneur toulonnais percevait en effet des revenus occultes par le truchement d'une société panaméenne appelée Mondial Service International Limited, boîte appartenant à son ami Licio d'Onofrio, agent de joueurs italien qui trinquera lui aussi à la santé de l'OM dans le procès de mars 2006.

Rolland Courbis, le flambeur capable de brûler 150 000 euros en une soirée au casino, présente un joli pedigree quand ils se rencontrent. Mais Robert Louis-Dreyfus n'en a cure. Il est fasciné par la gouaille de son interlocuteur. Rolland Courbis sera son prochain entraîneur. À la fin du repas, il lui promet même un salaire annuel de 5 millions de francs. Lors de sa première audition devant le juge d'instruction, Robert Louis-Dreyfus a tenté d'expliquer cette embauche hasardeuse en déclarant : *« J'ai passé quelques coups de fils qui m'ont confirmé qu'il était très malin mais que, dès le début, on pouvait le contrôler si on lui disait que l'on n'acceptait aucune magouille. Je crois avoir eu une discussion avec lui, la première ou la deuxième fois que je l'ai rencontré : on ne gagne pas les matchs en les achetant, on ne touche pas de commission sur les joueurs, on ne pratique pas le dopage. »*

Dès avril 1997, Robert Louis-Dreyfus s'était donc fait affranchir sur les mœurs et les arcanes du ballon rond. Or le milliardaire a toujours invoqué son inexpérience du football pour justifier la gestion désastreuse de l'OM. Novice en matière de choix tactiques sur la pelouse, il ne pouvait ignorer qu'en recrutant Courbis il faisait entrer le loup dans la Commanderie [178]. Un pari de plus. Avec une très grosse cote. Même pour un habitué des prix d'excellence du magazine *Forbes*.

Rolland Courbis ou l'art du bricolage

6 mai 1997. *Hôtel de Paris*, Monaco. Un mois après sa première rencontre avec Robert Louis-Dreyfus, Rolland Courbis, flanqué de ses avocats, invite à déjeuner le directeur général de l'OM, Jean-Michel Roussier, et son directeur financier, Pierre Dubiton. Robert Louis-Dreyfus, qui est pourtant à Monaco ce jour-là, ne participe pas aux agapes. Une manière d'observer l'instauration d'un rapport de force ?

Au menu : les modalités de paiement de son salaire. Le futur entraîneur de l'OM souhaite percevoir sa rémunération en deux parties : l'une brute imposable et l'autre nette de charges et d'impôts. Traqué par le fisc à qui il doit alors plus de neuf millions de francs, le flambeur n'a pas envie de voir la majeure partie de son salaire happée par les impôts. *« Les matchs contre le fisc, ce sont toujours des rencontres qu'on joue à neuf contre onze... et pourtant depuis quinze ans, je les gagne assez souvent »*, se vantera-il d'ailleurs durant le procès. Rolland la malice a plus d'un tour dans son sac. Pour contourner le fisc, il soumet ainsi une première « astuce » à Pierre Dubiton : l'embauche au prix fort d'un ami directeur sportif d'un club voisin, afin que ce dernier lui rétrocède une partie de son salaire. Incrédule, le directeur financier de l'OM s'étrangle dans son assiette. Rolland Courbis n'est pas encore officiellement entraîneur de l'OM (il le sera officiellement à partir du 1er juillet 1997) qu'il propose déjà, avant la carte des desserts, celle des manips en tous genres.

---

178. Le centre d'entraînement de l'OM.

Jamais à court d'imagination, le successeur de Gérard Gili sort alors un plan B. Il propose un système de rémunération similaire à celui dont il a bénéficié – en toute impunité – de la part des Girondins de Bordeaux, son précédent employeur. D'après lui, *« le montage est enfantin »* : verser 2,5 millions de francs annuels de salaire et honorer par ailleurs la facture que présenterait la société A Conseils, soit 2,5 millions de francs HT, nets de charges sociales et fiscales. Des chiffres et des lettres. Pour un total de 5 millions de francs. Pas mieux [179].

C'est sans compter sur la pugnacité de Pierre Dubiton. L'ancien juge consulaire au tribunal de commerce de Marseille, qui a enquêté sur les comptes de l'OM version Tapie, n'est pas un perdreau de l'année. En entendant ces requêtes, il réagit vivement et apostrophe l'avocat de Courbis :

« Je vous invite à préparer sur une feuille de papier le libellé de la facture. Si vous voulez, je sors vingt minutes et en revenant, je vous fais une critique exhaustive du document qui me sera présenté. »

L'avocat comprend la gaffe et l'interrompt :

« Vous avez raison monsieur Dubiton. Ce n'est pas possible du point de vue social et fiscal... »

Impatient et d'humeur plutôt bougonne, Courbis préfère clore la discussion : *« C'est bon, je fais mon affaire des 2,5 millions de francs restants... »* marmonne-t-il, une nouvelle idée en tête.

Licio Calcio

On ne change pas une équipe qui gagne. Comme lors de la grande époque toulonnaise, Rolland Courbis va appeler à la rescousse son ami Licio d'Onofrio.

Crâne chauve et regard d'aigle surplombant un costume toujours impeccable, le petit bonhomme est né en 1955 à Castelforte, en Italie. Il a fait une modeste carrière de joueur en

---

179. Réquisitoire de renvoi devant le tribunal correctionnel du TGI de Marseille. N° d'instruction A01/00022 et N° de jugement 3 971, page 31.

Belgique avant d'embrasser celle d'agent en 1993. L'homme n'est pas inconnu du parquet marseillais. En 1997, il est épinglé lors du procès des comptes de l'OM version Tapie. Pas de quoi « heurter la morale » de Robert Louis-Dreyfus qui en fera son associé en 1998 dans le club belge du Standard de Liège, aujourd'hui en pleine tourmente judiciaire.

La même année, Licio d'Onofrio gère les intérêts de Fabrizio Ravanelli et Christophe Dugarry. Ça tombe bien, Rolland Courbis s'est mis en tête de les engager. Pour ces deux transferts, l'OM verse, le 18 février 1998, 8,9 millions de francs d'honoraires d'agent sur le compte ouvert dans les livres de la Corner Banca de Lugano, au nom d'IAM, la société de Licio d'Onofrio basée au Liechtenstein.

Inconscience ? Trois semaines plus tard, le 9 mars 1998, Courbis a la mauvaise idée d'ouvrir un compte dans la même banque. D'habitude, les rétrocommissions sur opérations de transferts se transforment en une pluie de liquide qui s'évapore sur les tables de jeux des grands casinos, sur les champs de course, ou qui irrigue les comptes ouverts dans la chaleur moite de paradis fiscaux ensoleillés. Pas vu, pas de prix.

Pas de bol pour Rolland Courbis, son compte à la Corner Banca ouvert au nom de « Frizione » (friction, en français) laisse des traces indélébiles. Le jour même de l'ouverture du compte du coach marseillais, Maurizio Delmonico, l'administrateur des sociétés de Licio d'Onofrio, donne à la Corner Banca l'ordre de virer 2 millions de francs du compte IAM au crédit du compte Frizione. Le même compte sera de nouveau crédité de 3 millions de francs entre le 29 octobre 1998 et le 13 avril 1999. À qui le tour ? Les rétrocommissionss, c'est quand même mieux que le loto !

Les prix montent

Une interview de Robert Louis-Dreyfus donnée à *L'Équipe*, le 11 février 1998, prend aujourd'hui une tout autre dimension. Extraits :

« Chacun sait que Rolland Courbis est le conseiller de certains joueurs, avance le quotidien.

Robert Louis-Dreyfus. — *Et alors ? Du moment qu'il ne me le cache pas ! Que l'agent de Christophe Dugarry lui ait fait un cadeau sur les transactions, c'est possible et ça ne me dérange pas. Je l'ai vu parler à des jeunes qui lui ont confié leurs intérêts, comme Johan Micoud ou Peter Luccin, et je peux vous garantir qu'il ne leur fait pas faire n'importe quoi.*

— *Ces interférences entre son business et son métier d'entraîneur de l'OM ne sont-elles pas très délicates à gérer ?*, reprend le journaliste.

Robert Louis-Dreyfus. — *Rolland ne touchera jamais un centime sur un transfert sans qu'il m'en informe, c'est clair. Et puis en matière de recrutement, nous voyons ça ensemble, il me fait des propositions mais il n'a pas carte blanche : c'est moi le décisionnaire final. »*

De quoi comprendre que l'entraîneur marseillais agit à sa guise avec la bénédiction de son président. Il y a mieux pour éviter de faire grimper le prix d'achat de ses futures recrues.

Lors des négociations du transfert de Ricardo Rojas Mendoza, alors qu'il n'a pas la signature sociale, il paraphe, le 20 mars 1998, le protocole d'accord liant le joueur paraguayen et l'OM. Il récidive le 10 avril en signant au nom de l'OM le contrat d'achat des droits fédératifs du joueur [180]. Fébrile et manifestement plus préoccupé par les chiffres que par les lettres, il appose sa signature sur son prénom dactylographié avec un seul *l*. Or Rolland écrit avec deux *l* fait aussi partie de sa légende. À sa naissance, l'officier d'état civil qui avait rédigé l'acte s'était trompé en mettant deux *l* au lieu de un. Magnanime, son papa Joseph avait dit au fonctionnaire : *« Ce n'est pas grave. Ne corrigez pas. Avec deux* "l", *mon fils volera plus haut. »*

Preuve patente de la *combinazione*, le club paraguayen de Tacuary cède à l'OM « ses » droits sur le joueur *« une fois que le club de Tacuary aura levé l'option qu'il détient sur le joueur*

180. TGI de Marseille, jugement correctionnel du 9 juin 2006.

auprès du club argentin de Estudiantes de la Plata ». Il eût été mesquin d'acheter directement, et moins cher, le joueur à son propriétaire argentin. Malgré un premier règlement de 500 000 dollars versé directement sur le compte personnel du vice-président du club, Ricardo Rojas Mendoza ne posera jamais un crampon à Marseille [181]. L'artiste latino a-t-il été effrayé par la rigueur toute germanique du « Bayern de Marseille » ?

Fascination

Lors de son audition par le juge, Jean Ayel, le commissaire aux comptes de l'OM, éclairera d'un jour nouveau la nature des relations entre Robert Louis-Dreyfus et son entraîneur.

« *J'ai dit au conseil d'administration, fin 1998, qu'il n'était pas normal que Rolland Courbis, sur son carnet d'adresses, manage toute la politique d'acquisition et de vente de joueurs et les relations avec les agents sans laisser aucune trace exploitable au club et sans qu'aucun ordinateur au club ne retrace ces contacts* », rapporte ce témoin. « *Peu de temps après l'arrivée de Courbis, j'ai attiré l'attention de Jean-René Angeloglou sur la façon de faire de Courbis qui ne me paraissait pas correcte. Jean-René Angeloglou m'a répondu que le président Dreyfus était au courant des transactions et avait confiance en Courbis. D'ailleurs, à chaque fois que Robert Louis-Dreyfus venait à Marseille, il déjeunait longuement avec Rolland Courbis. Ce qui veut dire que la confiance était importante entre eux.* »

Les compères aiment ainsi festoyer sur la corniche des Catalans dans le quartier pittoresque d'Endoume. Devant une bonne bouillabaisse, les acolytes, qui n'ont rien d'anonyme, redessinent le monde. Sous le charme de son entraîneur, Louis-Dreyfus s'encanaille. Selon certains, Courbis lui fait découvrir « son » Marseille. Celui des malfrats et des gros bras. Des « beaux mecs », comme on dit à « l'Évêché », le siège de la police marseillaise. Lors de leurs virées nocturnes, les deux hédonistes rencontrent

181. *Ibid.* et contrats de la transaction.

beaucoup. Y compris les moins recommandables : on parle ainsi des frères Perletto [182], les redoutables parrains du Var [183].

La fascination malsaine qu'exerçait Courbis sur Robert Louis-Dreyfus peut-elle expliquer son manque de discernement en matière de transferts ? Trop simple. Le bilan des vingt-neuf mois du truculent Marseillais à la tête de l'OM, du 1er juillet 1997 au 25 novembre 1999, est catastrophique. Entre l'achat de joueurs (plus de 70 millions de francs), son salaire (19,5 millions de francs au total) et son indemnité de départ (20,6 millions de francs), son séjour sur la Cannebière a coûté 100 millions de francs au club phocéen. En pure perte évidemment, puisque pas un titre ne vient adoucir l'addition. Aucune manifestation, fût-elle modeste, de la « science footballistique » de l'entraîneur sans diplôme, cet expert au palmarès inversement proportionnel à la taille de son casier judiciaire et de son compte en banque.

Pourquoi Robert Louis-Dreyfus a-t-il conservé aussi longtemps son très cher entraîneur ? S'agit-il d'une forme de sadomasochisme ? D'un plan machiavélique dans lequel Rolland la faconde devait, finalement, « porter le chapeau » ? Toujours est-il que le grand marionnettiste qui pensait « contrôler » Courbis dès son arrivée a lamentablement échoué. Les fils étaient trop visibles et pas assez tendus. Pis, il lui a confié d'emblée les clés de la maison olympienne. Une inqualifiable faiblesse avec laquelle Rolland a joué avec rouerie.

Et Moïse vint à Marseille

Arthur Moses, lui, fait de son mieux. Ce joueur, arrivé en Allemagne en provenance du FC Lagos en décembre 1993, est prêté au SC Toulon dès juillet 1995 par son propriétaire supposé,

---

182. *Libération* du 10 décembre 2001.

183. Frank, 44 ans, dit « Lucky Luke » et Pascal 45 ans, alias « Petit vélo », sont aujourd'hui sous les verrous. Cerveaux d'un vaste réseau international de drogue, ils justifièrent aux magistrats leurs fréquents déplacements en Amérique du Sud par leurs rôles de « dénicheurs de talents » effectués pour le compte de l'OM.

le club allemand de Fortuna Düsseldorf. Son président d'adoption, Serge Catalano, que connaît bien Courbis, le considère comme *« un bon joueur de deuxième division, sans plus »*. Bénéficiaire d'une option d'achat du joueur au prix de 3 millions de francs, Toulon préfère au final s'abstenir et « céder gratuitement » son droit à l'OM.

Le « Moïse ghanéen[184] » tape dans l'œil de Rolland la science et de son président puisque, le 12 août 1997, il fait l'objet d'un prêt pour la saison 97-98, aux termes d'une convention de mutation signée par Jean-Michel Roussier, pour l'OM, et un certain Jager, président du club allemand.

Tout baigne. La convention stipule que les 3 millions de francs devront être payés au cabinet d'avocats Engel, Tillmann & Partner, dûment mandaté à cet effet par Fortuna Düsseldorf. Méthodique, l'avocat allemand précise ses coordonnées bancaires à la Dresdner Bank par une télécopie du 17 octobre. Il accepte toutes les devises fortes et indique les références à rappeler en cas de paiement en francs, en dollars, en deutsche marks... Impressionnés, Roussier et Louis-Dreyfus cosignent, le même jour, l'ordre de virement correspondant. Très professionnel, Roussier confirme le 20 octobre à Rolf Wegener, « ex-mécène » du club toulonnais et agent supposé du joueur, dont le nom ne figure pourtant pas sur la liste des agents FIFA, que le paiement a été effectué.

La « location » pour une saison de Moses est assortie d'une option d'achat devant être levée entre le 15 et le 31 mai 1998. Son dispositif est intéressant. Le 14 mai 1998, Fortuna Düsseldorf devra informer l'OM des offres d'achat de son joueur. Si le club allemand ne peut justifier d'aucune offre ou d'une offre inférieure à 3 millions de francs, l'OM pourra lever l'option et devenir propriétaire du joueur sans paiement supplémentaire. Si Fortuna peut justifier d'une offre comprise entre 3 et 10 millions de francs pour Moses, Marseille pourra lever l'option moyennant paiement, au mandataire du club allemand, du montant de l'offre

184. Dont « Moses » est la traduction anglaise.

exprimée, déduction faite des 3 millions de francs payés en octobre 1997. Enfin, si le propriétaire des droits sur Moses reçoit une offre supérieure à 10 millions de francs, l'OM pourra lever l'option en acquittant la somme supplémentaire de 7 millions de francs.

Compte tenu de ce qui précède, tout le monde aura compris qu'on ne s'attend pas à une offre supérieure à 10 millions de francs, loin s'en faut, puisque, à 10 ou 25 millions de francs, l'acquisition de « Moïse » par l'OM lui coûtera dans tous les cas 7 millions augmentés du « loyer » initial du joueur ghanéen, soit 10 millions de francs au total.

Bien entendu, il est précisé que si le club de Robert Louis-Dreyfus renonce à lever l'option sur le joueur *« tous les droits de transfert concernant le joueur appartiendront exclusivement à Fortuna... ».* Logique.

Un club allemand donnant mandat à un cabinet d'avocats allemand : le transfert définitif de Moses à l'OM devrait être un festival de rigueur prussienne. Une éclatante démonstration d'efficacité à l'usage de tous les cadres du futur « Bayern de Marseille ». Mais c'est sans compter sur le mauvais esprit de Rolland et les mystères des mathématiques modernes.

Moïse prend l'eau

En ce début mai 1998, les offres n'affluent pas sur le bureau du président de l'infortuné Fortuna. Courbis demande donc à son ami bordelais Charles Camporo de lui rendre un petit service : expédier au club allemand, sur papier à en-tête des Girondins de Bordeaux, une offre *« bidon »* de 2 millions de dollars, histoire de faire monter les enchères[185]. Pourquoi acheter chichement un joueur pour seulement 3 millions de francs quand on peut se l'offrir pour bien d'avantage et faire plaisir à son entourage ? Charles, qui ne peut rien refuser à son interlocuteur, s'exécute le 13 mai. Ahurissant et gravissime.

185. TGI de Marseille (scellé 21 du PV n° 99/21 folio 103).

Dès le lendemain, 14 mai 1998, le mandataire de Fortuna, en la personne de Me Albert Tillman, informe Jean-Michel Roussier par écrit, conformément à ce que prévoyait la convention de prêt, que son client est maintenant en possession d'une offre de Bordeaux à 2 millions de dollars pour Moses. Processus logique.

Ce qui l'est moins, c'est la suite des événements.

Le 5 août 1998, Jean-Michel Roussier recueille, par écrit, l'accord de « Moïse » pour reprendre son errance. Le contrat qu'il a signé quelques jours plus tôt et dont, par prudence, on ne lui a remis aucune copie, ne sera finalement pas présenté à l'homologation pour la saison 1998-1999. Trop de joueurs extracommunautaires au club, lui murmure-t-on en guise d'excuse. Un comble.

Le 12 août, coup de théâtre : le footballeur reste à bord. En dépit de la convention d'option d'achat qui prévoyait un règlement total de 10 millions de francs dans le « plus mauvais » des cas, Arthur Moses est finalement transféré définitivement à l'OM moyennant une somme totale de 12 millions de francs. Il signe, le même jour, un engagement de 3 ans avec le club marseillais.

L'OM réglera « scrupuleusement » au cabinet Engel, Tillmann & Partner les neuf millions supplémentaires exigés abusivement pour l'acquisition définitive de Moses : deux millions le 2 octobre 1998, deux de plus le 8 décembre 1998, et les cinq derniers le 21 janvier 1999. « L'ami Fritz », alias le cabinet Engel et Tillman, poussera l'ironie jusqu'à ajouter à sa facture du 24 août la TVA, d'un montant total de 13 290 000 francs. Fromage... et dessert.

Interrogé sur le sujet, Courbis déclamera au juge, comme à son habitude, la « chanson de Rolland » : *« Cette manipulation nous a permis de sortir un prix pour Düsseldorf intégrant cette prime à reverser au profit de Moses sans qu'il y ait une disproportion... Il m'est arrivé maintes et maintes fois de rendre ou de solliciter un tel service auprès de dirigeants de clubs pour des raisons commerciales*[186]. » Il est dommage que le magistrat instructeur, en entendant un tel argument, n'ait pas eu la présence d'esprit de faire observer que, sans l'offre « Canada Dry » de Camporo, l'OM aurait été en mesure d'acquérir Arthur Moses librement au terme de la saison sportive 1997-1998. Sans payer un sou de plus que le « loyer » déjà acquitté en octobre 1997. Dans cette hypothèse, il eût même été possible d'offrir au joueur une « prime de bienvenue » d'un montant plus accueillant encore. D'autant qu'au cours de son audition, « Moïse » a affirmé n'avoir lui-même rien reçu des deux millions qui lui avaient été promis. Et il maintiendra ses affirmations après confrontation avec l'entraîneur marseillais.

À qui profite le jeu de bonneteau ?

Pour une fois qu'un joueur était interrogé... Grâce à cette histoire, on a en tout cas vu combien la fable des majorations de prix des transferts destinées à couvrir les primes de bienvenue des footballeurs était sérieusement mise à mal. Juste pour « le fun », il eût aussi été intéressant de déterminer pourquoi le club phocéen n'a pas exigé la stricte application de l'option d'achat contractuelle et s'est laissé « refaire » de 2 millions supplémentaires. 12 millions de francs au lieu de 3 millions. À qui a profité l'arnaque ?

Pour tenter de percer ce mystère, rappelons simplement ce que le procès a révélé.

D'abord, on a vu que le *paymaster* de l'opération n'avait pas reçu mandat du club allemand, lequel ne faisait qu'une piètre figuration dans l'opération, mais plutôt de Wegener, lequel était peut-être l'agent de « Moïse », mais surtout son « propriétaire » au travers d'une mystérieuse société appelée Pointline, fondée en 1987 et nichée au Liechtenstein.

Ensuite que, le 18 juin 1997, Pointline avait passé avec l'infortuné Fortuna un accord selon lequel devaient lui revenir les

186. TGI de Marseille, jugement correctionnel du 9 juin 2006, page 63 et contrats de la transaction.

3 millions de francs payés initialement par l'OM pour le prêt du joueur ghanéen et 85 % des sommes ultérieurement ponctionnées au club olympien.

Mais aussi que, indépendamment des 1 700 000 francs virés par l'avocat allemand à Pointline le 23 décembre 1998 – joyeux Noël –, Wegener a reçu directement 2 995 302 francs le 6 novembre 1997 sur un compte ouvert à son nom dans les livres de l'UBS à Monaco, dont il a retiré 1 296 000 francs en espèces. *Same player shoot again* le 5 novembre 1998 : 1 862 409 francs virés de Düsseldorf à Monaco, dont 692 500 francs retirés en cash. Bon anniversaire.

Avec un très grand respect des droits de la défense, le tribunal a considéré *« que deux éléments peuvent laisser à penser que Rolland Courbis s'est vu rétrocéder certains des fonds émanant des retraits d'espèces pratiqués sur le compte ouvert par Rolf Wegener auprès de l'Union des Banques Suisses à Monaco, après que l'OM avait payé les sommes relatives au transfert d'Arthur Moses en 1998... Malgré tout, ces indices concordants ne suffisent pas pour affirmer que Rolf Wegener a rétrocédé des fonds à Rolland Courbis à l'occasion des transferts d'Arthur Moses. »*

Bien entendu, Robert Louis-Dreyfus ne tiendra pas rigueur à son entraîneur du surcoût occasionné par les manigances du tandem Camporo-Courbis. Le moment venu, il lui témoignera même sa reconnaissance pour le « travail accompli » au moyen d'une indemnité de licenciement d'un montant colossal. « Moïse », pour sa part, quittera gratuitement le club phocéen au cours de la saison 1999-2000 afin d'écrire d'autres pages de son histoire. Perte nette comptable après amortissement pour l'OM : 558 980 euros !

Cherchez la femme...

Plus cocasse : au nombre des bénéficiaires des largesses du cabinet d'avocats allemand, grassement alimenté par les finances de l'OM mises à mal par le coup de sirocco de son entraîneur, on relève la présence de Nicole Junkermann, compagne de Wegener. Qui se voit virer la somme de 1 million de francs sur son compte personnel.

La simple évocation de son nom à l'audience a eu le don de rendre les prévenus amnésiques. Difficile pourtant d'oublier la belle Nicole. Ses yeux émeraude, ses cheveux blonds comme les blés et une plastique de rêve ont longtemps fait monter la température dans la loge présidentielle du stade Vélodrome où la jeune femme aimait passer un moment aux côtés de Robert Louis-Dreyfus. Pouvait-il ignorer que la créature se nourrissait, elle aussi, dans la gamelle de l'OM ?

Pour se défendre, le milliardaire a toujours plaidé la naïveté ou l'incompétence. En décembre 2002, il expliquait d'ailleurs dans un entretien accordé à *France Football* : *« Je me suis aperçu de mes limites, je ne suis pas capable de gérer un club de football. Je veux tellement bien faire que j'en perds parfois le sens de la logique et de la mesure. Je me comportais trop en supporter déraisonnable, irraisonnable même. »*

Excès de modestie. Son implication dans le montage sophistiqué du transfert de Pablo Calandria illustre pourtant une habile maîtrise du *trading* de footballeurs.

Pablo Calandria : un transfert exemplaire

Le nom de ce joueur évoque vaguement celui d'une moto de grosse cylindrée. Pas avare de superlatifs et de propos élogieux, surtout lorsqu'il les distille à titre onéreux, Rolland Courbis avait cru voir en lui « le futur Trezeguet ». Rien de moins. Un moment d'égarement sans doute. Jusqu'au « boss » Louis-Dreyfus qui lui témoignera une considération inhabituelle en paraphant et signant lui-même, au nom de l'OM, ses contrats de travail et de transfert.

L'« achat » du jeune Pablo Ignacio Calandria est emblématique. Les pitreries correctionnelles du club phocéen auront rarement atteint un tel degré sur l'échelle de l'absurdité apparente, du cynisme et des dérives mégalomaniaques. *« Nous n'étions pas dans un monde normal »,* expliquera à l'audience Jean-Michel Roussier, qui aura tout de même supporté de 1995 à 1999 l'ambiance « vol au-dessus d'un nid de coucou » du club méridional. L'histoire vaut donc d'être contée.

Jeune – il est encore mineur –, Pablo Calandria est tendre comme un cochon de lait. Et son transfert à Marseille va donner lieu à un festin mémorable. Il est en effet licencié d'un club argentin, l'Athlético Huracan de Buenos Aires, sous administration judiciaire depuis juillet 1998 suite à son dépôt de bilan. Son contrat de travail s'achève le 30 juin 1999 et ne contient aucune clause de renouvellement. Du pain béni pour un club en quête d'un jeune joueur en devenir. Nul besoin d'être docteur en football pour comprendre que, dans de telles circonstances, les prétentions financières d'Huracan ne peuvent excéder la taille d'une peau de chagrin. De ce côté-ci de l'Atlantique, le dépôt de bilan d'une société sportive n'est certes pas un motif automatique de résiliation anticipée des contrats de travail de ses joueurs[187], cependant, dans sa grande sagesse, la FIFA a adopté la notion de « juste cause ». Il n'est donc pas difficile à un joueur, fût-il naïf et mal assisté, d'invoquer cette disposition réglementaire dès lors, par exemple, qu'une demande de garantie de paiement de ses futurs salaires serait demeurée sans réponse de son employeur. De plus, l'arrêt Bosman consacre sans ambiguïté la liberté de tout joueur en fin de contrat, opérant en Europe, de contracter avec le club de son choix.

Même si la réglementation argentine est plus restrictive en matière de liberté contractuelle des joueurs, en ce début mai 1999, Pablo Calandria ne peut valoir bien cher. Le syndicat argentin des joueurs l'estime d'ailleurs à 500 000 dollars US. Et lorsqu'on connaît l'optimisme incorrigible des Sud-Américains en matière de prix de transfert, Pablo vaut vraisemblablement beaucoup moins que cela.

---

187. Dans le cas français – article 641 de la Charte du football professionnel – c'est la perte du statut professionnel qui est le facteur déterminant.

Conforté par l'œil affûté de « Rolland la science » et les informations rassurantes qu'il recueille lui-même par ses réseaux familiaux et amicaux sud-américains, Robert Louis-Dreyfus donne d'emblée son accord à Daniel Bolotnicoff qui lui a proposé l'affaire, au prix très raisonnable de 3 millions de dollars US ! Peuchère (si l'on ose dire) à ce tarif, c'est un véritable génie de la vente ce Bolotnicoff !

Comme pour s'excuser de sa jobardise apparente, Louis-Dreyfus versera plus tard aux débats judiciaires qu'il connaissait déjà cet intermédiaire *« comme organisateur de matchs de boxe en Amérique du Sud »*, le confondant sans doute avec Don King. Cette digression vers le noble art est troublante car en 2006, au moment du procès, Bolotnicoff est agent licencié FIFA et il est surprenant de voir que le patron de l'OM ne croit pas utile de le mentionner. À moins que la raison de cette discrétion soit à rechercher dans l'omniprésence suspecte de l'agent argentin pour mener à bien le transfert du jeune joueur.

Car Bolotnicoff a bien payé de sa personne pour toucher ses honoraires. Le 18 mars 1999, les parents du jeune Pablo ont donné à Back Sports SA, la société argentine immatriculée le 16 juin 1998 qu'il a fondée avec son associé Juan Marchi, un mandat de représentation de leur fils, aux fins de négocier ses contrats de travail et d'exploitation de son image. Le 14 mai 1999, le successeur de Jean-Michel Roussier, Yves Marchand qui, de ses propres aveux, *« n'y connaît rien en football et n'a pas été à la hauteur*[188] *»*, signe en faveur de Back Sports, représentée par Bolotnicoff, un document très instructif. Cette pièce unique, qui ravirait un collectionneur, mentionne que le joueur exerce au club d'Huracan, mais qu'il appartient à une société de droit anglais, Quadris Sports Management Ltd, dont le siège social londonien est alors situé suite 205, Moghul House, 57 Grosvenor Street, W1X 9DA. Il y est également indiqué que

188. En l'espèce il méconnaît les dispositions de l'article 15-2 de la loi de 1984 qui indique *« ne peut agir que pour le compte d'une des parties signataires du même contrat qui peut seule la rémunérer... »*

l'OM s'engage à régler 3 millions de dollars à la société propriétaire du joueur et 240 000 dollars à Back Sports pour s'assurer de l'arrivée du joueur dans son effectif. Sur cette base, Back Sports garantit la bonne fin de l'opération. Est, en outre, évoqué le contrat de travail du joueur, d'une durée de 6 ans, « bien entendu » [189] assorti d'une clause aussi libératoire que prohibée.

Tous ces détails ont de quoi susciter quelque curiosité, même de la part d'un benêt de gamme moyenne. *« Vous achetez les droits d'un joueur argentin mineur à une société anglaise. Un gars normalement constitué, élevé en Europe occidentale, ayant fait un peu d'études, devrait se demander dans quel guêpier il s'est fourré, non ? »* s'exclamera d'ailleurs le président Turbeaux lors du procès. D'autant qu'en ce mois de juin 1999, Alain Migliaccio et sa société ISC ont aussi établi leurs quartiers d'été à la même adresse londonienne, et ce à l'occasion du transfert de Laurent Blanc à l'Inter de Milan. Des coïncidences, cela va sans dire.

En date apparente du 25 juin 1999 [190], Robert Louis-Dreyfus pour l'OM et Robin Bolli, au nom de Quadris Sports Management, ont signé le contrat de transfert du joueur et son contrat de travail, lesquels sont transmis à la LNF le 23 août 1999. Entre-temps, Marchand a poursuivi ses facéties : le 23 juillet il a fait exécuter, sans facture justificative, un virement de 240 000 dollars sur le compte n° 247-559545 ouvert le 16 juin par Back Sports dans les livres de l'UBS à Lugano. Les 29 juillet et 3 août, avant homologation donc, il a demandé l'émission de deux virements de 1 500 000 dollars, soit 3 millions au total, au compte n° 774394.11 ouvert dans les livres de la Barclays Bank à Londres au nom de Quadris Sports Management Ltd [191]. *« Je*

---

189. *Cf.* chapitre 9, « Un droit du travail à géométrie variable », p. 139.

190. Le document comporte une date de transmission par télécopie du 1er juin 1999 à 12 h 15, date à laquelle le joueur est toujours la propriété d'Huracan.

191. Une grosse rivière chez Barclays Bank qui fera des petits ruisseaux dont on retrouve la trace à Lugano (compte n°1664057089) mais

sais qu'on dit que ce compte m'appartient » déclarera Robert Louis-Dreyfus, mi-provocateur, mi-énigmatique au cours des débats. Une fanfaronnade intrigante. Question subsidiaire : qui aurait été chargé de récupérer le pactole si le service juridique de la Ligue avait refusé l'homologation au prétexte – justifié – que le deal sentait le pâté ? Mystère.

Quelques points intrigants

Voilà une affaire rondement menée en somme ! À quelques détails près.

Le premier sujet d'étonnement réside dans la date « d'achat » par Quadris Sports Management du jeune Calandria à l'Athlético Huracan. C'est en effet le 22 juin 1999 qu'était signé le contrat de cession du joueur argentin au fiduciaire anglais. Huit jours avant le terme de son contrat de travail. Quelle urgence !

La seconde surprise de l'opération, c'est le prix payé par la société anglaise au club de Buenos Aires : 1 574 000 dollars. Le gamin va donc prendre, en un peu plus d'une semaine, une survaleur de 1 426 000 dollars ! À ce train-là, ce n'était même pas la peine de le faire entrer sur la pelouse du stade Vélodrome. Calandria est, de toute évidence, beaucoup plus que l'ouragan annoncé. À moins qu'on ait flairé le pigeon de haut vol. Ou bien... Mais non, c'est inimaginable. *Vade retro Satana* !

Le représentant de Quadris Sports inscrit au contrat d'acquisition des droits du joueur à son club employeur est un autre sujet de perplexité : c'est à nouveau Daniel Bolotnicoff qui représente la société anglaise lors de la signature de l'acte. En sa qualité « d'administrateur » déclaré de l'entreprise cette fois. Ce qui est malheureusement inexact. Car, exception faite de Mark William Denton, démissionnaire en date du 01 juin 1998, sujet de Sa Très

---

aussi à Zurich (compte n°33112957), à Tel Aviv (comptes n°102007 et 142051), à Genève, à Vienne (compte n°50018372), puis à Amsterdam (compte n°417424558), en passant par Utrecht (compte n°390002085), et même jusqu'à Casablanca (compte n°7113156500) où le signataire est un célèbre « illusionniste ». L'OM c'est véritablement magique.

Gracieuse Majesté britannique, l'affaire, depuis sa constitution le 15 juin 1995 et son immatriculation sous le numéro 03068532, n'a en effet confié des mandats sociaux qu'à Quadris Corporate Services Ltd et aux sieurs Bolli, Breuer, Castelazzi et Muller, de dévoués Helvètes, tous résidents suisses. La fiduciaire Francesco Castellazzi AG, créé en 1998 est, parenthèse, située à un jet de pierre du domicile de Robert Louis-Dreyfus à Davos.

Or, le monde est petit. Quadris Corporate Services Ltd, *secretary* de Quadris Sports Management, est hébergée par Morgan & Morgan Trust Services (BVI) Ltd sur « l'île de la Tourterelle[192], si prisée des flibustiers du ballon rond, et où Denis Sutton aime à se ressourcer entre deux enquêtes, en parcourant distraitement les petites annonces locales. Lors du procès, le président Turbeaux, toujours friand d'un bon mot, fera lui aussi l'éloge de ce coin du monde en expliquant : *« Lorsque je travaillais aux Antilles, j'ai fait le tour des îles comme tous les touristes. C'est marrant, à Tortola, je n'ai pas vu un footballeur, mais si vous en avez l'occasion, je vous recommande vraiment d'aller passer quelques jours aux Îles Vierges britanniques. »*

Voyageurs infatigables[193], les fondateurs de Quadris Sports Management Ltd, auteurs probables d'un méconnu « guide du routard *off-shore* », ont également déniché leur commissaire aux comptes, l'honorable cabinet Matthew Edwards & Co, sur l'île de Man, célèbre pour son climat tempéré, ses chats et sa prospère activité *off-shore*. Tout en distinction *british* et en retenue, Matthew Edwards éclairera d'ailleurs en termes codés les « happy fews » qui parcourront son rapport d'audit 1999, sur une bizarrerie apparente du « fournisseur » de l'OM : nos petits Suisses détenaient chacun 25 actions de Quadris Sport Management Ltd, soit la totalité de son capital social appelé et libéré. Pour autant, sa société mère est Quadris Partner AG dont le siège social est

192. Tourterelle se dit *« tortola »* en espagnol.

193. Le livre de bord de Quadris Sports Management prend des allures de guide touristique mondial : Londres, Douglas à l'Île de Man, Road Town à Tortola, Zug en Suisse alémanique...

situé à Zug, à deux pas de la gare centrale, PO Box 6301, Bohlstrasse 9a. À moins d'un kilomètre du siège social de Infront Sports & Media AG, pilotée avec le brio que l'on sait par le jeune Philippe Blatter dont le recrutement ne fut pas le moindre des coups de génie de Louis-Dreyfus. Porteurs de parts pour le compte de Quadris Partner AG, agissant elle-même au nom de tiers non identifiés, Bolli et consorts, les administrateurs de Quadris Sports Management sont des « fidéicommis ». Des « hommes de paille », comme on dirait en langue vulgaire[194].

Des tonnes de questions

Un dernier point n'a pas manqué de titiller les zones périphériques de nos cerveaux reptiliens : comment l'OM pouvait-il savoir dès le 14 mai 1999 que le joueur sur lequel il portait son dévolu, au nom de son club, deviendrait la propriété de Quadris Sports Management Ltd le 22 du mois suivant ?

Le sachant, pourquoi n'avoir pas tenté d'attirer l'attention du patron sur un aspect dont le seul effet serait d'augmenter le prix du transfert de manière considérable ?

Était-ce, hypothèse de travail, précisément le but recherché ?

Contre toute logique économique, l'OM voulait-il en fait payer, au prix fort, un jeune joueur qui ne disputera avec son nouvel employeur que quelques matchs amicaux avant de repartir, aussi modestement que gratuitement, en 2001-2002, vers la deuxième division espagnole où il opérait toujours au terme de la saison 2005-2006 ?

Comment se fait-il, en outre, qu'Hector Pustilnik, l'administrateur judiciaire d'Huracan, ait déclaré ne pas connaître Quadris Sports Management à laquelle son administrée avait pourtant cédé Pablo Calandria ? Est-ce à dire que si la société anglaise est inconnue de l'administrateur du club, Huracan n'aurait en réalité ni cédé son joueur à Quadris ni perçu en contrepartie le moindre paiement de cette dernière ?

194. Extrait de l'acte d'immatriculation de la société.

Ce mandataire judiciaire du club argentin a également supervisé pour le compte de l'Athletico Huracan, le transfert vers l'OM de Daniel Montenegro en août 1999. Dans ce dernier cas, les souvenirs de l'administrateur judiciaire sont intacts. Il précisera même l'identité de l'individu, un certain Lavalle, derrière la société Gold Players destinataire des 350 000 dollars d'honoraires payés à l'agent du second Argentin. Pour quelle étrange raison serait-il devenu amnésique lorsqu'on lui parle de Calandria, alors qu'il garde toutes ses facultés en ce qui concerne Montenegro transféré au même moment, au même endroit ? Il y a tout lieu de lui faire confiance lorsqu'il affirme *« ne pas connaître la société Quadris Sports Management »*.

D'ailleurs de quelle publicité légale l'acte correspondant a-t-il fait l'objet ? Est-il tout simplement fictif ? Gardons à l'esprit que Bolotnicoff aurait engagé l'acheteuse anglaise des droits fédératifs du joueur bien qu'il n'eût aucune autorité pour le faire. De plus, mais est-il seulement utile de le souligner, en 1999 le chiffre d'affaires de Quadris Sports Management Ltd, audité par Matthew Edwards & Co, s'est élevé (si l'on ose dire) à 92 438 £, soit 150 000 $ en étant très généreux sur le taux de change.

L'achat de Calandria ne constitue-t-il pas une parfaite illustration des dérives du *trading* humain évoquées par Denis Sutton à Tortola début 2006 ? En pire, puisqu'on ne se serait pas contenté cette fois de gonfler l'assiette de calcul de la commission de l'intermédiaire, mais qu'on aurait également « étouffé » une petite moitié du prix d'achat, voire beaucoup plus si affinités, au terme d'une opération typique de « noircissement » ? Du jamais vu.

Et que dit la Ligue ?

À propos, comment dit-on *« le foot français est surcontrôlé »* en argentin ? À l'occasion de son sévère réquisitoire, Marc Cimamonti ne manquera pas de tacler la FFF et la Ligue dans le procès de l'OM en disant :

« Je regrette la vigilance insuffisante des instances sportives. Comment croire qu'elles n'ont pas connaissance des malversations ? »

Une interrogation frappée du bon sens de la part du magistrat. Les quinze contrats de transferts passés au crible par le tribunal de Marseille ont en effet tous été homologués par la Ligue de football professionnel. À croire qu'à l'époque, on pouvait même lui faire homologuer une photo dédicacée de Pamela Anderson, pourvu que la naïade portât une paire de ravissants crampons fluo aux trois bandes.

Pour se dédouaner, Frédéric Thiriez, président de la vénérable institution, tentera une pathétique contre-attaque en expliquant :

« Les clubs sont surcontrôlés par rapport aux autres entreprises. Mais les règlements de la Ligue sont faits pour des gens de bonne foi. Après, c'est le travail de la police et de la justice. La Ligue n'est pas la police. »

En football, on appelle cela « se renvoyer la balle. ». Ou se passer la « patate chaude ».

Robert Louis-Dreyfus KO debout

Mais l'essentiel de la charge du vice-procureur va se concentrer sur Robert Louis-Dreyfus. Le lundi 27 mars 2006 restera à jamais gravé dans la mémoire du milliardaire. En soixante ans d'existence, il n'avait jamais subi pareille humiliation.

Gamin, dans l'espoir d'impressionner son père, Robert Louis-Dreyfus rêvait d'embrasser la carrière de boxeur. Ce jour-là, son ring a pour décor la 6e chambre correctionnelle du TGI de Marseille. Dans le coin opposé : le redoutable Marc Cimamonti. Durant ses six longues heures de réquisitoire, il va rouer de coups l'homme d'affaires franco-helvétique.

Dès l'entame, il cogne dur en s'adressant directement à lui : *« L'argument qui consiste à dire "je me suis volé moi-même" n'est pas valable. L'OM, ce n'est pas vous, Monsieur Dreyfus. L'OM a existé avant vous et existera après vous ! Les sommes d'argent investies sont le fruit d'une carence. Sinon, c'est le dépôt de bilan, voire un délit de banqueroute. En ce sens, vous n'avez fait que remplir votre devoir d'actionnaire. Par votre gestion vous avez contribué à la prospérité de l'économie souterraine. En ce sens, vous n'avez fait que remplir votre devoir d'actionnaire*[195]. *»*

Robert Louis-Dreyfus est sonné. Visage crispé, front bas et souffle court, il fuit le regard impitoyable du magistrat. Marc Cimamonti le bloque dans les cordes et revient à la charge : *« Robert Louis-Dreyfus connaît le monde du football car il est déjà administrateur du Bayern de Munich depuis plusieurs années quand il arrive à l'OM. Il a redressé Adidas. Il a validé le contrat d'embauche de Rolland Courbis dont il connaît la réputation et avec qui il va constituer un véritable directoire de l'ombre. Il connaît les arcanes du foot au sens étymologique du terme : la pratique des rémunérations occultes, les pratiques dévoyées des agents afin d'alléger les charges de l'entreprise. Il va les tolérer et permettre l'existence de cette usine nauséabonde. Il détient le pouvoir de verser l'argent et donc celui de dire "non". Robert Louis-Dreyfus ne s'est pas désintéressé de cette cuisine. Il est le décideur final. »*

Et le procureur d'enfoncer le clou : *« L'actionnaire majoritaire de l'OM a agi dans un intérêt personnel, comme le montre sa constante implication dans le football depuis quinze ans : Adidas, le Bayern de Munich, l'OM et le Standard de Liège puis l'acquisition des droits Télé de la Coupe du monde. Il s'est servi de l'OM pour construire cette notoriété, selon un système. C'est la définition même de l'abus de bien social. »*

Moins par moins fait plus

Voilà une piste de réflexion intéressante que cette remarque judiciaire. Contrairement à ce que d'aucuns avancent, Robert

---

195. Condamné à trois ans de prison avec sursis et 375 000 euros d'amende, Robert Louis-Dreyfus a fait appel de ce jugement, tout comme Rolland Courbis, condamné à deux ans ferme et 375 000 euros d'amende.

Louis-Dreyfus a-t-il perdu sa mise en jouant sur Marseille ? En dépit de ses 200 millions d'euros engloutis dans l'OM pour combler les déficits chroniques de ses dix ans de présence, Robert Louis-Dreyfus est en fait loin d'avoir laissé sa chemise dans l'univers du ballon rond. Mieux, le football l'a considérablement enrichi.

Par la commercialisation des droits de retransmissions de la dernière Coupe du monde en Allemagne, sa société Infront Sport et Media AG a engrangé 1 milliard d'euros. À elle seule M6, qui claironnait fièrement être *« 0 % football »* lors de la Coupe du monde 98, lui offrit, en quelques heures de négociation, 27 millions d'euros pour 31 matchs « secondaires » de l'édition 2006. Le « mécénat » olympien de Robert Louis-Dreyfus pèse donc finalement peu à l'aune de son implication mondiale dans le foot business.

Détail amusant à noter : la société Infront, basée dans la très paisible ville de Zug, en Suisse, s'appuie sur les compétences d'un directeur général de premier choix. Philippe Blatter, le neveu du président de la FIFA, transféré de Zurich, l'a rejointe en août 2005. *« Nous attendons beaucoup de l'autorité, l'expertise et la vision que Philippe apporte à notre groupe »,* déclara le boss en guise de bienvenue. Pas de doute, en matière de recrutement, Robert Louis-Dreyfus est redoutable. Exception faite des joueurs de foot. Et encore. Certes, le football est une « grande famille », mais négocier en tête à tête avec son tonton le droit de retransmettre la grand-messe universelle du ballon rond autorise sûrement quelques familiarités.

Les intérêts économiques de Robert Louis-Dreyfus liés à sa « passion » du football ne s'arrêtent pas là. L'homme de Davos est également aux commandes depuis fin 2005 de l'équipementier Le Coq Sportif. Une société qu'il a rachetée par le biais d'Airesis, un fonds d'investissement où l'on retrouve Yves Marchand, son ancien directeur général à l'OM qui ne connaissait rien au football. Preuve flagrante que « Billion Dollar Bobby » n'est pas rancunier pour un sou.

« Bobby le Bookie » ou un président bookmaker

Les activités de Louis-Dreyfus liées à l'univers du sport prennent parfois des détours imprévus. Et discutables. Depuis 2000, il contrôle ainsi la société Winamax.com Limited, basée à Londres [196]. Un site de paris sportifs et de jeux sur Internet. Un hobby qui pourrait bien devenir un investissement stratégique si l'on en juge par sa rentabilité – 30,4 % avant impôts en 2004 –, et par l'impressionnant tour de table de l'affaire. Voilà à tout le moins un savoureux *medley* entrepreneurial mobilisé par la passion du jeu et une adhésion enthousiaste à la doctrine de son principal actionnaire : *« Loose un max à Marseille et winamax in London... »*

Aux côtés de Robert Louis-Dreyfus, que l'on pourrait rebaptiser « Bobby le Bookie », et de ses supports d'investissement suisses et belges, des experts, techniciens et praticiens reconnus du net et de l'informatique tels Jean-Yves Corre, Patrick Robin, Patrick Soquet, génie francophone du « software development », ou encore Beaudet et Burel, co-fondateurs d'Artful qui compte l'Olympique de Marseille et l'AS Saint-Étienne parmi ses clients. On trouve encore des professionnels de l'investissement et de la gestion de patrimoine – Arrosteguy le Basque, Gilbert Gras le Suisse et d'autres –, de l'immobilier dignement représenté par Anne Lalou de Nexity Franchises, Didier Hagler et Sophie Simonet. Sans oublier quelques partenaires plus inattendus tels Muriel Acariès [197] et sa Starvision SA ou encore les quatre ex-associés du cabinet d'avocats Sokolow, Dunaud, Mercadier & Carreras. Nicholas Sokolow est présent sous couvert de son fonds d'investissement personnel, S.T. Investors Fund LLC, qui possède notamment une participation non négligeable dans Armor Holdings, poids lourd américain du matériel militaire et para-militaire de sécurité. Cette entreprise avait notamment racheté en 1996, pour 26 millions de dollars, la très

196. Extrait d'acte d'immatriculation de la société au registre britannique des sociétés.

197. Épouse de Louis Acariès, « censeur » et auditeur de l'OM au cours de la saison 2004-2005.

britannique Defense Systems Ltd et ses compétences dans le secteur sensible de la protection privée et de celle des ambassades dans les zones sensibles du globe.

Reste que voir le président d'un club médiatique, adepte du mélange des genres, devenir bookmaker à ses heures devrait logiquement susciter l'interrogation des autorités françaises, celles-ci étant capables de se montrer inflexibles lorsque Bwin, le site « autrichien » de paris en ligne, a osé s'aventurer sur la chasse gardée de la Française des Jeux en sponsorisant le maillot de douze équipes de l'Hexagone. Sans doute par timidité plus que par calcul, Robert Louis-Dreyfus s'est cependant jusqu'à présent abstenu de plaquer le nom de son site sur le torse musculeux des footballeurs français. Patrick Bruel, en revanche, le « Monsieur Poker » de l'entreprise, se fend volontiers d'un petit compliment en faveur du site londonien chaque fois que l'occasion se présente [198]. Le chanteur sera même entendu, sans qu'il lui soit rien reproché, par les Renseignements généraux dans le cadre d'une enquête sur les sites de paris en ligne qui sévissent en nombre croissant dans l'Hexagone. On pense toutefois au dilemme cornélien qui l'habite. Il doit être difficile à cet artiste aux multiples talents d'arbitrer entre la sympathie que lui inspire le bookmaker phocéen et le soutien sans faille qu'il prodigue au PSG depuis longtemps.

Sur le fond, et de manière plus générale, comment ne pas s'émouvoir d'une situation dans laquelle un bookmaker pourrait être en mesure d'influencer de manière plus ou moins subtile la composition, et donc les performances sportives, de l'équipe sur laquelle il prendrait des paris... Sans être, *stricto sensu*, un « officiel » de la FIFA, « Bob le Bookie » devrait peut-être consacrer quelques instants de son temps à parcourir l'article 15 *(« Ne doivent en aucune façon participer, directement ou non, à des paris,*

198. Voir notamment son intervention lors de l'émission télévisée « On n'est pas couché » du 25 novembre 2006, animée par Laurent Ruquier.

jeux d'argent, loteries, et toute manifestation ou activité équivalente, en rapport avec des matchs de football... Ne sont pas autorisés à détenir des intérêts actifs ou passifs dans des sociétés, entreprises, organisations qui ont pour but de promouvoir, arranger ou mener de telles manifestations ou opérations ») du « nouveau » Code de l'éthique de la Fédération internationale consacré aux paris et jeux d'argent. Dans leur grande sagesse, les experts de la FIFA ont d'ailleurs prévu[199] qu'elle pouvait également juger le comportement des « officiels des clubs » dès lors que leurs agissements auraient été portés à sa connaissance par les associations nationales, ou encore *« dans la mesure où le cas qui sous-tend le comportement présumé illicite revêt un caractère international »*. À n'en point douter, un « boulevard » pour les pères-la-vertu de la FFF.

La structure juridique de Winamax s'inspire évidemment des montages *off-shore* qui ont jalonné le parcours des transferts marseillais. La holding de tête de la société, Oxley Properties Inc est ainsi immatriculée aux Îles Vierges britanniques.

Décidément, on ne compte plus les chemins de l'univers dreyfusien qui semblent mener au paradis *off-shore* de Tortola. Peut-être y possède-t-il un pied à terre plus confortable que son demi-cabanon des Bahamas ?

Après les affaires, les affaires continuent

« La période 1997-1999 est le terreau de la non-application systématique des règles juridiques, administratives et sportives », a tempêté le procureur Cimamonti à l'issue du procès des comptes de l'OM en 2006. Est-ce à dire qu'ensuite les dirigeants phocéens sont entrés dans un cercle vertueux ?

À voir. Car à Marseille, la foire aux transferts de l'été 2000 a, à nouveau, offert son lot d'opérations baroques. Cette fois, Courbis n'y est pour rien. Il a un alibi en titane : il n'est plus entraîneur de l'OM depuis novembre 1999 et officie à Lens, où

199. Voir article 3 – Compétences de la FIFA des Règles de Procédure.

il honore le président Martel de ses vues très originales sur la manière de faire tourner la planète foot.

Ce « mercato » de l'an 2000 est cependant à marquer d'une pierre blanche. Et pas seulement à l'OM. Le second bogue de l'an 2000 menace les comptes d'exploitation des grands clubs français et les gros calibres du Championnat de France tirent sans sommation. Le PSG dégaine 500 millions de francs pour son recrutement, dont 220 millions de francs consacrés au retour de Nicolas Anelka, un joueur formé par le club parisien quatre ans plus tôt. Avec la reconnaissance que l'on sait. Monaco débloque de son côté 150 millions de francs pour Shabani Nonda. Le FC Rennes, quant à lui, se fend de 340 millions d'euros, l'équivalent de l'ensemble des transferts estivaux opérés en Allemagne ! Le club armoricain, propriété de François Pinault, s'offre ainsi l'obscur Argentin Mario Hector Turdo pour 80 millions de francs et s'adjuge le Brésilien Severino Lucas pour 140 millions de francs. Une terreur des défenses qui inscrira, en trois saisons, le total impressionnant de six buts.

L'OM, qui rêvait d'engager Lucas, voit donc le *goleador* carioca lui faire un passement de jambe. Par bonheur, les dirigeants olympiens ont une solution de rechange. Abel Braga, le furtif entraîneur brésilien de l'OM (il y restera six mois), leur recommande son compatriote Marcelinho Dos Santos. Un billet aller simple à 60 millions de francs qui s'inspire fortement du transfert de celui de son compatriote Edson Da Silva.

Dûment représenté par le président Yves Marchand, l'OM donne mandat à Gilmar Veloz le 5 juillet 2000. Aux termes du contrat, cet agent brésilien agréé FIFA doit mener à bien les négociations du transfert de Marcelinho. Sans doute en congé estival, celui-ci sous-traite la mission à Logbi Henouda, *« un habitué de la Commanderie »* selon la formule tout en retenue de Rolland Courbis. Pas rancunier, l'OM estime qu'il n'a pas démérité et s'engage, le 7 juillet, à lui verser 700 000 dollars d'honoraires, en trois versements.

Le premier virement de 300 000 dollars est effectué sur un compte ouvert dans les livres du Crédit Lyonnais à Miami au nom de la société Methane Investment limited. Sans aucun rapport connu avec Méthane Transport, dont le siège est à Paris, filiale du groupe Louis-Dreyfus. Dubitatif devant ces références, Bernard Daumas, chef comptable de l'OM, s'étonne dans un mail adressé à sa hiérarchie : *« Le virement n'est pas effectué au nom du bénéficiaire prévu dans la convention mais d'une société tierce, et le document qui appelle les fonds n'est pas une facture mais un reçu de règlement. »*

Consciencieux, Laurent Fransioli, le directeur financier du club, expédie alors un fax au directeur général adjoint de l'agence du Crédit Lyonnais de Miami, et il lui demande le lien entre Gilmar Veloz et la société Methane Limited.

« This letter is to confirm that Mr Gilmar Veloz is the Director of Methane Investment Ltd » lui répond sans désemparer le banquier de Floride.

Seule anicroche, « Director » est un faux ami. En anglais, il signifie « administrateur ». Le banquier ne précise pas que Gilmar Veloz est l'ayant droit économique de la société Méthane. À Marseille on traduira le terme par « directeur », et vogue la galère... jusqu'à la rade de Tortola où la mystérieuse société des Îles Vierges britanniques touche sans encombre l'intégralité de son pécule. À la grande hilarité d'un Denis Sutton enthousiasmé par la qualité du spectacle... Quant à Marcelinho, il restera en tout et pour tout une année sur la Cannebière et partira, contre 24 millions de francs, au Herta Berlin.

D'autres transferts de la même époque sont tout aussi burlesques. Bruno N'Gotty est proposé 25 millions de francs par le Milan AC. Dans sa grande générosité, l'OM règle le double, soit 50 millions de francs. Même schéma pour le Suédois Klas Ingesson que Bologne est prêt à céder contre 16 millions de francs. C'est faire injure à l'OM, un grand d'Europe ; le club olympien signe donc un chèque de 38 millions en faveur du club italien. Klas Ingesson, « intenable » sur la pelouse du Vélodrome, la quittera libre et sans regret six mois plus tard. Sur place ou pour emporter ?

La gabegie ne cesse pas

La mairie tempête, Robert Louis-Dreyfus change de barreur. En novembre, le maire Jean-Claude Gaudin finit par taper du poing sur la table. Les élections municipales de mars 2001 sont dans quatre mois et, sur la Cannebière, personne n'a oublié que c'est le sénateur maire qui a fait venir Robert Louis-Dreyfus quatre ans plus tôt. L'édile craint donc, légitimement, que les « supporters-électeurs » lui en tiennent rigueur. Il enjoint donc l'actionnaire majoritaire de l'OM de reprendre la main. Aussitôt dit, aussitôt fait : le milliardaire s'exécute. Et congédie le président délégué Yves Marchand avec une indemnité de 2 millions de francs.

Jean-Christophe Cano apparaît alors comme la providence du *trader*. Simple salarié d'OM-TV, cette belle gueule au crâne rasé et aux pectoraux avantageux est bombardée coordinateur sportif du club. Habitué du Stade Vélodrome, ancien arrière droit de l'OM, « dur sur l'homme », Cano est un ami de longue date de Robert Cassone[200], fils de Roland Cassone, une figure bien connue des services de police marseillais. À l'Évêché, Cassone père est parfois présenté comme un ex-lieutenant de Francis le Belge et de Jacky Imbert, dit « le mat », un des rares rescapés de la guerre des gangs qui opposa durant deux décennies son clan à celui de Gaëtan Zampa. Mais lui-même dément et rien ne permet de l'accuser. En 2001, Jean-Christophe Cano présente même Roland Cassone à Robert Louis-Dreyfus au *Sofitel* Vieux Port de Marseille. Dans *L'Équipe Magazine* daté du 11 mars 2006, l'ancien coordinateur sportif de l'OM racontera : *« C'était quelques jours avant un OM-PSG (le 17 février 2001). L'OM était en difficulté sportivement. La situation était explosive, des*

200. En 2002, Robert Cassone et Jean-Christophe Cano se sont associés au sein de FFJCMR Challenge, réunis pour la reprise de l'OGC Nice. Dans cette société apparaît également le fils d'un caïd marseillais fiché au grand banditisme, et Gilbert Sau, l'agent de joueurs, condamné le 9 juin 2006 à dix-huit mois de prison ferme lors du procès des comptes de l'OM, et qui a fait appel de ce jugement.

supporters menaçaient de faire entrer des fumigènes par centaines. Là, il y a eu une rencontre entre Cassone et Robert Louis-Dreyfus. » Une seconde rencontre aura lieu en avril 2002. Chez Cassone, dans la villa de l'arrière-pays aixois où l'homme a trouvé refuge. Une visite dont l'actionnaire majoritaire de l'OM ne fera nul mystère dans une interview accordée au *Nouvel Observateur* en janvier 2005 : *« Jean-Christophe Cano m'a présenté Roland Cassone, que je ne connaissais pas, comme un membre influent d'une des associations des groupes de supporters du club. »* Début 2002, Philippe de Cuverville, directeur général délégué de LDcom, la branche télécommunications de Louis-Dreyfus SA, reçoit en tout cas l'ordre d'embaucher Sylvie Cassone, la propre fille de Roland. Après avoir recruté le gendre du proc', le groupe familial s'attachant les services de la fille d'une telle figure, avant ceux du neveu du président de la FIFA, c'est ce qui s'appelle, en management, de « la fertilisation croisée ».

Des recrutements de joueurs hasardeux

Très inspiré dans le choix de ses amis, Jean-Christophe Cano est moins perspicace dans le recrutement des joueurs. Lors du marché de janvier 2001, il engage le Serbe Jovan Stankovic pour 36,5 millions, revendu 21 millions de francs six mois plus tard. Entre-temps, l'OM règle avec panache deux commissions. L'une, de 2,85 millions de francs, payée à l'agent bulgare Latchezar Tanev. L'autre, de 3,65 millions de francs, versée à la société Bahia International[201]. Soit dit en passant, en 2002, courtisé par le président niçois Rolland Cassone, l'agent de joueurs serbe Zoran Matijevic, l'un des poulains de Bahia International, sera nommé manager général de l'OGC Nice.

À la même époque, un autre transfert met en ébullition les supporters de l'OM. Pour 10,5 millions de francs, le club s'assure les services d'Allen Skoro, modeste avant-centre du

201. Basée à Madrid, cette société espagnole revendique la gestion de carrière d'un portefeuille de deux cents joueurs et une trentaine d'entraîneurs à travers le monde.

NK Olimpia de Ljubiana dont les Marseillais se demandent encore si sa véritable spécialité n'était pas le handball. En prenant connaissance des modalités de paiement de l'opération, les comptables du club frisent la crise de nerf. Le vendeur exige d'être payé sur trois comptes bancaires distincts ouverts dans trois pays par trois ayants droit économiques différents (NK Lubjiana, Toma-Rex Sport Trade et Musha)[202].

Toutes les recettes du manuel de cuisine marseillaise n'y feront rien : Jean-Christophe Cano ne parvient pas à redresser le club qui, à la fin du mois de mars, voit se profiler le spectre de la deuxième division. Recherche sauveur désespérément.

Le réquisitoire du « procureur » Tapie

Dimanche 1er avril 2001. Bernard Tapie, ancienne icône des années 1980, poursuit sa traversée du désert en se retrouvant sur RTL 9. « Tapie la tchatche » y anime l'émission « Rien à cacher ». Un talk show, plutôt un « one-man-show », où le bateleur pose les questions et y répond à la place de ses invités. Ce soir-là, c'est Robert Louis-Dreyfus qui joue les utilités. L'OM se morfond alors dans les profondeurs du classement. Face à un Robert Louis-Dreyfus paralysé par les caméras, Nanard s'en donne à cœur joie. Tapie, revanchard, se mue en procureur de la « République-OM » et prononce un réquisitoire assassin. Un grand moment de télévision. Magnéto Serge :

Bernard Tapie. – *Le dernier match de l'OM contre Strasbourg était à mourir. Ce que l'on ne supporte pas, c'est d'aller au stade s'emmerder pour voir un match aussi nul que cela. Relationnel, image, argent, plaisir. Vous n'avez rien de tout cela. C'est un déficit total (...). Cela ne peut pas être seulement de l'incompétence ! (...) Les deux dernières saisons ont été*

202. Courant 2002, Étienne Ceccaldi, directeur général de l'OM, déposera plainte pour escroquerie pour ces transferts suspects. Une plainte retirée plus tard par son successeur Christophe Bouchet. À l'époque de ces opérations, Robert Louis-Dreyfus était le seul mandataire social du club.

catastrophiques. Pourquoi avoir vendu le champion du monde Laurent Blanc pour le remplacer par un défenseur argentin seulement connu de sa mère ?

— *J'ai fait une faute*, peine à articuler Louis-Dreyfus d'un filet de voix.

Bernard Tapie, aux anges. — *Il faut mettre le poing sur la table mais vous donnez encore plus de pouvoir à Yves Marchand, le président délégué, et vous laissez faire Dib, Galtier et Di Méco, les cadres sportifs du début de saison. Personne ne comprend. Ce ne sont pas des gens à qui on confie le destin d'un club. On a peine à croire que vous ayez fait ça.*

Robert Louis-Dreyfus, livide. — *C'était une erreur.*

Bernard Tapie, le menton vindicatif. — *Et c'était une bonne idée de prendre comme entraîneur Javier Clemente qui ne parle pas un mot de Français !*

Robert Louis-Dreyfus, le rictus en berne. — *On peut se le demander.*

Bernard Tapie, front plissé et sourcils froncés.— *Quant au bilan financier, c'est une catastrophe. Beaucoup de joueurs sont vendus à perte, vous êtes obligé de payer certains pour qu'ils acceptent de partir. Même la plus grosse fortune du monde ne peut pas tenir. Il faut remédier à ces errements pour que votre plaisir soit à la hauteur de l'argent que vous y mettez. Je suis malheureux de voir l'équipe de Marseille là où elle est.*

Robert Louis-Dreyfus, en miettes. – *S'il y a des gens qui ont des idées, ils seront les bienvenus.*

Bingo ! En direct, sous le regard incrédule des téléspectateurs, Robert Louis-Dreyfus vient d'embaucher l'animateur télé. Deux jours après l'émission, son retour est officialisé. Réclamé sur tous les tons par les hordes de supporters du Stade Vélodrome, le Messie promet de redonner au club son lustre d'antan.

Qu'importe si Bernard Tapie ne possède pas tous les atours du fonctionnaire prussien dont rêvait Robert. Si, comme Courbis, son passé judiciaire est lourd. Le football l'a conduit à la case prison après l'affaire de corruption VA/OM, mais Louis-Dreyfus n'en n'a cure. Humaniste et détaché de si viles contingences, il veut toujours croire en la deuxième chance.

Lors de la conférence de presse tenue le 9 avril dans les sous-sols du Stade Vélodrome, Tapie jubile devant les journalistes : *« J'ai changé. Je suis simplement venu ici pour redresser le club. Tout cela bénévolement. Il n'y aura pas d'histoires d'argent. Je ne signerai pas de chèques. »*

Nanard métamorphosé en mère Térésa de l'OM. Le nouveau manager sportif omet bien entendu de rappeler à son auditoire qu'il est frappé d'une interdiction de gérer. Le 4 juin 1998, lors de l'affaire des comptes de l'OM 1re version, la cour d'appel d'Aix-en-Provence l'a privé pour cinq ans de ses droits civils et civiques.

Prudent, Robert Louis-Dreyfus a demandé parallèlement à Pierre Dubiton de reprendre du service. Avec la lourde tâche de marquer l'électron libre Tapie à la culotte. Démissionnaire quatre ans plus tôt, le directeur financier revient dans la cage aux lions. *« Un péché d'orgueil »*, confessera-t-il plus tard. Car entre l'expert-comptable rigoureux et le flambeur, c'est le mariage de la carpe et du lapin. Une combinaison gagnante aux yeux de Robert Louis-Dreyfus qui a toujours aimé associer l'huile et le feu dans les organigrammes olympiens.

Tapie et Dubiton ? Une vieille saga. Dans les années 1990, le second fut juge enquêteur près le tribunal de commerce de Marseille lors du dépôt de bilan du club phocéen, alors dirigé par Bernard Tapie. L'ancien para d'Algérie n'avait pas failli à sa réputation de franc-tireur en révélant l'existence d'une caisse noire à l'OM[203].

---

203. Le 14 novembre 1995, un rapport du procureur général Mérand dénonce le système mis en place par Bernard Tapie à l'OM de 1987 à 1994. Extraits : « Cinq millions de francs étaient consacrés annuellement à l'achat de matchs du Championnat de France et de Coupe d'Europe. (...) De graves irrégularités portant sur d'importantes sommes d'argent en relation avec la gestion du club de football Olympique de Marseille à partir de 1987 ont été commises. (...) La panoplie des moyens utilisés était extrêmement variée et complexe : fausse fac-

Retrouvailles donc le 13 avril 2001 dans un bureau de la rue Negresco au siège du club. Première réunion de travail. Premiers éclats de voix aussi. D'entrée de jeu, le manager sportif annonce la couleur : *« De toute façon, Dreyfus, je vais lui refaire cracher un milliard. »* L'actionnaire majoritaire de l'OM a pourtant déjà injecté plus de 110 millions d'euros dans les caisses du club phocéen.

Un événement vient provisoirement contrarier les plans de Bernard Tapie deux mois à peine après son arrivée. Le club, qui affiche un déficit de 36 587 768 euros, est rétrogradé en deuxième division par la DNCG le 3 juin à cause précisément de ses pertes. L'OM interjette appel et échappe à la rétrogradation le 21 juin grâce à un minuscule morceau de papier : l'engagement manuscrit de Louis-Dreyfus de se porter caution personnelle à hauteur du déficit prévu.

La foire aux transferts peut donc enfin commencer. Armé de ses deux téléphones portables, Tapie s'active, s'agite, s'enflamme. Il recrute des joueurs dont personne n'a jamais entendu parler. Joseph Yobo, Vedran Runje et Danicl Van Buyten débarquent du Standard de Liège, « l'autre » club de Robert Louis-Dreyfus, moyennant 20,5 millions d'euros[204]. *« Avec ça, si on n'est pas champion de France, on pourra m'appeler Bernadette »*, se risque imprudemment le manager sportif. D'autres « stars » arrivent sur la Cannebière, elles, dans des conditions rocambolesques, tel l'Argentin Eduardo Tuzzio.

---

turation, montage et utilisation de sociétés écrans dans de nombreux pays – Panama, Liechtenstein, Italie, Suisse, Jersey – ouvertures multiples de comptes bancaires clôturés sitôt les opérations réalisées, prestations fictives, achats de matchs et d'arbitres (...). »

204. Ces trois transferts et le prêt de Jurgen Cavens font l'objet depuis le 26 avril 2004 d'une enquête confiée au juge belge Philippe Richard pour blanchiment, faux et usage et abus de biens sociaux. Personne n'a pour l'instant été inquiété.

Tuzzio ou comment confondre argent et Argentine...

Été 2001. En fin de contrat et libre de tout engagement envers le club argentin de San Lorenzo de Almagro, Eduardo Tuzzio est une cible idéale pour l'OM. Moins pour ses qualités sportives que pour son aptitude exceptionnelle à se placer au centre d'une fascinante partie de bonneteau.

En mai, Bernard Tapie suggère à son patron Robert Louis-Dreyfus de le recruter et obtient immédiatement son accord de principe. On se garde bien d'invoquer, dans les hautes sphères, des détails aussi dérisoires que le statut extracommunautaire de l'athlète.

Eduardo est reçu à Marseille le 26 juin. Libre et propriétaire de 100 % de ses « fameux » droits fédératifs, il signe une convention prévoyant le paiement d'une prime de « bienvenue » de 2 millions de dollars, et le versement sur quatre ans d'un salaire total de 3 100 000 dollars assorti des avantages en nature rituels. L'accord stipule toutefois que l'offre n'est valable que si le joueur se débrouille pour produire, au plus tard le jour de la signature de son contrat de travail, un passeport italien en règle afin d'intégrer les rangs des joueurs européens beaucoup plus libres de leurs mouvements.

Le malheureux fait cependant savoir qu'il n'est pas en mesure de devenir italien en quelques jours. Qu'importe. Le 9 juillet, il reçoit de son futur employeur l'ordre de se rendre dans le charmant pays nantais où l'attendent ses futurs partenaires. L'entraînement des Phocéens débute en effet en Loire-Atlantique le 13 juillet. En outre, on l'informe par écrit – au cas où il l'ignorerait – que son agent vis-à-vis de l'OM est un certain Rafael Santos[205]... Le 18, Gilbert Sau, agent FIFA suisse qui jouit à l'OM d'une redoutable notoriété, reçoit du club marseillais une missive réjouissante : il va percevoir 400 000 dollars de commission au titre du transfert à Marseille d'un certain Tuzzio en provenance du Servette de Genève ! Un homonyme ? Pas le moins

205. Rapport de police du SRPJ de Marseille du 28 octobre 2004 et contrats de la transaction.

du monde. Il s'agit bien de « notre » Tuzzio. Lequel s'est envolé le 19 pour Genève aux frais de l'OM, où il signe le même jour un contrat de travail et une convention de transfert avec le club suisse dont Canal +, son actionnaire de référence, a confié en la personne de Michel Denisot la direction aux mains expertes de Christian Hervé et Patrick Trotignon.

L'air étant plus vif sur les rives du lac de Genève que sur le vieux port, Eduardo Tuzzio porte ses exigences envers le club helvétique à 2,6 millions de dollars de prime de « bienvenue », à lui verser sur son compte ouvert à la Northern Trust International Bank de New York. Le 23, c'est Gilbert Sau qui paraphe le mandat que lui donne l'OM pour réaliser « le rapatriement » du joueur de retour – express – de la cité calviniste. Dès le lendemain, Sau informe les dirigeants genevois de la « mauvaise » nouvelle : sans doute sous l'effet du décalage horaire, le malheureux Tuzzio avait malencontreusement oublié qu'il n'était propriétaire que de la moitié de ses droits compte tenu des 50 % appartenant à un agent argentin sans licence FIFA dénommé Hector Bargas.

Sitôt dit sitôt défait : une nouvelle convention de transfert est élaborée à Genève. Elle prévoit que le Servette, en sus des 2,6 millions de dollars à verser à Tuzzio dont les prétentions sont scrupuleusement respectées, règlera également au señor Bargas, 2,6 millions de dollars sur le compte n° 978274 ouvert à son nom à la Banque Privée Edmond de Rothschild de la même ville.

Le même jour, Eduardo est invité à signer avec l'OM – comment le pauvre garçon pourrait-il s'y retrouver ? – son contrat de travail prévoyant des salaires annuels de 400 000, 450 000, 800 000 et 850 000 dollars au cours des quatre saisons qu'on lui offre de passer à Marseille.

Le 25 juillet, les clubs concernés matérialisent leur accord de transfert du joueur, au prix net vendeur stipulé de 42,5 millions de francs, dont 22,5 millions le jour de l'homologation du transfert, 14,4 millions le 5 janvier 2002, 2,8 millions le 5 avril et le solde – 2,8 millions de francs – le 5 octobre 2002. Une sorte d'EuroMillions à très forte probabilité de gain pour les Helvètes.

Sans tarder, Gilbert Sau envoie ce même jour à son mandant sa note d'honoraires, laquelle sera acquittée avec reconnaissance le 3 août pour 500 000 dollars au lieu des 400 000 promis. Le même jour, il porte le règlement au crédit de son compte n° 417998-8 ouvert dans les livres du Crédit Suisse First Boston de Genève.

Le 27, les petits Suisses autorisent Eduardo à rejoindre son nouvel employeur et la Fédération helvétique délivre un certificat international de « transfert. »

La première échéance contractuelle de 22,5 millions de francs est honorée par Pierre Dubiton avec la précision d'un horloger suisse. La suivante, de 14,4 millions de francs, est plus difficile à avaler, le club étant en butte à des soucis de trésorerie. On se met donc d'accord pour un report de cette échéance qui devient exigible à raison de deux paiements ultérieurs de 5 millions de francs chacun et d'une dernière contribution de 4,4 millions de francs. Robert Louis-Dreyfus et son directeur général Étienne Ceccaldi paient conjointement 9,4 millions de francs le 8 janvier et le 5 mars 2002. Christophe Bouchet honore, le 10 juillet 2002, une traite de 2,8 millions de francs.

Tuzzio suscite peu d'enthousiasme à Marseille, qui ne règle finalement au Servette que 34,7 millions de francs sur les 42,5 millions convenus. Le solde, soit 7,8 millions de francs, est porté en « dette fournisseur » à échéance indéterminée dans la comptabilité de son employeur. Jusqu'à ce qu'ils soient payés, en juin 2004, par le président, à l'avocat de Tuzzio via la Carsam, la caisse régionale des avocats marseillais.

Sans doute déçu par le peu d'empressement de l'OM à faire face à ses obligations financières, le Servette se venge sur les copropriétaires déclarés des droits fédératifs : Tuzzio ne perçoit finalement que 2 millions de dollars (soit 15,4 millions de francs) sur les 2,6 millions prévus. Bargas, pour sa part, est gratifié de 1,57 million de dollars (soit 12,089 millions de francs) dont 1,49 million viré sur son compte à la Banque Privée Edmond de Rothschild toute proche. Le solde ? Réparti dans plusieurs établissements bancaires nord-américains.

Bien entendu, personne ne semble se formaliser du paiement par le Servette de la prime de « bienvenue » promise au joueur alors qu'il est déjà marseillais : 1,5 million de dollars prennent le chemin de son compte new-yorkais le 10 août et le solde de un demi-million le 18 janvier 2002.

Hector Bargas, heureux propriétaire de 50 % des droits fédératifs « tombés du ciel marseillais », et auquel personne n'aura le mauvais goût de demander des preuves de sa créance, décide de donner du travail à ses banquiers. Son compte genevois à la banque privée Edmond de Rothschild se voit crédité, le 15 août, de 1,49 million de dollars versés par le Servette. Dès le 28, le vorace Bargas se rend rue de Hesse où son pécule vient d'arriver électroniquement, et exige qu'on lui remette 1,38 million de dollars (contre-valeur en francs suisses : 2 289 420 FS) en espèces. Soucieux, les banquiers essaient de le dissuader de retirer une somme aussi importante en liquide. Sans succès. En représailles, ils lui remettent la somme en francs suisses plutôt qu'en dollars. Plus tard il prétendra avoir ramené la cagnotte en Argentine dans une valise. Sous toutes les latitudes, le comptage des billets étalés sur le lit de la chambre d'hôtel demeure un moment inoubliable, un subtil mélange d'excitation et d'appréhension indéfinissable.

Par la plus grande des coïncidences, Gilbert Sau, pris d'un besoin pressant le lendemain 29 août, remet sur son compte, au Crédit Suisse de Genève, 1 516 000 de francs suisses en espèces... avant d'en retirer le même jour, en espèces toujours, 1 047 468 euros. Mal récompensé M. Sau. Pour avoir œuvré en faveur du chef cambiste de sa banque en lui donnant du travail afin qu'il conserve son emploi, il fait sournoisement l'objet d'une déclaration de soupçon auprès des autorités judiciaires helvétiques. Un agent sportif traité comme un vulgaire malfrat.

Décidément, « Hector le bienheureux » est dans une période faste : Bargas remet, sur le même compte, un chèque de banque tiré par le Crédit Suisse First Boston le 21 septembre de 3 080 000 francs français (contre-valeur de 469 536,31 euros). Il en sera crédité le 2 octobre. Renseignements pris, le montant correspondant a été débité au compte n° 417998-8 de Planet's

Players-Gilbert Sau. Il s'agit du paiement, par Sau, de la facture émise par l'Argentin le 19 septembre, au titre de ses honoraires pour son rôle supposé dans le transfert de Bernardi, de l'OM à Monaco, intervenu le 8 juin pour 8,3 millions d'euros. Le contrat de travail de Lucas Bernardi mentionnera effectivement l'intervention de Gilbert Sau dans la conclusion de la convention entre le joueur et le club monégasque.

Dès le lendemain, Bargas fait exécuter un ordre de virement de 3 millions de francs (contre-valeur de 457 347,05 euros) au compte nº 20279 ouvert dans les livres de la compagnie d'assurance-vie luxembourgeoise Euresa Life par un certain Franck Lebœuf[206]. Aux dires du facétieux intermédiaire argentin, le remboursement d'une dette personnelle envers un prêteur dont il avait même oublié le nom. Le défenseur international au crâne ciré est, semble-t-il, toujours en compte avec l'OM. On lui doit toujours 10 millions de francs de prime de « bienvenue », promis par Bernard Tapie, qui devaient lui être versés à l'étranger consécutivement à son transfert de Chelsea. Ritournelle habituelle. Un moyen discret de compenser, sur deux ans, la réduction de son salaire mensuel, net de charges et d'impôts, de 850 000 francs à Chelsea à 650 000 francs brut à Marseille[207]. Comme Eduardo Tuzzio passait par là, libre comme l'air et la fleur au crampon, on a saisi une opportunité au bond pour lui permettre de dégager, via des transactions fictives, les moyens financiers occultes destinés à solder de vieux dossiers et apaiser de vieilles rancunes. Subsidiairement, à aider Franck Lebœuf, chef de famille avisé, à souscrire une assurance-vie complémentaire pour un capital assuré de 3 millions de francs auprès de la compagnie luxembourgeoise Assura Life.

---

206. Lors de l'audience du procès Tuzzio du 21 au 23 mars 2007, Christophe de Watrigant, avocat de F. Lebœuf a expliqué : *« C'est une simple affaire de rémunération entre un club et un joueur vedette qui a fait saliver l'OM. À aucun moment Franck Lebœuf n'a été au courant du montage. Il n'a fait que recevoir passivement trois millions de francs sur un compte au Luxembourg. »*

207. *Ibid.*

Le président Christophe Bouchet résilie finalement, en juin 2003, le contrat du globe-trotter argentin Tuzzio qui aura pris part à une dizaine de rencontres en deux saisons. Des cadences infernales, n'est-ce pas ? Non sans lui avoir versé une indemnité de rupture anticipée de contrat de travail à durée déterminée de 1 million d'euros. Un recrutement sportif qui se soldera par une perte nette après amortissement de 1 619 771 euros. Comment dit-on *« le football français est sur-contrôlé »* en dialecte genevois ?

Un transfert au prétoire

Le transfert d'Eduardo Tuzzio trouvera un prolongement inattendu le 19 mars 2007 au tribunal correctionnel de Marseille. Cocasse : Pierre Dubiton sera le seul dirigeant olympien à s'asseoir sur le banc des prévenus alors que Robert Louis-Dreyfus, Étienne Ceccaldi et Christophe Bouchet ont continué à payer, à tempérament, l'achat de l'Argentin après le départ du directeur financier en septembre 2001 [208]. Sa citation à comparaître mentionne qu'il aurait versé 34,7 millions de francs au club genevois alors qu'il a limité sa contribution à 22,5 millions. Paiement qui, rétrospectivement, lui donne toujours des cauchemars et qu'il se reproche amèrement. Étrange erreur du greffier, pourtant habitué par l'OM à manier de gros chiffres. On voudrait tailler à « Pierrot la bavure » un costume trop large pour lui qu'on ne s'y prendrait pas autrement.

Ses ennemis locaux s'en pourlèchent en tout cas les babines à l'avance : Dubiton le vertueux et sa réputation jusque-là sans

208. Les joueurs Eduardo Tuzzio et Franck Lebœuf, les agents Hector Bargas et Gilbert Sau et les dirigeants du Servette de Genève, Patrick Trottignon et Christian Hervé, sont les autres prévenus de ce procès. Le réquisitoire du ministère public prononcé le 22 mars 2007 est le suivant : Dubiton, 18 mois avec sursis et 30 000 euros d'amende. Sau, 18 mois ferme et 375 000 euros. Bargas, deux ans de prison dont six mois ferme et 1,3 million d'euros. Trotignon et Hervé, 18 mois avec sursis et 50 000 euros. Tuzzio, 12 mois avec sursis et un million

tâche vont être sérieusement mis à mal. Condamné, ce que tous espèrent, Dubiton devrait dorénavant leur faire grâce de ses insupportables leçons d'intégrité.

Même si son implication dans le transfert d'Eduardo Tuzzio est indiscutable, les méthodes employées pour lui faire supporter l'entière responsabilité de l'opération ne manquent pas d'intriguer. Comment expliquer, par exemple, le silence assourdissant des dirigeants de l'OM lors de l'assemblée générale ordinaire du 11 décembre 2002, lorsque Gilles Barissat, en sa qualité d'actionnaire minoritaire, tenta de tirer les vers du nez du président Christophe Bouchet sur ce transfert « brûlant » ?

Petit flash-back

Gilles Barissat. — *Dans l'affaire Tuzzio, il n'y a pas eu la moindre plainte ? Les informations révélées par la presse sont fausses ?*

Christophe Bouchet. — *Je n'ai pas lu cela dans la presse, ce que je vous ai dit tout à l'heure. Il y a un dossier qui nous apparaît litigieux. On a fait l'observation au parquet qui a ouvert une enquête préliminaire. Aujourd'hui, on n'a pas déposé plainte en ce qui concerne le dossier Tuzzio. (...) On a arrêté les paiements dans l'affaire Tuzzio quand je suis arrivé.*

Christophe Bouchet a des trous de mémoire. Le 18 juillet 2002, il a effectivement déposé plainte suite aux anomalies qu'il a constatées dans le dossier Tuzzio. Mais il a payé une traite de 2,8 millions de francs au Servette de Genève le 10 juillet. Mieux, comme on l'a vu plus haut, il soldera l'affaire en juin 2004 par un ultime paiement de 7,8 millions de francs à l'avocat de Tuzzio. Heureusement qu'il a « arrêté les frais », comme il l'affirme crânement !

Gilles Barissat d'insister. — *Qui sont les intervenants qui ont approuvé cette opération Tuzzio ?*

Christophe Bouchet. — *Il n'y en a eu qu'un seul qui s'appelle Pierre Dubiton.*

---

d'euros. Lebœuf, 6 mois avec sursis et 100 000 euros. Tous les avocats des prévenus ont demandé la relaxe de leur client.

Gilles Barissat. — *C'est Pierre Dubiton qui a approuvé et réalisé ce transfert seul ?*

Christophe Bouchet. — *La signature atteste que c'est lui qui a signé les documents liés à cette affaire exclusivement.*

Gilles Barissat. — *Les ordres de virement, les paiements ont été signés par qui ?* Et d'insister *: Il y a deux ordres de paiement signés par Robert Louis-Dreyfus.*

Jean-René Angeloglou[209] . —*Vous êtes bien renseigné.*

Gilles Barissat. — *Il vaut mieux. Je crois que les ordres de virement ont été signés par Robert Louis-Dreyfus.*

Jean-René Angeloglou. — *Il faut vérifier.*

Gilles Barissat. — Vérifier, *cela veut dire quoi ?*

Jean-René Angeloglou. — *Demander la copie des ordres de virement, voir qui a signé.*

Gilles Barissat. — *Cela va être fait ? Vous allez me donner la copie des ordres de virements ?*

Denys Angeloglou. — *C'est totalement impossible de remettre aux actionnaires une copie d'un ordre de virement interne.*

Gilles Barissat. — *Je pense que c'est Robert Louis-Dreyfus qui les a signés.*

Denys Angeloglou. — *Je ne sais pas. En tout état de cause, on ne peut remettre à un actionnaire une copie de l'ordre de virement.*

Gilles Barissat. — *Est-ce que c'est, oui ou non, Robert Louis-Dreyfus qui les a signés ?*

Christophe Bouchet. — *Je n'en sais rien.*

Bigrement chancelante la mémoire du président Bouchct[210]. S'il se souvient de la signature de Pierre Dubiton sur les documents initiaux, il oublie les deux virements de 4,4 et de 5 millions de francs signés conjointement par Robert Louis-Dreyfus et Étienne Ceccaldi le 8 janvier 2002 et le 5 mars 2002.

---

209. Expert-comptable de Robert Louis-Dreyfus.

210. Dans une lettre datée du 19 mars 2007 et adressée à Pierre Dubiton, Christophe Bouchet se montre moins évasif. Voici les termes de la lettre que nous reproduisons en intégralité :

Pour sa part, Robert Louis-Dreyfus ignorait-il les contours obscurs et sinueux du cas Tuzzio ? C'est en tout cas ce qu'il a déclaré aux policiers marseillais[211]. Pierre Dubiton affirme le contraire et indique lui avoir envoyé un fax le lundi 23 juillet pour lui décrire par le menu le déroulé de l'opération[212] :

« Gilbert Sau m'a indiqué qu'à la demande de Bernard Tapie, il avait placé Eduardo Tuzzio au Servette de Genève dans l'attente d'avoir une place de hors communautaire (5 au total) mais qu'on pouvait le transférer du Servette à l'OM. Compte tenu des demandes du joueur (primes et salaires), il va falloir débourser une somme de 42 millions de francs. (...)

Donne-moi des instructions précises au plus tard jeudi à 14-15 heures. Sans appel de ta part, je signe les deux contrats puisque jusqu'à présent, tu m'as toujours intimé (même quand je ne suis pas d'accord, ce qui est souvent arrivé) de faire[213] *les joueurs que Bernard Tapie veut. Là aussi seul toi peux décider.*

« Cher Pierre,

« Je n'ai appris que très récemment que l'audience du procès dit "Tuzzio" aurait lieu cette semaine. Comme vous le savez, je suivais de près cette affaire, que j'ai dénoncée au parquet de Marseille en son temps. Je voulais vous apporter le témoignage de ma sympathie, notamment parce que j'ai appris que vous étiez le seul ex-dirigeant de l'Olympique de Marseille à comparaître devant le tribunal, ce qui paraît pour le moins surprenant. Je n'ignore pas en effet que vous etes signataire de la plupart des documents, mais je sais aussi que vous n'êtes pas l'initiateur de cette affaire. Si vous le jugez nécessaire ou utile, je peux vous apporter un témoignage en ce sens. N'hésitez pas à me contacter. »

211. PV 2003/715/40.

212. Le 22 mars 2007, lors de l'audience du procès Tuzzio, Laurent Fransioli, ancien directeur financier de l'OM entre 1999 et 2002, cité en qualité de témoin, a affirmé : *« Les décisions, c'était Tapie. Les fonds, c'était Dreyfus. Robert Louis-Dreyfus était au courant des modalités, il a même proposé à Pierre Dubiton de le mettre en relation avec son conseil de Zurich. »*

213. Les « recruter », en jargon footballistique.

Cependant par rapport aux engagements pris devant la DNCG, il est temps d'arrêter de faire venir de nouveaux joueurs même s'il s'agit de prêt et pas de transfert car c'est aussi la masse salariale qui explose.

NB : Ta réponse m'est nécessaire, appelle-moi très rapidement. »

Pour toute réponse, la secrétaire de Robert Louis-Dreyfus lui retournera une télécopie en date du 27 juillet avec un mot d'encouragement pour le match à venir.

Autre miraculé de l'enquête, Bernard Tapie, dont l'ombre plane en permanence au-dessus du dossier. Le rapport de police transmis au parquet de Marseille relevait d'ailleurs des infractions retenues à l'encontre du manager sportif : *« abus de biens sociaux »* et *« faux et usage de faux »*. Même tarif que Dubiton... L'ancien ministre bénéficiera pourtant de la mansuétude du procureur. Rien à se reprocher. Trop fort le Nanard. Ses manœuvres incessantes sont parvenues finalement à tromper la vigilance d'un Pierre Dubiton esseulé dans la cage aux fauves. Durant leurs cinq mois de vie commune à l'OM, l'ancien para s'était pourtant juré de conserver le commissaire Valence dans son viseur...

Tapie-Dubiton : duel au soleil

Les méthodes du manager sportif irritèrent rapidement Pierre Dubiton. Notamment parce que l'ancien boss sulfureux des années 1990 tente de s'imposer comme le nouveau « taulier ». Le 7 août 2001, le flambeur, en vacances avec sa famille à Ajaccio, décide de rentrer à Paris en jet privé aux frais de l'OM. Le directeur financier refuse de lui rembourser la ballade à 7 912 euros. Combien de temps Tapie, qui affirme être revenu à l'OM pour « zéro balle » selon ses propres termes, résistera-t-il à l'idée de se payer sur la bête ?

À l'occasion du transfert du Polonais Piotr Swierczewski, auquel le manager sportif a promis 750 000 francs par mois, un échange téléphonique résume à lui seul l'ambiance entre les deux hommes.

Bernard Tapie : *« Eh, connard, il faut que je te suce pour que tu signes les contrats ? Quand je décide quelque chose, il n'y a pas à revenir dessus*[214] *! »*

Pierre Dubiton, à l'autre bout du fil : *« Qu'est-ce que tu as Bernard la tapette ? Viens me le dire en face si tu es un homme ! »*

Lors d'une réunion de travail, certains salariés de l'OM voient même le directeur financier, un cendrier à la main, courser l'ancien ministre de la Ville dans les couloirs des bureaux de la rue Negresko. À cinquante-huit ans, Bernard Tapie pique l'un des plus beaux sprints de sa carrière !

La peur physique que lui inspire Pierre Dubiton ne tempère pas pour autant la fièvre acheteuse de « Nanard ». Le Brésilien Fernandao est recruté pour 4,2 millions d'euros. Au Brésil, sa valeur marchande n'excède pas 791 000 euros.

Bien qu'il n'en ait pas le droit, Tapie détermine et négocie les salaires et les indemnités de transfert : la lettre de Giuliano Pacheco Bertolucci, agent de Fernandao, adressée à Pierre Dubiton le démontre clairement :

« Tous ces accords ont été pris avec M. Bernard Tapie représentant l'Olympique de Marseille qui a participé à toutes les négociations. »

Circonspect quant au véritable rôle de Bernard Tapie dans les opérations de transfert, le procureur Francis Fréchède écrit à Robert Louis-Dreyfus le 10 août 2001 : *« Dans son édition du 7 août 2001, le journal* L'Équipe *relate que M. Bernard Tapie, responsable sportif de l'Olympique de Marseille, a démenti "être interdit de gestion". Je vous indique cependant, à toutes fins, et pour votre parfaite information, que sous réserve de l'interprétation souveraine des tribunaux, l'examen de la situation pénale de Bernard Tapie fait apparaître qu'il tombe bien sous le coup d'une interdiction d'exercer directement ou indirectement par personne interposée, pour son compte ou pour le*

---

214. *Cf. L'Humanité* du 1er septembre 2001, *Le Monde* du 28 août 2001, *Libération* du 29 septembre 2001 et *VSD* du 11 avril 2002.

compte d'autrui, une profession commerciale ou industrielle. Selon la loi, cette incapacité s'oppose également à ce que puissent lui être confiées, en droit comme en fait, " toutes fonctions de direction, de gérance ou d'administration dans une entreprise commerciale ou industrielle quelle qu'en soit la forme juridique ". »

Interrogé[215] sur sa réelle implication dans les transferts, Tapie affirme de son côté : *« Je définis le prix du joueur, sa rémunération, mais je n'entre pas dans la définition des actes juridiques et administratifs. »* Et d'ajouter, professoral : *« Chaque transfert de football peut faire l'objet d'un détournement d'argent sans que l'on puisse le savoir. C'est facile, il suffit d'être dans le milieu depuis trois minutes pour le comprendre. Vous choisissez un joueur étranger, et son agent, qui prend 10 % de la commission, vous rétrocède de l'argent. »*

Leçon que le professeur Tapie ne mettra évidemment jamais en pratique : à l'OM il fait œuvre de bénévolat. De plus, tout le monde connaît son mépris viscéral pour l'argent facile.

Deux agents privilégiés

Durant son séjour d'une année à l'OM, ce sont deux agents très proches qui vont avoir la haute main sur les transferts. Gilbert Sau et Jean-Luc Barresi, puisque c'est d'eux qu'il s'agit, réalisent près de 70 % des transactions.

Originaire de Marseille, mais installé à Genève, où il a obtenu sa licence d'agent FIFA, le rondouillard Gilbert Sau est une vieille connaissance de Bernard Tapie. L'ancien *golden boy* l'a sponsorisé au milieu des années 1980 quand Sau jouait au coureur automobile en s'alignant au départ de prestigieux rallyes comme celui de Monte Carlo.

Gilbert Sau s'y entend comme personne pour mener habilement les négociations. Sous l'ère Tapie, il empoche 4,6 millions d'euros d'honoraires. Membre quasi officiel du club – *« le vrai taulier en l'absence de Tapie »* affirment certains salariés de

215. *VSD* du 7 mars 2002.

l'époque –, Gilbert Sau est comme chez lui au siège du club et ne laisserait à personne sa place dans la loge nº 7 du Stade Vélodrome. *« À l'OM, je me gave, je me gave »*, éructe-t-il un jour devant Pierre Dubiton en joignant le geste à la parole.

À Marseille, Gilbert Sau fait équipe avec Jean-Luc Barresi, une figure locale dont l'un des frères est en cavale depuis plus d'une décennie. Dans la cité phocéenne, les Barresi sont incontournables. Jean-Luc a même noué des relations amicales avec Renaud Muselier, le premier adjoint à la Mairie. Son casier judiciaire demeure vierge[216], et il a passé avec succès son examen d'agent de joueurs en septembre 2001.

Dans la coulisse, les méthodes des duettistes sont qualifiées de viriles. Ils savent se montrer très convaincants lorsqu'il s'agit de recueillir la signature d'un athlète ou, au contraire, de lui faire prendre conscience que l'herbe de la pelouse est plus verte ailleurs.

Alen Skoro en sait quelque chose. Comme ses talents balle au pied ont rapidement fait débat du côté de la Cannebière, Sau et Barresi lui ont indiqué la direction de la sortie. Hélas, le Bosniaque se sent comme un poisson dans l'eau au bord de la Méditerranée et n'a aucune envie de partir. Le 1er août 2001, on le presse de partir. En fin de soirée, il craque et appose sa signature au bas du contrat qui l'envoie au Servette de Genève. Chassé-croisé. On l'expédie pour qu'il libère une place de joueur extra-communautaire pour les recrues de l'été. Ce n'est pas la première fois que le club helvétique, alors propriété de Canal +, fournit une échappatoire au club méridional[217]. L'affaire est en tout cas portée devant la Ligue nationale de football, qui statue d'abord en faveur du joueur avant de le débouter en appel.

216. En 2002, il fera un an de détention préventive à Luynes dans une affaire d'extorsion de fonds et de menaces de mort sur la personne d'Ernest Vittiglio dit « Neness l'élégant », patron de GTM, une société de gardiennage du port de Marseille. Ensuite, il a été mis hors de cause.

217. Comme les transferts de Dill et Tuzzio.

Quant à Jean-Luc Barresi, dans une interview accordée à *VSD*[218], il rejette en bloc toutes les accusations proférées dans ce dossier. « *Tout le monde a été entendu dans cette affaire,* dit-il. *Les menaces ne viennent pas de moi, ni de personne. Je suis agent de joueurs et je ne négocie pas les contrats avec un calibre sur la tempe du joueur.* » Et d'ajouter, un tantinet sentimental : « *Le plus difficile n'est pas de s'occuper d'un Ronaldhino mais de vendre des joueurs qui n'ont plus leur place dans une équipe. Et Gilbert Sau est le seul à avoir réalisé ce travail très complexe. Gilbert est un ami, c'est un type au grand cœur. Ne plus le voir parce que l'on dit ça ou ça de lui, je ne peux pas. Je n'ai pas de plan de carrière. Le jour où tout s'arrêtera, tout s'arrêtera. Le plus important pour moi est de faire ma partie de pétanque avec mes amis, qu'ils soient voyous, industriels ou avocats.* »

Le milieu gagne du terrain

Reste que l'ancien magistrat Étienne Ceccaldi, devenu directeur général de l'OM, est convaincu de la pénétration du club par le milieu marseillais. Il a même eu affaire à Jean-Luc Barresi à qui il paiera pourtant une commission de 700 000 francs pour le transfert de Meïté. Le 27 mars 2002, il actionne le signal d'alarme dans les colonnes de *La Provence* :

« *Je demande l'aide de la justice pour libérer l'OM de la tutelle et de la mainmise du milieu. Ce n'est pas moi qui vais faire le coup de feu contre les gens du milieu. Je dirai au procureur que j'ai besoin de son aide dans le domaine qui le concerne : la lutte contre la délinquance périphérique du club. La vraie difficulté n'est pas économique car nous avons un actionnaire immensément riche. Le vrai problème tient à l'omnipotence de certains sur le recrutement de joueurs. Des gens du club se sont même introduits dans mon bureau pour photocopier le mandat de recherche de joueurs que j'avais rédigé à l'intention de certains agents. De qui s'agit-il ? De personnes qui ne veulent pas lâcher le morceau. Je ne me laisserais plus gêner*

---

218. *VSD* du 10 mars 2005.

par les incidences financières d'un recrutement très hasardeux. Le club traverse une période charnière où beaucoup tentent de le déstabiliser pour se l'approprier. Mais il leur manque l'argent, d'où l'envie de certains de s'associer à Jean-Luc Barresi. Ils ont essayé de gagner beaucoup d'argent sur le dos d'un club qui en perdait encore plus. Mais la différence entre Louis-Dreyfus et Bernard Tapie est flagrante. On a d'un côté un homme qui a mis un milliard de francs et qui est prêt à remettre la même chose, de l'autre un individu qui n'a jamais rien mis. »

Après sa lutte épique avec Dubiton limogé en septembre 2001, Tapie se retrouve donc clairement en conflit avec le successeur de l'expert-comptable.

Tout a pourtant bien commencé entre l'ancien magistrat et l'ex-taulard. Recommandé par Bernard Tapie, Étienne Ceccaldi, réputé homme de gauche, a été embauché en tant que directeur général de l'OM au salaire mensuel de 25 154 euros. Interrogé sur l'affaire VA/OM lors de sa présentation à la presse, cet expert du droit avait surpris son auditoire en se montrant très indulgent envers Tapie : *« Huit mois de prison ferme pour un ministre en exercice pour 200 000 francs donnés. C'est disproportionné. »*

Passée la lune de miel consécutive à l'embauche de Ceccaldi, la relation entre les deux hommes tourne vite à la guerre de tranchées. Par prudence, Étienne Ceccaldi fait même appel à la société de sécurité du capitaine Paul Barril pour s'assurer que son bureau n'est pas truffé de micros[219]. Ambiance...

Dans une interview accordée à *VSD* le 22 février 2002, Bernard Tapie distille son fiel avec humour : *« Étienne Ceccaldi ? Il a des petits problèmes de cadence. Le rythme imposé à l'OM est plus soutenu que celui qui règne dans la magistrature. »*

La foire aux joueurs reprend

Mauvais procès, car Ceccaldi se montre très actif pour signer les contrats des recrues du « mercato » de janvier 2002. Comme celui de

219. Entretien avec l'un des auteurs.

l'Espagnol Alfonso Pérez, prêté gratuitement par le FC Barcelone. L'OM verse cependant 7 350 000 francs au club catalan.

Ce marché hivernal coûte 13,5 millions d'euros à l'OM. Ce qui est surprenant puisque le conseil d'administration du 21 novembre 2001 a enjoint le club de *« n'acquérir aucun nouveau joueur au mercato d'hiver 2001. »* Cette nouvelle crise de fièvre acheteuse paraît insupportable à Gilles Barissat, patron de la Société européenne de magazines et actionnaire minoritaire de l'Olympique de Marseille. Il décide donc d'assigner Robert Louis-Dreyfus devant le tribunal de commerce de Marseille[220] pour ses fautes à répétition dans la gestion du club phocéen :

« Force est de constater, en l'espèce, que M. Robert Louis-Dreyfus a commis de manière incontestable des fautes "détachables" de ses fonctions de président. En premier lieu, et alors qu'il était, compte tenu des précédents, parfaitement conscient des risques de détournement à l'occasion du transfert de joueurs, il a embauché M. Bernard Tapie, déjà condamné dans le procès des comptes de l'OM, en tant que directeur sportif et l'a laissé agir en dirigeant de fait en lui laissant superviser seul le transfert de 49 joueurs.

Bien plus, non seulement M. Robert Louis-Dreyfus a laissé agir M. Bernard Tapie sans aucun contrôle, mais encore il a radicalement ignoré toutes les mises en garde qui lui ont été données et il a même pris les mesures nécessaires pour que M. Bernard Tapie puisse disposer des pleins pouvoirs sans aucun contrôle. (...)

Par ailleurs, M. Pierre Dubiton, directeur financier de la société, essayant de s'opposer à M. Bernard Tapie, M. Robert Louis-Dreyfus a pris l'initiative de le licencier au mois de septembre 2001 (...).

---

220. Cette demande d'assignation entraînera un accord amiable. Robert Louis-Dreyfus paiera sans sourciller les 600 000 euros de dommages et intérêts demandés par Gilles Barissat.

La principale faute imputable à M. Robert Louis-Dreyfus est, alors que le conseil d'administration du 21 novembre 2001 avait de manière répétée décidé de ne réaliser aucun recrutement au mercato d'hiver 2001, d'avoir réalisé pour 13,5 millions d'euros de dépenses. »

Le fric, c'est chic !

À la demande insistante de Tapie, Étienne Ceccaldi, dont la signature est pourtant limitée à 300 000 euros, règle aussi le solde de l'indemnité de licenciement de Rolland Courbis, dont le montant initial de 5 millions de francs est subitement réévalué à 5,6 millions de francs[221].

Les résultats sportifs ne sont pas de nature à apaiser la haine grandissante entre les deux hommes. En dépit des 50 millions d'euros consacrés à l'achat de joueurs, la saison 2001-2002 s'avère une catastrophe. L'OM navigue dans les profondeurs du classement.

Pis, inquiet des dérives financières de l'équipe phocéenne, le tribunal de commerce de Marseille convoque Robert Louis-Dreyfus le 2 mars 2002. L'actionnaire majoritaire promet une « *restructuration sévère du club* ». Un refrain éculé qui parviendra néanmoins à tranquilliser les juges marseillais.

Lors de son audition, Robert Louis-Dreyfus énumère les réformes qu'il s'engage à mettre en œuvre. « *Le temps de la folie des grandeurs est fini,* annonce-t-il. *La masse salariale des joueurs, qui représente plus de 80 % du budget du club, sera réduite d'un tiers la saison prochaine. Le nombre de joueurs sous contrat sera plafonné à 24 contre 40 dans un passé très récent. Enfin, d'ici la fin du mois de mai, je nommerai un P.-D.G. à la tête de la holding Éric Soccer, qui avec l'assistance d'un manager général, prendra les rênes du club.* »

Des propos qui semblent compromettre l'avenir de Tapie à l'OM. Mais le comédien, lui, ne désarme pas. Et réplique devant

221. Document transactionnel et document comptable de l'OM.

les journalistes : « *Vous devez vous mettre dans la tronche que Robert et moi sommes indissociables dans cette aventure. Il y a entre nous des enjeux qui sont d'une autre nature que ceux de l'OM, de Dubiton, de Ceccaldi, des raisons évidentes pour ceux qui réfléchissent un peu*[222]. »

Le retour de Tapie à l'OM ou une partie de billard à trois bandes

Inutile de se torturer les méninges. Aux yeux du manager sportif de l'OM, les raisons « évidentes » ont pour noms Crédit Lyonnais et Adidas. Successeur de Bernard Tapie au sein de la firme aux trois bandes, Robert Louis-Dreyfus a réussi avec cet achat l'un des plus jolis coups financiers de sa carrière. « Nanard » peut toujours feindre à la télévision d'administrer à Robert Louis-Dreyfus une formation footballistique accélérée, en matière de business, le diplômé de Harvard a infligé à l'ancien môme du Bourget une leçon magistrale.

Rappel des faits. En 1992, Bernard Tapie, devenu ministre de la Ville, souhaite se retirer du monde des affaires. Il éprouve surtout de grosses difficultés à honorer ses échéances envers le Crédit Lyonnais qui lui a permis de racheter 78 % d'Adidas aux sœurs Dassler pour 1 milliard 386 millions de francs. Une opération financée à 100 % par les banques. Étranglé par le Crédit Lyonnais, Tapie n'a donc plus le choix. Il doit vendre Adidas, « *l'affaire de sa vie* », comme il l'a claironné en 1990 après son acquisition.

Le 16 décembre 1992, il mandate la SDBO, une filiale du Lyonnais, pour lui confier la vente des 78 % d'Adidas qu'il possède. Le prix cible de Tapie est de 2 milliards 85 millions de francs. Moins de deux mois plus tard, le 12 février 1993, Adidas est vendu au prix convenu. Tapie respire. Il déclare alors à l'AFP : « *Le prix est bon.* »

222. Conférence de presse du 29 mars 2002.

Les nouveaux acquéreurs ? Des filiales de la banque associées à des sociétés d'investissement aux contours plutôt incertains parmi lesquelles Omega Ventures Limited et Coatbridge Holding Limited, dont les sièges sociaux se trouvent respectivement à Jersey et à Tortola dans les désormais célèbres Îles Vierges britanniques. Des *off-shore* constituées par les banques Warburg et Citibank, mais en fait, comme on l'apprendra bien plus tard, contrôlées par le Crédit Lyonnais[223].

À travers RICESA, une société de droit luxembourgeois, Robert Louis-Dreyfus acquiert 15 % du capital d'Adidas alors détenu par Bernard Tapie[224]. Une opération de 310 millions de francs entièrement financée par le Crédit Lyonnais au taux d'intérêt imbattable de 0,5 %.

Dans le même temps, toujours en février 1993, Robert Louis-Dreyfus obtient une option d'achat sur la totalité du capital d'Adidas valable jusqu'au 31 décembre 1994. Une promesse de vente jamais portée à la connaissance de Bernard Tapie et chiffrée à... 4 milliards 650 millions de francs. Deux fois la somme reçue par le ministre ! Addition que Robert Louis-Dreyfus règle sans sourciller le 22 décembre 1994 en levant l'option. Époustouflant. Alors que le prix de vente de 2 milliards 85 millions a été rendu public dès le début de l'année 1993, Robert Louis-Dreyfus est déjà prêt, à cette même date, à doubler la mise deux ans après. Bien sûr, il a compris que la valeur de l'équipementier a été sous-estimée.

---

223. Lors de son audition devant la Commission d'enquête parlementaire, le 16 juin 1994, Jean Peyrelevade, ancien patron de la banque publique, expliquera : *« Je vous avais répondu que nous étions en situation de portage pour le compte du Crédit Lyonnais. Cette réalité s'étend, à ma connaissance, à l'ensemble des actionnaires d'Adidas, AGF mis à part. Donc, en fait, c'est le Crédit Lyonnais qui était le propriétaire d'Adidas. Il avait racheté Adidas à M. Bernard Tapie. »*

224. Clinvest, filiale du Crédit Lyonnais, Matinvest de la banque Worms, Phenix et Metropole, du groupe AGF et enfin EFC, de Gilberte Beaux, sont les autres sociétés qui composent le pool d'actionnaires d'Adidas.

Moins d'un an plus tard, en novembre 1995, la société Adidas est introduite en Bourse et valorisée 11 milliards de francs. 140 % de profit... Du grand art. Dans l'entourage d'un Bernard Tapie dépité, on s'est longtemps demandé si « Billion Dollar Bobby » et le Lyonnais ne s'étaient pas entendus pour le tondre...

De fait, le 27 mai 1999, dans le cadre d'un procès en diffamation l'opposant à Jean Peyrelevade, Bernard Tapie fait délivrer une « sommation interpellative » à Robert Louis-Dreyfus qui, devant huissier, répond à une série de six questions. La dernière ne manque pas d'intérêt.

L'huissier. —*Avez- vous eu des rapports avec le ou les représentants des sociétés* off-shore *qui détenaient les titres qui vont ont été cédés ?* [225]

Robert Louis-Dreyfus. – *Je n'ai eu aucun rapport avec les sociétés* off-shore *ni avec leurs représentants.*

Six ans plus tôt, au cours d'une interview accordée au magazine *L'Expansion* publiée le 4 mars 1993, soit trois semaines après la vente d'Adidas, Robert Louis-Dreyfus avait, semble-t-il, la mémoire plus fraîche.

La journaliste. – *Vous avez fait venir deux fonds d'investissement : Omega Venture, lié à Citibank, et Coatbridge Holdings, lié à Warburg. Quels sont leurs rôles ?*

Robert Louis-Dreyfus. — *Ce n'est pas moi qui les ai amenés, du moins pas directement. Ce sont deux sociétés de* venture capital *qui ont vocation à sortir d'ici deux à cinq ans.*

Comment Robert Louis-Dreyfus pouvait-il soutenir, en 1999, ne pas avoir eu de rapports avec les sociétés *off-shore* alors que, six ans plus tôt, il semblait parfaitement les connaître et n'ignorait rien du pacte d'actionnaires scellé entre les nouveaux acquéreurs d'Adidas ?

---

225. Copie de la sommation interpellative délivrée à Robert Louis-Dreyfus le 27 mai 1999.

Au lendemain de la décision de la Cour de cassation du 9 octobre 2006, qui a annulé l'arrêt de la cour d'appel du 30 septembre[226], Bernard Tapie, logiquement déçu et vaguement perfide, s'interrogera à haute voix sur *« les sommes qui ont transité sur ces comptes* off-shore *et dont on ne sait toujours pas ce qu'elles sont devenues »*.

L'ancien ministre de la Ville s'interroge encore sur la neutralité de Jean-Paul Tchang et Henri Filho, les deux hommes qui ont approché Robert Louis-Dreyfus pour lui proposer le rachat d'Adidas. Le premier, alors directeur de la banque du Phénix, société actionnaire d'Adidas, ancien cadre dirigeant du groupe Louis-Dreyfus, travaillera pour Adidas en Chine. Henri Filho, le second, ancien vice-président de Clinvest, filiale du Crédit Lyonnais, également actionnaire d'Adidas, deviendra de son côté président du conseil de surveillance de la marque aux trois bandes.

Fin du flash-back économique.

Tapie hors jeu

En privé, Bernard Tapie ne manque jamais une occasion de proclamer que son retour à l'OM est pour lui une façon de régler quelques vieux comptes avec le passé.

« Il n'y a aucun deal entre nous », réplique quant à lui Robert Louis-Dreyfus, lorsque Bernard Tapie, en difficulté sportive, évoque de manière elliptique *« des enjeux d'une autre nature que l'OM »* liant les deux hommes.

Malheureusement, sous sa férule l'OM n'enrichit pas son palmarès. Le club phocéen termine piteusement le championnat à la 9e place. Le mythe Tapie se voit singulièrement écorné. Finalement n'était-ce pas le but poursuivi par Robert Louis-Dreyfus, Machiavel du ballon rond qui avoue dans une interview[227] :

---

226. Dans cet arrêt, le Crédit Lyonnais était condamné à verser 135 millions d'euros à Bernard Tapie pour manque de loyauté envers son mandant.

227. *France Football* du 13 décembre 2002.

« Mon coup de génie a été de mettre ensemble Bernard Tapie et Pierre Dubiton. J'ai ainsi pu me débarrasser des deux en même temps. »

Un journaliste à la barre

Multipliant les « coups de génie », Robert Louis-Dreyfus décide, le 19 avril 2002, de nommer Christophe Bouchet à la tête de l'Olympique de Marseille. Cinq ans plus tôt, le 9 janvier 1997, ce journaliste du *Nouvel Observateur* avait brossé un portrait dithyrambique du milliardaire dans un article titré « La folle réussite d'un joueur de poker ».

Depuis ce jour, les deux hommes entretiennent des relations étroites. Le reporter à la plume plutôt alerte écrit d'ailleurs quelques discours pour Robert Louis-Dreyfus. Mieux, le journaliste lui transmet régulièrement des notes sur la façon de gérer l'Olympique de Marseille.

Le 9 août et le 13 septembre 2001, neuf mois avant sa nomination, Christophe Bouchet récompense ses lecteurs en leur dévoilant les arcanes du club marseillais dans deux articles à la titraille plutôt racoleuse : *« OM : le foot en eaux troubles »* et *« Guéguerre des chefs à Marseille »*. Deux reportages consacrés en grande partie à l'influence du milieu et aux magouilles diverses au sein du club phocéen durant la seconde période Tapie.

Le journaliste du *Nouvel Observateur* est une vieille connaissance de Tapie. En poste à Marseille pour l'Agence France Presse pendant sa présidence à l'OM, puis à Lille au moment du procès de l'affaire VA/OM, Bouchet a longtemps fait de Tapie son principal fonds de commerce. Il lui a d'ailleurs consacré plusieurs ouvrages dont *L'aventure Tapie* et *Tapie, l'homme d'affaires*[228]. Polémiste, il publie en 1995 *Comment devenir riche et célèbre sans vraiment le mériter*[229] . Un ouvrage prémonitoire si l'on en juge par cet extrait : *« Intéressez-vous au football. Méfiez-vous, la maîtrise du milieu demande un petit temps*

228. Éditions du Seuil, 1993 et 1997.
229. Éditions Albin Michel, 1995.

d'adaptation. Les sommes en jeu échappent au sens commun. Inutile de les citer, mais les montants atteints confinent au surréalisme. Vous êtes obligé de négocier plusieurs transferts simultanément ? Achetez en Italie, revendez en Espagne. Pourquoi faire revenir l'argent en France ? Votre argent doit être en mouvement perpétuel entre plusieurs États. Faites transiter l'argent par la Yougoslavie qui compte de nombreux joueurs au talent variable et un plus grand nombre encore d'intermédiaires véreux. Ils connaissent parfaitement l'éventail des possibilités pour blanchir vos comptes en banque. »

Le plumitif, comme on dit, n'est pas venu à Marseille pour s'enrichir, mais pour mener l'équipe vers les sommets. Sous sa férule, il faut s'attendre à une rupture totale avec les errements du passé. Il jure d'ailleurs la main sur le cœur : *« Le cap qu'il faut maintenir, c'est la transparence à tous les niveaux. Être le plus ouvert possible pour éviter les zones d'ombres*[230]*. »*

Les méthodes du garçon Bouchet

Lors de sa prise de fonction, le jeune président de 39 ans fixe clairement les nouvelles règles du jeu : *« Les affaires à l'OM, c'est fini. Place au sport. Je tiens aussi à préciser que le temps des folies financières est désormais révolu. »* Pour preuve de ses modestes aspirations financières, l'ancien reporter croit utile de préciser : *« Avant mon arrivée à l'OM, mes revenus étaient ceux d'un journaliste. Ils n'en sont guère éloignés aujourd'hui. En tout cas, ma rémunération est substantiellement inférieure à celle de mes prédécesseurs*[231]*. »*

C'est quelque peu culotté. Car en devenant président de l'OM, Christophe Bouchet connaît plutôt une ascension sociale vertigineuse. Ses revenus mensuels sont multipliés par vingt : de 4 200 à 87 250 euros[232]. Il est même le dirigeant le mieux payé de

230. Conférence de presse du 24 avril 2002.

231. Entretien avec l'un des auteurs le 2 décembre 2003.

232. *VSD* du 15 janvier 2004 et compte de résultats de la SA Éric Soccer arrêté au 30/06/2004.

l'histoire du club[233]. Comme beaucoup d'autres avant lui, le bougre peine à résister à l'ivresse du pouvoir[234]. Il réaménage son bureau présidentiel avec cave à cigares et cave à vin où sommeillent les plus grands crus. Coût des modestes travaux : 70 000 euros. Pour asseoir son autorité, le nouveau patron décide, aux frais du club, de déplacer son auguste personne en Porsche Cayenne. Dans le milieu du foot, la réussite se mesure d'abord à la puissance du moteur. Pour ne pas nuire à l'image de l'OM, il s'interdit, bien entendu à contrecœur, de déroger à la règle : *« Quand je suis arrivé à Marseille, je roulais en Peugeot. Mon directeur de la communication m'a dit que cela ressemblait trop à une voiture de jardinier. Par rapport aux grosses cylindrées des joueurs, cela marquait mal. Il me fallait un véhicule digne de ce nom. Vous savez, le coût d'une telle voiture ne représente rien sur un compte d'exploitation*[235]. *»* Sans doute, mais ce n'est pas rien non plus quand, au 30 juin 2003, l'OM affiche un passif total de 100 millions d'euros. Ça n'empêche pas sa petite famille de trouver refuge à Marseille dans le très chic VIIe arrondissement. Un loyer de 5 500 euros à la charge de son employeur[236] !

Les transferts résistent

Son salaire royal et son train de vie princier incitent le nouveau boss à un soupçon de conservatisme. Christophe Bouchet, qui s'autoproclame pourtant « Monsieur Propre de l'OM », peine à mettre en place la rupture avec les bonnes vieilles traditions de l'« Ancien Régime ». Au premier chef, celle des transferts acrobatiques. Mais a-t-il les moyens d'y résister ?

Le cas du joueur russe Dimitri Sytchev est édifiant. Pour s'attacher les services de l'attaquant du Spartak de Moscou, l'OM

233. Son successeur, Pape Diouf, améliorera le record avec 110 000 euros par mois.

234. Pièces comptables de l'OM. Exercice fiscal 2004-2005.

235. Entretien avec l'un des auteurs le 2/12/2003.

236. Pièces comptables de l'OM.

acquitte, en janvier 2003, une facture de 300 000 dollars (235 000 euros) émise le 18 décembre par ODA, une société moscovite spécialisée dans la fabrication de machines à sous ! Le libellé de la facture est surréaliste. ODA réclame, d'une part, 150 000 dollars au titre des frais exposés lors de la réunion organisée en Russie entre les dirigeants olympiens et moscovites. Exorbitant pour un interprète et la location d'une Mercedes 500 avec chauffeur... Quant au solde, soit 150 000 dollars, il correspond à une commission de 5 % sur le montant de l'indemnité de transfert fixée à 3 millions de dollars. Un habillage grossier en vue de dissimuler un exercice illégal de la profession d'agent de joueurs... puisque 300 000 dollars, c'est précisément 10 % du montant du transfert, rémunération à laquelle pourrait prétendre un agent agréé FIFA sans histoire ? En guise de justification, ODA précise d'ailleurs : *« Nous ne sommes pas agent FIFA, mais nous pouvons être d'excellents intermédiaires pour ce type de transaction en Russie. »* Un peu court, non ? Lors de la parution de cette affaire dans *VSD* le 15 janvier 2004, Christophe Bouchet dément tout en bloc lors d'une conférence de presse improvisée et assène : *« Je vais porter plainte. Tout dans cet article est faux et diffamatoire*[237]*. »* La cour d'appel de Paris calmera ses ardeurs belliqueuses par un arrêt du 28 juin 2006 concluant à la relaxe intégrale du magazine et reconnaissant le « caractère irrégulier » du transfert de Sytchev.

D'autres transferts laissent perplexe. Celui du Brésilien Joao Rodrigo par exemple. Cet « Arlésien » acheté 400 000 euros ne

237. L'article rappelait également l'omniprésence du faux agent Richard Bettoni et de son poisson-pilote, Ranko Stojic, impliqués dans différents transferts dont ceux de Philippe Christanval, Frédéric Déhu ou Fabrice Fiorèse. Les deux hommes, mis en examen par le juge de Marseille Charles Duchaîne pour *« abus de biens sociaux, abus de confiance, exercice illégal de la profession d'agent de joueurs et blanchiment »*, sont également mis en examen dans le cadre de l'enquête sur le PSG menée par le juge Renaud Van Ruymbeke. Stojic et Bettoni nient s'être livrés à de quelconques malversations.

posera en effet jamais les crampons à Marseille. Les conditions du transfert de Didier Drogba sont elles aussi obscures. Le prix de cession du joueur de 37,5 millions d'euros annoncé à la presse ne correspond pas à la somme réellement encaissée par l'OM, laquelle s'établit à 33,7 millions d'euros. À l'automne 2004, un audit commandé à Arnaud Bied, du cabinet Fidufrance, ne fournira aucune explication sur la différence entre les deux montants, les membres de la direction ayant, à ce sujet, des versions très divergentes. Fin mars 2006, à la clôture du procès des comptes de l'OM, le parquet de Marseille va ouvrir une enquête sur la gestion de Christophe Bouchet durant sa présidence entre 2002 et 2004. Outre les transferts, les enquêteurs s'intéressent à d'étranges conventions et à des rémunérations de droits à l'image fort généreuses envers certains joueurs. De nouvelles surprises à découvrir ?

Les piges dorées

Au cours de la saison 2002-2003, Piotr Swierczewski, milieu de terrain polonais recruté par Bernard Tapie, n'entre plus dans les plans des nouveaux dirigeants. Or, par malchance, ce joueur touche l'un des plus gros salaires du club. Et ses indemnités de licenciement se chiffrent à 911 000 euros, hors charges sociales. Afin de rendre la rupture moins douloureuse, l'OM scinde cette indemnité en deux.

D'une part, 500 000 euros d'indemnité « officielle ». De l'autre, une « convention d'assistance technique » fantaisiste de 411 000 euros passée entre le club et son salarié qui soldera l'affaire. Un monument puisqu'elle indique[238] : *« L'OM souhaite pouvoir bénéficier de la connaissance et du rayonnement personnel qu'a ce joueur dans le monde du football professionnel en Pologne et dans les pays voisins d'Europe de l'Est, afin de pouvoir élargir ses perspectives de recrutement, de coopération et d'échanges dans ce secteur géographique où il est encore*

238. Contrat d'assistance technique signé entre les parties en mai 2003. Sur le contrat, le jour exact n'est pas précisé.

insuffisamment influent. » Afin d'éviter tout surmenage à l'ami Piotr, l'OM aménage ses horaires de travail, comme le précisent quelques lignes instructives : *« D'autre part, Piotr Swierczewski, compte tenu d'impératifs d'organisation personnelle, peut déléguer la gestion et le paiement de cette mission à toute société de son choix. »* Une question surgit immédiatement : pourquoi vouloir bénéficier du rayonnement du joueur si ce n'est pas lui qui fait le travail ?

Ce contrat a au moins un effet : s'affranchir des charges sociales et fiscales. Un boulot en or massif sans stress dans la mesure où, quel que soit le niveau réel d'activité déployé par le Polonais, il percevra conventionnellement ses 411 000 euros. Y a-t-il un résultat quelconque à attendre de ses démarches ? Même pas, car il n'y est nullement tenu : *« La mission du prestataire s'analyse comme une simple obligation de moyens au titre de laquelle il devra simplement faire ses meilleurs efforts sans aucune garantie de résultat. »*

Mais Swierczewski n'est pas le seul à se voir offrir une telle opportunité. D'autres, à commencer par Franck Lebœuf, bénéficient de ce type de petits boulots royalement payés. L'ancien *libero* olympien évolue depuis déjà un an au club Al-Saad au Qatar quand, le 14 janvier 2004, Christophe Bouchet lui fait une offre qu'il ne peut refuser : *« Conclure des opérations lucratives pour l'OM au Qatar*[239]*.* » Là, non plus, Frankie n'a aucune

239. *Cf.* Contrat de prestation de service signé entre les parties le 14 janvier 2004. Les contrats de prestation de service signés avec les joueurs Swierczewski et Lebœuf, les contrats d'image conclus avec huit joueurs, ainsi que les conditions du transfert de Didier Drogba, font l'objet d'une enquête préliminaire ouverte par le parquet de Marseille en mars 2006. Elle porte sur la période 2002-2004. Dans un entretien accordé le 14 mars 2006 au quotidien *L'Équipe*, Christophe Bouchet a expliqué : *« Dans la plupart de ces dossiers visés par l'audit et l'enquête préliminaire, l'Urssaf qui est le juge du bon déroulement de la vie d'une entreprise, a validé ces dossiers. Et nous avions pris soin de rédiger des notes à des cabinets spécialisés d'avocats. »*

obligation de résultats. Sa tâche est néanmoins plus précise que celle de son ancien coéquipier polonais : il doit signaler à l'OM les clubs qataris susceptibles d'être intéressés par la mutation temporaire ou définitive de joueurs de l'effectif olympien. Une sorte d'agent de joueurs donc. Sans licence FIFA Marseille règle 200 000 euros à l'ancien champion du monde avant même que ce dernier n'entame la moindre démarche. Le solde d'une ancienne dette ? En 2001, Bernard Tapie lui a promis 10 millions de francs de prime à la signature. Or, à l'époque, l'international n'en a touché qu'un petit tiers à travers le laborieux transfert de l'ami Tuzzio[240].

La piste des conventions folkloriques est exploitée jusqu'à la trame. Le 21 mai 2004, l'OM en signe une nouvelle de 200 000 euros, cette fois avec International Football Services (IFS), une société de marketing sportif basée à Dubaï. Cette entreprise doit développer l'image du club, sa notoriété et ses activités commerciales dans les Émirats arabes unis. Amusant : IFS est représentée par Christophe Agnello, le propre frère de l'un des salariés de l'OM.

Pour échapper aux charges fiscales et sociales, tous les moyens sont bons. Même les droits à l'image. Dans ce domaine, l'OM période Bouchet est précurseur. Durant la saison 2003-2004, via OM Exploitation, il verse sous forme de droits à l'image des compléments de rémunération à Mido, Vakousek, Christanval et autre Van Buyten pour 1 320 000 euros au total. Des types vraiment photogéniques en somme. On passe tout près du carton jaune puisque le code général des impôts précise que lorsque *« l'entreprise versante est celle qui emploie le sportif, ces redevances revêtent la qualification de salaire »*. Même notre Bixente Lizarazu national profite de l'aubaine. Le 13 octobre 2004, via sa société Itzala, le Basco-Bavarois encaisse 400 000 euros de droits à l'image[241]. De quoi renouveler la collection de

240. *Cf.* page 286

241. Pièces comptables de l'OM.

planches de surf du Basque. D'autres paiements apparaîtront encore plus insolites, tel ce droit à l'image de 60 000 euros versé en 2004 au Brésilien Matos Cruz qui ne joue pas le moindre match avec l'OM cette année-là !

La peur bleue de Christophe Bouchet

Sa gestion calamiteuse du licenciement du manager général Alain Perrin[242], ses explications confuses sur le transfert de Didier Drogba, auront finalement raison de l'apprenti président. Il quitte l'arène avec 4 millions d'indemnités[243].

Au soir de sa conférence de presse d'adieu du 25 novembre 2004, l'homme, qui apparaît usé par ses deux années passées à l'OM, déclare : *« Tout le monde sait ce qui se passe à l'OM, à Marseille. Je l'ai vécu en me taisant mais aujourd'hui, je dois me protéger et protéger les miens. »*

Après Étienne Ceccaldi, un nouveau dirigeant olympien évoque donc de manière à peine voilée l'influence du milieu marseillais sur l'OM. Durant la saison, plusieurs joueurs se sont déjà émus de la présence de Richard Deruda au sein du club. Figure locale, l'homme jouit d'un traitement de faveur dans le vestiaire marseillais. Il devance même les joueurs pour faire soigner son dos par les kinés du club.

---

242. Le 14 janvier 2004, Christophe Bouchet met fin aux fonctions de son manager général qui a, pourtant, obtenu la saison précédente une honorable 3e place. Pour le priver de ses 4,5 millions d'euros d'indemnités légales, l'OM lui taille un costume façon faute grave. Il l'accuse de harcèlement sexuel. Alain Perrin aurait eu une relation sexuelle avec la lingère. Diantre. Une sorte de droit à l'image cochonne... Jean-Pierre Foucault, animateur de TF1 et président de l'association OM, affirmera que plusieurs jeunes du centre de formation auraient été témoins de la scène. C'est ce qu'il écrira à Bouchet dans un courrier confidentiel. L'acte d'accusation ne repose sur aucun témoignage ni aucun fait précis. L'affaire, plusieurs fois repoussée aux Prud'hommes, se réglera à l'amiable en février 2006.

243. Il est aujourd'hui directeur général de Sportfive.

L'heure est grave. Robert Louis-Dreyfus prend une nouvelle fois le taureau de Camargue par les cornes. Le 1er décembre 2004, il annonce : *« J'ai décidé, après mûre réflexion, de prendre un proche, un ami de longue date, pour faire un audit du club, à la fois sportif et avec la ville, les supporters. »*

Acariès sur le ring olympien

L'expert ? Louis Acariès. Défense de rire. Ses analyses sont aussi limpides que ses enchaînements grammaticaux. L'ancien boxeur, reconverti dans l'organisation de matchs faciles pour Brahim Asloum, a fait la connaissance du patron autour d'une table de poker. Les médisants affirment qu'il doit pas mal d'argent au milliardaire. Ce qui expliquerait cette nomination surprise. Purs fantasmes. Dans le *France Football* daté du 24 octobre 2006, Louis Acariès éclaire les conditions de son arrivée à Marseille. *« Je ne sais pas ce qui m'est passé par la tête,* admet-il, *mais au cours d'un dîner peut-être un peu trop arrosé, je lui ai proposé de l'accompagner à Marseille pour remettre un peu d'ordre. Je suis ainsi devenu ses yeux et ses oreilles à l'OM. »*

Louis Acariès se voit confier une mission de confiance : « trouver le président idoine », selon la formule de son ami Robert. *« À l'époque je ne savais même pas ce que cela voulait dire »*, avouera-t-il plus tard. Après un round d'observation, il porte son dévolu sur Pape Diouf. Quelques jours plus tôt, le manager général recruté par son copain Bouchet en mai 2004[244] s'est déclaré candidat : « *Si les circonstances étaient telles que j'étais convaincu de rendre plus service comme président que comme manager général, alors je m'engagerais (...) Il faudrait vraiment que la patrie soit en péril et que j'ai le sentiment que moi seul peut la sauver.* »

C'est donc la perle rare. En octobre 2006, Louis Acariès s'auto-congratule. « *Avec Pape, j'ai trouvé l'homme qu'il faut,* dit-il. *Un mec qui sort de l'ENA, à sa place, n'aurait pas fait un*

244. Voir chapitre 14 : « DiouFrelot : un bien étrange attelage ».

mois. Il aurait même fini dans le Vieux Port. » Audit soit qui mal y pense...

Diouf se lance

La présidence Diouf ne marque toutefois pas la fin des soucis. Le 14 avril 2006, le parquet de Marseille diligente une enquête préliminaire portant sur les conditions du transfert de l'Albanais Lorik Cana du PSG à l'OM l'année précédente.

Pis, le climat délétère autour du club ne connaît pas de répit. Plusieurs joueurs tels Beye, Delfim, Meïté ou Barthez sont victimes de carjacking ou de cambriolages domiciliaires. De racket, aussi. Tous décident de porter plainte au parquet de Marseille[245]. En mai 2006, Bernard Squarcini, préfet délégué à la Sécurité, demande l'ouverture d'une enquête[246]. Dans le viseur, le directeur sportif José Anigo dont les relations sulfureuses alimentent toutes les rumeurs. Au cours des deux années écoulées, son ami d'enfance Richard Deruda a considérablement accru son influence au sein du club. José Anigo est même convoqué chez le préfet pour une mise en garde formelle : *« José Anigo se dit fidèle en amitié. Mais il lui a été recommandé de ne plus mélanger sa vie privée et sa vie professionnelle et d'adopter un comportement digne de sa fonction*[247]*. »*

José Anigo et Richard Deruda ont grandi ensemble dans les quartiers nord de Marseille. Le second est un « beau gabarit » connu des services de police. Au Stade Vélodrome, l'homme sait se faire respecter. Proche de Rachid Zeroual, le président des Winners, les supporters les plus influents du boulevard Michelet, Richard Deruda a un talent inné pour calmer leur impétuosité lorsque les résultats sportifs ne sont pas au rendez-vous.

245. *Le Figaro* du 9 juin 2006, *L'Équipe Magazine* du 29 juillet 2006 et *VSD* du 14 juin 2006.

246. Un dossier confié le 24 mai 2006 à la Division criminelle et de répression du banditisme de la PJ de Marseille.

247. *L'Équipe Magazine* du 29 juillet 2006.

Son fils Thomas évolue dans l'effectif marseillais. Un véritable miracle pour de nombreux observateurs qui doutent sérieusement des qualités sportives de ce jeune milieu défensif. Durant la saison 2005-2006, l'entraîneur Jean Fernandez décide même à plusieurs reprises, et à la surprise quasi générale, de l'inscrire sur la feuille de match. Sous la pression ? *« Non,* répond le coach, *je n'ai pas été contraint de faire jouer le petit Deruda. Je n'ai d'ailleurs jamais été menacé par personne, et je n'ai eu aucun problème avec les dirigeants ou les supporters*[248]. *»* Et que dira-t-il, plus tard, sur son départ aussi précipité qu'inattendu pour Auxerre en mai 2006 ? *« C'est un problème personnel, je ne me sentais plus bien au club, c'est tout, mais je ne souhaite pas entrer dans les détails. »* Ambiance quand même[249].

Toujours est-il qu'en juillet 2006, Thomas Deruda signe son premier contrat professionnel au salaire très convenable de 12 000 euros par mois. Prêté quelques jours à Libourne, un club de L2, le jeune homme connaît quelques problèmes d'adaptation. Il est donc rapidement de retour à la case OM. Albert Emon, le coach marseillais, lui offre sa première titularisation le 19 novembre 2006 lors du match OM-Valenciennes, sous les *« Merci Papa »* qui fusent des tribunes du Stade Vélodrome. Humiliant. Le jeune Thomas repart aussi sec pour... Libourne.

De cache-cash à Kachkar

Le 16 décembre 2006, le club olympien célèbre les dix ans de présidence de Robert Louis-Dreyfus à l'OM. Une décennie d'un indigent palmarès sportif. Riche de scandales et de faits-divers à répétition. Un indescriptible gâchis. Un roman noir qui a vu le *trader* engloutir sans broncher près de 200 millions d'euros. Une gestion sportive accablante au cours de laquelle le club olympien a acheté cent quinze joueurs moyennant 305,7 millions d'euros et en a revendu cent pour 151,7 millions d'euros. Soit une « balance des transferts » négative de 154 millions d'euros[250]. À peu

248. *Ibid.*
249. *Ibid.*
250. Amortissements non compris.

de chose près, le montant de la mise à fonds officiellement perdue de l'investisseur franco-suisse.

Prêt pour un nouveau bail ? Pas sûr. Encouragé par son entourage familial à quitter l'OM, une activité qui lui a valu tous ces ennuis judiciaires[251], Robert Louis-Dreyfus se résoud à quitter la marmite marseillaise.

En janvier 2007, Jack Kachkar, un mystérieux repreneur, frappe à la porte. Sa trajectoire intrigue : l'homme d'affaires canadien est né en Syrie de parents arméniens. Il a été élevé au Liban avant de suivre des études de médecine en Hongrie. Un diplôme qui ne lui permet d'exercer ni au Canada ni en Floride, où il a élu domicile. Sa société Inyx[252], spécialisée dans les aérosols et cotée à la Bourse de New York, s'appelait autrefois Doblique Inc. Elle « faisait » dans l'élevage de chevaux au Nevada avant d'être rachetée par son épouse Viktoria, qui porte toujours le nom de son ex-mari. Madame est restée très attachée au patronyme Benkovitch. Ce qui ne froisse pas du tout Jack Kachkar[253] : *« Ma femme possède de nombreux biens immobiliers à Budapest et à Moscou. Elle garde le nom de Benkovitch car sinon, elle aurait été obligée de changer tous ses titres de propriétés. Le risque, si elle avait changé de nom, aurait été de perdre ses appartements. »*

Benkovitch ? Un nom évocateur. Alexander Benkovitch[254] est aussi un homme d'affaires controversé. Il y a quelques années, au travers de son entreprise canadienne dénommée Amadeus Holding Ltd, il a donné un petit coup de pouce à YBM, une autre société canadienne[255], propriété de Semion Mogilevitch, un

---

251. Une autre instruction ouverte par le parquet de Liège et dirigée par le juge Richard est en cours. Elle porte sur le club belge du Standard de Liège, également propriété de Robert Louis-Dreyfus.

252. En 2005, cette société affichait des dettes de près de 100 millions d'euros.

253. Entretien avec l'un des auteurs le 1er mars 2007.

254. Alexander Benkovitch détient la société Seward Trade Limited, domiciliée chez Quijano & Associates BVI Ltd à Tortola.

255. La société Amadeus a fourni aux commissaires aux comptes de YBM des fausses attestations de chiffres d'affaires. Sources : Uni-

Russe énigmatique fiché par le FBI sous le numéro W874119382[256]. Alex, comme Jack, fait évidemment dans le *trading*. Le support de ces opérations : la société Seward Trade Limited. Cela ne vous rappelle rien ?

Kachkar, simple administrateur d'Amadeus à l'époque des faits, explique[257] : *« Durant les premières années de mon mariage, j'ai rencontré l'ex-mari de ma femme. C'est un peu normal. Nous n'avons plus de contact avec lui*[258]. *»* Et d'ajouter : *« Toutes les investigations qui ont été menées sur moi n'ont rien démontré. Ma femme et moi avons obtenu notre Green Card aux États-Unis. Avant de l'accorder, de nombreuses enquêtes ont été diligentées, y compris par le FBI. Je dirige, en outre, deux sociétés cotées en Bourse. J'ai été examiné par la SEC, le gendarme de la Bourse américaine. Vraiment je n'ai rien à cacher. »*

Des arguments qui ne parviennent pas à convaincre le ministère de la Jeunesse et des Sports qui, à la demande de la Ligue, demande l'aide de Tracfin, le service antiblanchiment du ministère des Finances.

Pas de quoi décourager Kachkar qui, conseillé par la très influente boîte de communication Image 7, se comporte depuis plusieurs semaines comme le patron du club. Le 31 janvier 2007, avant le match de Coupe de France face à Lyon, il s'offre même le luxe d'entamer un tour d'honneur au Stade Vélodrome. Un moment magique où il est acclamé par 60 000 supporteurs marseillais en délire. Trop beau pour être vrai ?

Le jeudi 22 mars 2007, coup de théâtre. Trois semaines après avoir annoncé *« l'accord de vente définitif*[259] *»* avec Robert

---

ted State Discrict Court for the Eastern district of Pennsylvania. Criminal NO. 02-157.

256. Semion Mogilevitch, souvent qualifié de « criminel le plus dangereux du monde », a plumé quelques épargnants américains et canadiens pour environ 150 millions de dollars entre 1993 et 1998.

257. Entretien avec l'un des auteurs le 1er mars 2007.

258. Alexander Benkovitch détient encore 5 % des actions d'Inyx, la société pharmaceutique de Kachkar.

259. Entretien avec l'un des auteurs le 1er mars 2007.

Louis-Dreyfus, Jack Kachkar voit partir ses espoirs en fumée. À 22 heures, une dépêche AFP tombe. Les propos tenus par un porte-parole de Robert Louis-Dreyfus sont cinglants : *« Jack Kachkar a demandé un nouveau délai de paiement à Robert Louis-Dreyfus. Celui-ci a refusé... »*

Le feuilleton Kachkar – l'homme se disait à la tête d'une fortune de 375 millions d'euros et propriétaire entre autres de mines au Mexique – rappelle étrangement une autre histoire. Celle de Ghislain Gringas, un autre Canadien, lui aussi spécialisé dans l'extraction de minerai, qui était prêt à engloutir des millions de francs en 1994 pour reprendre un club laissé en lambeaux par Bernard Tapie. Un imposteur qui n'avait même pas les moyens de payer sa chambre d'hôtel sur le Vieux Port.

À l'OM, l'histoire bégaie.

Chapitre 14

« DiouFrelot » : un bien étrange attelage

Octobre 2003. Directeur général adjoint chargé de l'administration et des finances du PSG depuis 1998, Pierre Frelot comprend qu'il va devoir quitter le navire. Un bateau ivre, comme il le confiera le 15 décembre 2005 aux policiers de la Direction nationale des investigations financières (DNIF), après une courte garde à vue précédant sa mise en examen pour *« complicité de travail dissimulé et usage de faux »*.

Au terme d'une laborieuse enquête préliminaire, le parquet de Paris a ouvert, le 3 janvier 2005, une information judiciaire pour *« abus de biens sociaux, complicité et recel »*. Le rôle de l'ex-cadre du club dans le cloaque du Parc-des-Princes lui vaut sa première perquisition domiciliaire dès le 9 mars. Il la subit avec la philosophie et le sang-froid d'un vieil affranchi.

Débarqué sans ménagement par son employeur[260], il s'inscrit à l'ANPE et décide qu'il est temps de passer de l'autre côté du miroir. Fort de son expérience – il a mis en scène et signé plus d'une trentaine des contrats de transfert passés au crible par la DNIF –, il se présente avec succès à la session de mars 2004 de l'examen organisé par la FFF en vue de l'obtention de la licence d'agent sportif. Ce faisant, il s'assoit sur l'article 15-2-II de la

260. *Les Secrets du PSG* par Rodolphe Albert, page 259, « l'épuration impure ».

loi fondamentale du 13 juillet 1984[261] et obtient, au forceps, le précieux sésame.

Le 6 mai 2004, il anticipe la réponse à la question que *Le Parisien* omet de lui poser, par un *« je n'étais ni directeur sportif ni entraîneur »* manquant de conviction[262]. Habile quant à la lettre de la loi, sa thèse est contestable vis-à-vis de son esprit. Surtout s'agissant d'un cadre du PSG parfaitement au fait des méandres nauséabonds et des dérives juridico-financières du club parisien. Mais dans le monde du foot business, on peut faire tout et son contraire, et surtout n'importe quoi.

« Frelot négociait, j'en référais à Pierre Lescure » confesse de son côté Charles Biétry lors de son audition par le juge Van Ruymbeke, le 7 mars 2005, levant les derniers doutes sur le niveau réel de responsabilité de son ex-collaborateur. Lequel se voit mis en examen – pour la seconde fois – en octobre 2006 par le juge d'instruction Françoise Desset pour *« travail dissimulé, faux et usage »* dans le second chapitre du dossier judiciaire des pratiques douteuses du club de la capitale, commanditées par son actionnaire Canal +[263]. Comme quoi, il

---

261. Qui dispose que *« nul ne peut détenir une licence d'agent sportif s'il exerce, directement ou indirectement, en droit ou en fait, à titre bénévole ou rémunéré, des fonctions de direction ou d'encadrement sportif, soit dans une association ou une société employant des sportifs contre rémunération... ou s'il a été amené à exercer l'une de ces fonctions dans l'année écoulée... »*

262. Afin d'obtenir la délivrance de sa licence en dépit de ses fonctions de direction au PSG, Frelot et son avocat vont affirmer que l'expression « *des fonctions de direction ou d'encadrement sportif* » rappelée ci-dessus vise exclusivement le secteur sportif.

263. *« Le PSG a mis en place toute une chaîne de faux documents visant à masquer le prix réel d'acquisition des joueurs ou leurs vraies rémunérations... »* affirme le rapport de synthèse de la Division nationale des investigations financières remis aux juges le 29 mai 2006. Ce qui ne vaut pas reconnaissance de culpabilité par la justice. L'affaire est en cours, et tous les intéressés sont présumés innocents.

n'y a pas qu'à Marseille que certaines pratiques étranges captent l'attention des magistrats.

PSG-OM, même combat ?

« Je savais que l'homme était clean *et je lui ai donc proposé de reprendre mes gars. »* C'est en ces termes que Pape Diouf, agent de joueurs « historique », propriétaire de l'un des plus beaux portefeuilles de mandats de représentation de la place et titulaire de la licence FFF par la magie des équivalences, car sans jamais avoir passé d'examen, justifie de s'être choisi Pierre Frelot comme repreneur de son fonds de commerce le 10 mars 2005. Habituellement plus éloquent, et conscient du caractère anormalement dépouillé de son panégyrique, il ajoutera ultérieurement[264] : *« Pour l'anecdote, je reçois un SMS de Pierre Frelot me disant : "Compliments pour ton passage dans les rangs des dirigeants, au moment où je passe, moi, de l'autre côté puisque je viens d'avoir ma licence d'agent." J'ai sauté sur l'occasion en me disant : en voilà un avec qui je peux discuter sur la cession de ma société. D'abord parce que je le connais bien et que j'ai de l'estime pour lui ; deuxièmement, c'est quelqu'un qui est au fait des contrats ; et troisièmement, à l'époque, il n'avait pas de dossier gênant dans le monde des agents. »* Attendrissant. On apprécie particulièrement le *« à l'époque »*, lapsus lourd de questions proféré un an à peine après le début d'activité d'agent de l'ex-responsable des finances du PSG.

Au moment où Frelot pose son sac à terre, Diouf se prépare, lui, à embarquer à bord du galion phocéen. Dans un premier temps comme directeur sportif, avant de se voir confier sa présidence. Une décision confirmée le 2 juin 2005, date à partir de laquelle *« il assumera la totalité des responsabilités du club »*.

Sa nomination à la direction sportive de l'OM est rendue publique le 4 mai 2004. Comme il ne faut pas perdre une seconde, dès le 15 il entame son échauffement en donnant à une certaine société XL Sport un mandat de recherche afin de

264. *L'Équipe* du 10 mars 2005.

permettre le recrutement du joueur Habib Bamogo, déclaré cible prioritaire. L'attaquant, qui officie avec une certaine réussite à Montpellier, ne sera pas difficile à convaincre... puisque son agent n'est autre que... Pape Diouf, associé unique et gérant de la Sarl Mondial Promotion à laquelle sont juridiquement donnés les mandats de représentation qui lui sont confiés par les joueurs. Qu'importe, il faut marquer le coup : en rémunération de sa « délicate » mission, XL Sport percevra 383 000 euros HT. Frelot, son successeur, ne traîne donc pas en route et, dès le 28, l'arrivée de Bamogo à l'OM est officiellement annoncée sur le site Internet du club.

Arrêt sur image

« Mister Clean » démarre donc sa nouvelle carrière sur les chapeaux de roue, dans la mesure où les statuts de la société XL Sport ne seront déposés au greffe du tribunal de commerce de Nanterre que le 24 juin... avec une déclaration de début d'activité au 20 juin 2004[265].

Revoyons donc l'action de jeu au ralenti.

La Sarl Mondial Promotion[266], dont Pape Diouf est l'associé unique, fait état, au titre de son exercice clos le 31 mai 2004, d'un bénéfice après impôt de 465 464 euros généré par un chiffre d'affaires de 3 561 491 euros. Une remarquable performance. Dans son rapport de gestion, daté du 15 juillet 2004, la société évoque *« des discussions avancées avec la société XL Sport, société par actions simplifiée au capital social de 40 000 euros, dont le siège social est situé à Antony, 4, rue du Docteur Barié, immatriculée au registre du commerce et des sociétés sous le numéro 477544209 »*. Le même document mentionne le licenciement, pour motif personnel, de MM Thierno Seydi, Étienne Mendy et Michel Touati ainsi que de madame Elfrieda Hofer. Une

265. BODACC n° 999 du 8 juillet 2004.

266. RCS B353443724. Siège social : 10, boulevard Ralli, 13008 Marseille.

douloureuse séparation au prix de 432 000 euros. S'agissant d'indemnités transactionnelles, elles seront, pour leurs bénéficiaires, partiellement défiscalisées et « déchargesocialisées ». D'ailleurs, les larmes de crocodile de Mendy et Touati seront de courte durée : ils rejoignent leur « nouveau » patron à l'OM dans les jours qui suivent. Deux transferts rondement menés. Seydi, quant à lui, décide de tourner la page et d'investir dans un secteur d'avenir en devenant... associé de Frelot dans XL Sport. Mais n'anticipons pas. Nous examinerons son cas plus attentivement.

Le 18 juin 2004, Pape Diouf, associé unique de la très prospère Sarl Mondial Promotion, décide de transformer l'affaire en société par actions simplifiée au capital social de 104 800 euros divisé en 6 550 actions de 16 euros et se nomme président de la société sous sa forme nouvelle. Ne perdons pas de vue qu'il est aussi, depuis le 5 mai, directeur sportif de l'OM, qu'il a déjà recruté « son » protégé Habib Bamogo, sous contrat d'agent avec Mondial Promotion, et admis la société XL Sport, n'existant pourtant pas encore juridiquement, à faire valoir sa créance de 383 000 euros HT.

Le 24 juin 2004, les statuts de XL Sport sont – enfin – déposés au greffe du tribunal de commerce de Nanterre. Son siège social est fixé au domicile personnel de Frelot. Erreur de jeunesse. Après tout, Odile, son épouse, y a également basé le siège de son cabinet comptable Audit Conseil Expertise créé en mars 2000[267]. Alors pourquoi ne pas se faciliter la vie ?

Le capital d'XL Sport est réparti entre trois associés : Frelot lui-même, qui s'adjuge 22 000 des 40 000 actions ; Thierno Seydi, qui en obtient 10 000 ; et Bertrand Forge, plus proche de Frelot que de Seydi, qui en souscrira 8 000. Forge, Sup de Co 1986, est publicitaire. La quarantaine dynamique, il est directeur associé chez EURO RSCG 4D où il s'occupe du marketing relationnel. Malgré sa charge de travail, il parvient à se réserver,

267. *Cf.* Pièces extraites des actes publiés au greffe du tribunal de commerce de Nanterre.

les lundis soirs, quelques matchs de foot homériques avec des camarades de promotion. Un passionné donc [268].

Le capital de l'affaire, libéré à hauteur de 50 %, sera versé le 9 juin au Crédit Lyonnais de Verrières-le-Buisson. Pierre Frelot en est nommé président. Par acclamation.

Le 15 juillet 2004, le tandem « Diou-frelot » met en pratique la combinaison complexe travaillée à l'entraînement. Réunis en fin de journée au cabinet d'avocats Bignon, Lebray et associés à Aix-en-Provence, ils se partagent les rôles. À 20 h 30, en lever de rideau, Diouf approuve les comptes de la SAS Mondial Promotion et affecte la totalité de son bénéfice net de 465 464 euros au compte « report à nouveau » pour le porter à 686 121 euros. À 21 h 15, il cède à la société XL Sport, les 6 550 actions de Mondial Promotion qu'il possède. Le prix de cession demeure secret-défense. Quelques minutes plus tard, XL Sport, représentée par Pierre Frelot, s'empare du brassard de capitaine et se nomme président de Mondial Promotion. Dans la foulée, « Pierrot Gourmand » accélère la cadence : XL Sport, actionnaire unique de Mondial Promotion depuis 166 secondes, décide de s'attribuer un dividende de 2 229 000 euros. Culotté et déconcertant. On commence par ponctionner la totalité du poste « report à nouveau » porté par le « malheureux » Diouf à 686 121 euros quelques minutes plus tôt. Affaire soldée. On attaque ensuite la rubrique « autres réserves » : 1 540 838 euros. Passée à l'as. Pour la route, on prélève également 2 041 euros sur le poste « réserve légale » qui passe ainsi de 12 521 euros à 10 480 euros, soit 10 % du capital social. CQFD. Avant de se séparer, XL Sport, président élu de Mondial Promotion, transfère le siège social de cette dernière à Antony, chez Frelot qui, décidément, ne rentre pas bredouille de cette soirée [269].

Le 15 juillet 2004, à 21 h 30, la messe est dite et le bouquet du feu d'artifice nettement plus fourni que celui de la veille.

268. Il cédera ultérieurement ses parts dans l'affaire à... Étienne Mendy, ex-collaborateur de Diouf, d'abord dans Mondial Promotion, puis à l'OM, au sein de la cellule recrutement.

269. Interrogés par l'un des auteurs au moment de la cession, MM Diouf et Frelot ont refusé de s'expliquer.

Pierre Frelot, dit « Mister Clean », est devenu seul maître à bord de Mondial Promotion qu'il a soulagé de 2 229 000 euros au profit de XL Sport. Après l'action de jeu, les capitaux propres de l'ex « money-machine » de Pape Diouf sont réduits à 115 283 euros. Une pitance.

Comment ne pas s'incliner devant la classe et l'impressionnante générosité du nouveau directeur sportif de l'OM ? Il verse avec élégance, sur les deniers durement gagnés par son entreprise, 432 000 euros d'indemnités de licenciement à des collaborateurs, « recasés » à l'OM ou chez XL Sport dans les jours qui suivent, et qui n'affecteront nullement la trésorerie des Assedic. Il gratifie XL Sport, qui n'existe pas encore en droit, de 383 000 euros d'honoraires pour être parvenue à convaincre « son » joueur Habib Bamogo de le rejoindre au Stade Vélodrome. XL Sport n'ayant toujours aucune existence, on se demande bien qui a pu travailler Habib au corps pour qu'il rejoigne l'OM dès le 28 mai. Enfin, il abandonne à son repreneur 2 229 000 euros de dividendes que n'importe quel « petit bras » aurait siphonnés avant de passer la main. Sans parler d'un compte courant d'associé de 10 891 euros dont il n'évoquera même pas l'existence. Un seigneur.

On raille

Face à une si noble attitude, les chacals du ballon rond vont rapidement s'en donner à cœur joie. *« Trop fort Diouf. Taulier à Marseille, il continue à prendre sa commission de 25 % sur le commerce de ses joueurs. C'est Thierno qui tient les comptes en Afrique. »* Pures conjectures. Mauvais procès nourri par la jalousie. Alimenté, il est vrai, par les hésitations d'un certain nombre de ses ex-poulains quand il s'agit de désigner clairement leur agent lorsque la demande leur en est faite. Mieux, Frelot oublie même de mentionner Didier Drogba lorsque le juge l'interroge informellement sur la liste de ses joueurs.

Malheureusement pour le tandem DiouFrelot, même la justice se laisse progressivement gagner par les mauvaises pensées. Jusqu'à perquisitionner les domiciles et les bureaux respectifs des deux tourtereaux. C'est Diouf lui-même, dans son style inimitable, qui décrypte en mars 2005 pour les médias la logique d'un tel acharnement[270]. « *Tu es serein après les perquisitions ?* », lui demande-t-on lors d'une conférence de presse. « *Serein, je le suis certainement. Ce n'est jamais agréable effectivement d'être interrogé par la police. Mais je suis d'une sérénité sans faille. Cette perquisition s'explique dans le cadre de l'affaire qui est ouverte et qui concerne le PSG. Les renseignements que j'ai pu recueillir m'amènent à penser que cela concerne tous les agents qui ont travaillé avec le PSG. Toutes les transactions qui ont eu lieu avec le PSG sont aujourd'hui l'objet d'une vérification. Comme j'étais l'un des agents actifs sur le marché, j'ai quand même dû avoir des joueurs au PSG depuis Bernard Lama, en passant par Laurent Robert ou M'Bami et Touré. Il est normal, m'a-t-on dit, qu'on cherche à vérifier. Je tiens simplement à faire un démenti puisque j'ai pu lire une dépêche où il est question d'une tonne de documents, de cartons qui auraient été saisis chez moi. Je m'inscris complètement en faux contre ça. Complètement. En réalité, un seul document a été saisi, c'est le document qui concerne la passation de ma société vis-à-vis de Pierre Frelot. C'est le seul document qui a été saisi. Ce document n'était l'objet de quelque cachotterie que ce soit. C'était un document tout à fait lisible puisque cette cession, je le répète, a été faite par des spécialistes de ce genre d'opération, c'est-à-dire par des avocats et par des banquiers. Sur ce plan-là je n'avais rien à cacher.* »

Mais sur quel autre plan, grand Diable, le président du directoire de l'OM avait-il à dissimuler des informations ?

Pierre Frelot, pour sa part, n'aura aucune raison de se plaindre de l'acquisition du business de Pape Diouf. Au cours de la saison 2005-2006, Mondial Promotion percevra du seul club marseillais 816 360 euros d'honoraires d'agent.

270. Conférence de presse du 9 mars 2005.

Chapitre 15

Manuel Barbosa : le trait d'union

Les supporters parisiens et marseillais entretiennent une conception très virile du débat sportif. À l'échange de fanions, ils préfèrent largement celui de beignes à coup de barres à mine. Leurs dirigeants s'essaient plus volontiers, mais en pure perte, à l'alchimie et à la fabrication d'or en barre. Si or il y a, il n'est pas stocké dans les caves de leurs sièges sociaux respectifs, plutôt tapissés de reconnaissances de dettes.

Derrière les haines préfabriquées et attisées à coup de déclarations fracassantes dans les médias, les patrons des deux clubs rivaux se sont toujours entendus comme larrons en foire. Lorsque Michel Denisot prend la présidence du PSG en mai 1991, son homologue de l'OM, un certain Bernard Tapie, ne déclare-t-il pas, le cœur sur la main : « *Si Michel le souhaite, je suis à sa disposition pour lui apprendre les ficelles du métier.* »

Dans le confort douillet de leurs bureaux, loin du tumulte des gradins et des tacles assassins de la pelouse, les présidents sont à tu et à toi. On s'achète, on se vend, on se prête des joueurs, on se tuyaute sur les agents les plus dociles et les plus cupides. Dont l'un va servir de trait d'union.

Le cas Barbosa

C'est dans le cadre de ces bonnes manières qu'au début des années 1990, Manuel Barbosa, un agent portugais incontournable sur le marché brésilien, sera chaudement recommandé par

Nanard à ses nouveaux amis parisiens. Barbosa possède des références impressionnantes. Il est notamment à l'origine de l'arrivée du légendaire Carlos Mozer à l'OM, un stoppeur infranchissable dont la simple évocation réveille de vieilles douleurs chez ses anciens adversaires.

Ancien coursier dans une agence de voyages, Manuel Barbosa a toujours été un homme pressé. La paperasse ? Très peu pour lui. À l'OM, pour le transfert du grand Carlos, il touche sa commission sans prendre le temps d'établir une facture[271]. C'est le même souci d'efficacité qui le conduit à faire signer à ses joueurs des contrats en blanc.

Avec ses cigares cubains et ses manteaux de fourrure, Manuel Barbosa devient très vite la coqueluche du Parc. Sous son influence, le stade de la Porte de Saint-Cloud succombe au charme de l'accent brésilien. Le natif de Braga importe le trio magique composé de Raï, Valdo et Ricardo : l'âge d'or du club parisien.

Les dirigeants du PSG sauront lui témoigner toute leur reconnaissance. Le club paiera pendant plusieurs années le loyer d'un ravissant pied-à-terre dans le XVIe arrondissement. Plus quelque menue monnaie bien agréable.

Un visionnaire

Il faut admettre que Barbosa est un visionnaire, lui, l'un des inventeurs des « droits fédératifs », trouvaille géniale qui permet de s'approprier sans trop d'effort le droit d'embaucher un joueur.

Le concept connaît ses balbutiements à la fin des années 1980 sous diverses appellations : on parle de « droits de licence », de « droits sportifs » ou plus généralement de « droits économiques ». En octobre 2000, dans une interview accordée à *France Football*, Barbosa distille de sa voix chaude les secrets de sa réussite : *« J'achète personnellement les droits sportifs des*

---

271. Paragraphe 3 – alinéa 1, du rapport du procureur général près la cour d'appel d'Aix-en-Provence du 14 novembre 1995.

joueurs. En ce qui concerne Christian[272]*, par exemple, je l'ai acheté quand il avait dix-sept ans. Je savais que son club était en difficulté et je l'ai acquis pour à peine un million de francs en payant les dettes de Porto Alegre*[273]. »

... qui trébuche

Le 9 juillet 1999, le sémillant Barbosa revend donc l'artiste Christian au PSG pour 6 millions de dollars (40 millions de francs). Une bonne affaire. Trop lucrative au goût des enquêteurs de la DNIF qui, depuis janvier 2005, décortiquent près de 200 transferts du PSG entre 1998 et 2005.

Sans la moindre facture justificative, le PSG verse en effet sans sourciller à Barbosa 6 millions de dollars sur un compte bancaire ouvert à Madère par sa société IOU[274] immatriculée, vous l'aurez deviné, aux Îles Vierges britanniques. Mais, le 12 juillet 1999, le club de Porto Alegre se réveille et conteste vigoureusement le bien-fondé de la transaction. Son président, Paulo Pogerio Amoretty, affirme que Christian appartient pour 50 % à son club et que l'autre moitié serait la propriété de Jose Maria Minguella, un autre agent brésilien. Mauvais joueur, Porto Alegre refuse donc de libérer Christian, dont le transfert a pourtant été annoncé par toutes les gazettes.

Qu'à cela ne tienne. Laurent Perpère, le président délégué du PSG, se rend à Barcelone pour y rencontrer Minguella, lequel l'accueille chaleureusement en lui demandant de payer 7 millions de dollars à Porto Alegre. Bien élevés, le PSG et son président s'exécutent. En gage d'amitié, le club se fendra d'un bonus de 3,7 millions de dollars au señor Minguella via sa société néerlandaise Intermark.

---

272. Joueur de nationalité brésilienne.

273. Club professionnel brésilien.

274. « IOU », acronyme connu des joueurs de cartes du monde entier qui signifie « Je Vous Dois » – I Owe You –, matérialisé par le petit morceau de papier que l'on signe en faveur de la maison après une mauvaise série prolongée au-delà du raisonnable.

Vive les aveugles

Comme son rival marseillais, le club de la capitale maîtrise à la perfection le nouveau geste technique du football moderne : pas la « passe aveugle », si prisée de Ronaldinho, mais « l'achat aveugle ». On abreuve en millions de dollars des sociétés dont on ignore souvent la nature exacte des droits qu'elles prétendent détenir sur les joueurs... des fois qu'on aurait de mauvaises surprises.

Lors de son audition chez le juge Van Ruymbeke, le 7 février 2006, Laurent Perpère, interrogé sur l'omniprésence de Barbosa dans les dossiers du PSG, révélera : *« J'ai demandé son avis à Michel Denisot. Il m'a dit qu'il avait travaillé avec Barbosa et qu'on pouvait lui faire confiance. »* N'était-ce d'ailleurs pas Bernard Tapie, arbitre des élégances, qui, quelques années plus tôt, avait loué la légendaire intégrité du Portugais ?

Chapitre 16

OM/PSG : copier-coller

Indemnités de transferts galopantes, commissions d'agents versées le plus souvent à des flopées de sociétés *off-shore* : le Paris Saint-Germain n'a rien à envier à son rival marseillais. Un enquêteur du dossier PSG résume d'ailleurs parfaitement la situation : *« Notre dossier est un "copier-coller" de l'enquête sur les comptes de l'OM. »*

QSM, « kesako ? »

Même méthode et, parfois, mêmes intervenants, telle la désormais célèbre Quadris Sport Management. Cette société anglaise, propriétaire d'un soir du « célèbre » Pablo Calandria, se trouve également dans la ligne de mire des policiers parisiens. Pour quelle raison ?

En juin 2001, le PSG achète Gabriel Heinze 27,6 millions de francs au Real Valladolid. *« Sur ce transfert, le ou les agents du joueur ne pouvaient prétendre à une commission supérieure à 2,76 millions de francs »,* indique un procès-verbal de synthèse du 9 décembre 2005 rappelant la sacro-sainte loi des 10 %. Le club a pourtant accepté de verser 2 millions de francs à Roberto Rodriguez, l'agent du joueur, plus 3,25 millions de francs à Robin Bolli, celui des quatre administrateurs qui mène la danse à la tête de Quadris Sport Management. Le service est-il compris ?

En 2003, le club en ajoute une couche et propose une revalorisation du contrat de Heinze. Pour prix de cette délicate négociation, le président du PSG accepte de régler une facture de 731 000 euros émise par Quadris Sport Management. Une somme versée sur le compte de la société à la Barclays Bank de Londres.

Tout à leur mission de défense des intérêts des joueurs qu'ils représentent, les dirigeants de Quadris tiennent manifestement la comptabilité de la boutique en « partie trouble ». Dans les comptes sociaux de 2001 et 2003, les chiffres d'affaires présentés par Quadris Sport Management sont incompréhensibles par rapport aux factures émises par la société anglaise. En 2001, le chiffre d'affaires déclaré s'établit péniblement à 970 000 francs alors qu'il devrait correspondre, au minimum, à la facture de 3,25 millions de francs mentionnée plus haut[275]. À moins qu'il n'y ait pas eu de facture ou que la « contribution » correspondante ait été versée « par erreur » à quelqu'un d'autre. En 2003, le chiffre d'affaires déclaré « s'élève » pratiquement à 50 000 euros alors que le club, partisan convaincu de l'Entente cordiale, a honoré sa facture de 731 000 euros sans rechigner. Pas très carrée la comptabilité de Quadris. Mais qu'importe, du moment que ça permet à la planète foot de tourner rond tout en dissimulant à nos yeux écarquillés sa face cachée. Comme pour la lune...

Fidustar, étoile de la confiance ?

Une autre société intervient dans le pas de deux Parisiano-Marseillais : Fidustar, une obscure officine genevoise.

Au cours du mois de février 1999, le commissaire aux comptes de l'OM constate la comptabilisation douteuse d'une facture nº 98/50 d'un montant de 1 356 000 francs émise par Fidustar. Son libellé – *« rémunération d'intermédiaire relative au transfert de Stéphane Porato en août 1998 »* – interpelle l'homme de

---

275. Documents comptables publiés par la société Quadris Sport Management. Interrogée, la société Quadris n'a pas répondu à nos questions.

l'art. Fidustar n'est en effet pas agent agréé par la FIFA. D'ailleurs, l'agent déclaré par le club à la Ligue lors de l'homologation du contrat s'appelle Licio d'Onofrio, lequel, une fois n'est pas coutume, ne présentera aucune facture au club marseillais. En fait, le nom de Fidustar a été soufflé à Porato par Rolland Courbis[276]. Le coach est un ami du dirigeant de Fidustar qui gère, pour lui et son fils Stéphane, les contrats d'assurance souscrits sur leur conseil par certains joueurs de leur connaissance.

La société Fidustar remontera à la surface du lac de Genève en 2000, durant le transfert de Nicolas Anelka, lorsque le PSG achètera au Real Madrid, pour la modeste somme de 224 millions de francs, le joueur qu'il a formé quelques années auparavant. Selon le rapport d'enquête, ce transfert a été surévalué de 25 millions de francs[277]. Une somme versée par le club madrilène à Fidustar qui se présente, à l'époque, comme gérant les droits de l'enfant terrible du foot français. Selon les enquêteurs, la société suisse avait la charge de redistribuer les 25 millions de francs aux « ayants droit ». Simple hypothèse policière. Il faut espérer que son comptable était plus éveillé que celui de Quadris, sinon...

Je t'aime, moi non plus

En football, on ne change pas une équipe qui gagne. A fortiori quand elle démontre de telles qualités collectives. Entre l'OM et le PSG, on se donne des coups de coude sur la pelouse, mais on se les serre en dehors, sans parler des coups de main qu'on s'accorde avec plaisir.

Durant l'été 2000, les deux clubs font couler beaucoup d'encre avec les transferts de Peter Luccin et Stéphane Dalmat. Les deux espoirs, qui ne sont plus en odeur de sainteté du côté du Stade Vélodrome, arrivent au PSG moyennant respectivement

276. Réquisitoire de renvoi en correctionnel au TGI de Marseille, parquet n° 99/624274. N° d'instruction : A01/00022.

277. Rapport d'enquête de la Division nationale des investigations financières (DNIF).

90 et 70 millions de francs. Montants record, à l'époque, pour des transferts franco-français. Dans le cas de Peter Luccin, pas moins de trois agents sont réquisitionnés. L'inénarrable Gilbert Sau est évidemment de la partie et perçoit de l'OM, en remerciement de ses conseils éclairés, une commission de 3,5 millions de francs. Pour la même transaction, Stéphane Courbis, le fils de son père, se voit également gratifié de 4 138 160 francs[278]. Afin de couronner le tout, le PSG juge utile de défrayer la belle Patricia Pighini et son associé Antonio Caliendo, des agents italiens basés à Monaco et proches de Rolland Courbis. Une nuée d'intermédiaires qui n'a pas manqué d'intriguer les enquêteurs de la DNIF, même si les intéressés nient avec vigueur toute malversation durant ce transfert. Lors de son audition[279] par les policiers de la DNIF, Pierre Frelot, ancien directeur financier du PSG, a précisé : *« Il s'agit d'une salade marseillaise. Le joueur nous avait d'abord été présenté par Sau et Courbis, mais c'est Pighini qui a réalisé le transfert. Nous n'étions pas au courant que l'OM les rétribuait. »*

Concernant le transfert de Stéphane Dalmat, l'agent Stéphane Canard ne s'embarrasse pas de demi-solde encombrants. Il préfère la jouer perso. Gourmand, il passe deux fois à la caisse. D'abord, pour 4,8 millions de francs hors taxes à celle du PSG, puis pour 3,5 millions de francs à celle de l'OM[280]. Or un agent

278. *Cf. VSD* du 17 février 2005 et *Libération* du 29 avril 2006.

279. Audition du 15 décembre 2005. Rapport d'enquête de la DNIF de 2006.

280. Interrogé par l'un des auteurs, Stéphane Canard répond en février 2005 : *« Je ne suis plus l'agent de Stéphane Dalmat depuis le changement de législation* (sic)... *En ce qui concerne la soi-disant double commission, il ne faut pas confondre une commission d'agent sportif mandaté par un club, et une indemnité transactionnelle réparant le préjudice né du non-respect d'une convention antérieurement signée par un club. »* Pierre Dubiton, expert-comptable et consultant de l'OM au moment de la transaction, livre une autre version : *« L'indemnité transactionnelle dont parle Canard correspond en fait à une commission d'agent. Je savais qu'il avait déjà touché une commission*

ne peut être payé par les deux clubs lors d'un même transfert. Tout à leur négoce, les dirigeants ont sans doute oublié cette règle de droit essentielle. Stéphane Dalmat ne connaîtra pas un sort plus heureux à Paris. Six mois après son arrivée, il sera échangé contre le Brésilien Vampetta[281].

La valse des commissions

Ainsi va le football professionnel. Contrairement aux promotions agressives pratiquées par la grande distribution, les bonnes affaires du foot business consistent à en avoir un pour le prix de deux.

Sur les deux cents transferts épluchés par les policiers de la DNIF, les commissions indues paraissent récurrentes. Lors de la cession de Laurent Robert du PSG à Newcastle en 2002, l'agent écossais William McKay a perçu deux millions de francs de commission de Paris tandis que son compère, Pape Diouf, encore agent à l'époque, empochait pour la même mission la même somme de la part du club anglais. Normal, le premier dégraissait l'effectif du vendeur d'un joueur sans avenir, le second parvenait à convaincre l'athlète de rejoindre Newcastle alors que tous les clubs possibles et imaginables de la planète foot s'entretuaient pour s'arracher les services du génie réunionnais... Enfin, presque tous... Enfin... pas tant que cela.

---

du PSG. J'ai donc conseillé [au] le président de l'OM à l'époque, de ne pas le payer. Pour des raisons que je n'explique pas, [on] n'a pas suivi ce conseil puisque le club a payé à Stéphane Canard 3,5 millions de francs, soit la moitié de ce qu'il demandait. » Interrogé par les policiers de la DNIF, Pierre Frelot, ancien directeur financier du PSG, a expliqué : *« Nous n'étions pas au courant, mais il s'agit bien d'une double commission. »*

281. Vampetta sera à son tour échangé contre son compatriote Reinaldo et trois millions d'euros supplémentaires. De quoi intriguer les limiers de la DNIF qui relèvent que le *« club a déboursé au final 14 millions d'euros pour Reinaldo dont la valeur marchande est extrêmement faible »*.

Bettoni ou l'art de se rendre indispensable

Un autre couple d'artistes intéresse au plus au point les enquêteurs de Nanterre : le Français Richard Bettoni et le Serbe Ranko Stojic.

Déjà pris dans la tenaille de la justice marseillaise – où ils ont été mis en examen pour *« blanchiment, abus de bien sociaux et exercice illégal de la profession d'agent »* par le juge Charles Duchaîne[282] – les duettistes se préparent à une deuxième mi-temps délicate en finale, face au juge parisien Renaud Van Ruymbeke. Fin septembre 2006, le magistrat les a mis à son tour en examen pour *« exercice illégal de la profession d'agent et complicité »* dans le cadre de son enquête sur les transferts du PSG. Ce qui ne signifie évidemment pas qu'ils soient coupables, étant bien sûr présumés innocents. D'autant qu'ils démentent ce qu'on leur reproche.

Lors de sa propre audition, Pierre Frelot éclaire la lanterne des policiers sur la nature des relations liant les deux hommes[283] : *« Richard Bettoni n'ayant pas de licence officielle FIFA, il se sert de Ranko Stojic. »* Voilà qui a le mérite de la franchise. Ce dernier, ancien gardien de but de l'équipe de Yougoslavie dans les années 1980, possède effectivement le précieux sésame délivré par la Fédération serbe, présidée par Dragan Stojkovic, son ancien coéquipier en équipe nationale[284].

Outre ses qualités de pointeur, enviées par tous les joueurs de pétanque de la Côte d'Azur, Richard Bettoni est reconnu dans le milieu du foot pour ses compétences techniques et son art consommé de dénicher de nouveaux talents. Cet ancien dirigeant de l'AS Cannes a en effet découvert la génération dorée des Patrick Viera et autres Johan Micoud. Son coup d'œil lui a même valu d'être un temps salarié de l'AJ Auxerre de Guy Roux, c'est dire. Également proche de Jean Tigana, avec qui il a travaillé lorsque

282. Ils sont présumés innocents.

283. *Cf.* audition de Pierre Frelot par les policiers de la DNIF le 14 décembre 2005.

284. Plus connu sous le surnom de Pixie, il fit un passage sous les couleurs de l'OM au début des années 1990.

l'ancien membre du carré magique faisait l'agent, Richard Bettoni est un intermédiaire incontournable du foot français. Des internationaux comme Louis Saha, Jean-Alain Boumsong ou encore Djibril Cissé font partie de son écurie. L'homme entretient aussi les meilleurs rapports avec Guy Lacombe, l'ex-entraîneur incompris du PSG. Un pote de l'épopée cannoise. Bettoni est aussi à l'origine des transferts de Frédéric Déhu et Fabrice Fiorèse du PSG à l'OM, ou encore de celui de Philippe Christanval de Barcelone à Marseille.

Entre Bettoni et Stojic, les rôles sont bien répartis. Le premier négocie, le second encaisse les commissions via sa société serbe Pro Agency qui détient un compte à la banque Rothschild à Monaco[285]. La redistribution est plus travaillée qu'une combinaison complexe de foot américain. À chacun sa part en n'oubliant pas au passage les poulains. Les enquêteurs ont ainsi découvert que Ranko Stojic avait donné une procuration à certains internationaux français de son écurie[286], qui auraient ainsi retiré en espèces de fortes sommes. Un document bancaire de la banque Rothschild[287] indique que l'épouse d'un joueur a retiré en liquide, le 4 juillet 2003, la somme de 120 000 euros sur un compte ouvert au nom de Pro Agency, la société de Stojic.

Certains dirigeants profiteraient aussi des bonnes actions du duo infernal. À l'occasion du transfert d'Auxerre vers le club

---

285. Rocher pour rocher, mieux vaut gravir celui de Gibraltar. Des confrères des deux novices mieux conseillés qu'eux en *off-shore banking* l'ont compris depuis longtemps : le climat de la Costa del Sol et la délicieuse hospitalité britannique ont un effet très bénéfique sur la croissance des pécules clandestins du foot business. Devenus grands, ces derniers pourront très facilement être réinvestis dans l'immobilier à Marbella ou Puerto Banùs, en plein boom, à moins d'une demi-heure de voiture. Un coin « chaud » et accueillant mis à la mode par feu Jesùs Gil, ancien président de l'Athlético Madrid qui a été maire de Marbella jusqu'en 2002. Fonction à laquelle il avait dû renoncer à la suite de ses démêlés judiciaires.

286. Rapport de la DNIF du 31 mai 2006.

287. *Ibid.*

écossais des Glasgow Rangers, les policiers de la DNIF se sont penchés sur les relevés du compte bancaire de Stojic. Ils y ont découvert un virement daté du 20 août 2004[288] sur un compte appelé « Mendricka », ouvert la veille à la banque Rothschild de Monaco, où une somme de 148 115,20 euros a été versée à un des dirigeants du club écossais. Le motif du virement figurant sur un document envoyé par les autorités judiciaires monégasques à la DNIF est sans ambiguïté : « Commission pour le président de Glasgow dans le cadre du transfert de Boumsong d'Auxerre vers les Rangers. »

Ce que contestent les intéressés. Ranko Stojic d'abord[289] : *« L'argent versé à Martin Bain l'a été car c'est un ami et qu'il en avait besoin pour l'achat d'un appartement. On a signé un mandat et il m'a depuis remboursé. J'ai montré les documents aux policiers. »*

Même son de cloche chez Martin Bain qui, dans un communiqué[290], a tenu à préciser : *« J'ai été en relation avec M. Stojic lors d'une acquisition immobilière conclue avec le joueur Laurent Charvet dont il était l'agent. À cette occasion, j'ai bénéficié de sa part d'un prêt que je lui ai cependant intégralement remboursé. Je suis disposé à communiquer aux autorités tous les justificatifs concernant cette transaction privée parfaitement légale et qui est totalement étrangère à mes responsabilités au sein des Glasgow Rangers. »*

Début mars 2007, le parquet de Paris a quand même transmis le dossier aux autorités judiciaires écossaises.

Amendes, prunes ou cacahuètes ?

Manquant d'imagination en matière de montages tordus, les dirigeants du club parisien vont refaire une partie de leur handicap sur leurs concurrents. En usant de Nike, son sponsor, pour mettre au point une arme jusque-là inédite en France.

---

288. *Ibid.*
289. *Le Parisien* du 20 décembre 2006.
290. *L'Équipe* du 19 juin 2006.

Le procédé est d'une simplicité confondante. L'équipementier paie aux joueurs du PSG des compléments présentés comme des droits d'exploitation individuelle de leur image et de leur notoriété[291]. Puis le club rembourse le sponsor au centime près (pour une fois) grâce à un système d'amendes fantaisistes infligées par la firme américaine au prétexte que le joueur sous contrat n'aurait porté ni les chaussures ni les survet' visés par la convention.

Le procédé est puéril. S'agissant de contrats individuels, la responsabilité des employeurs des artistes ne peut évidemment pas être recherchée. En avril 2005, un audit réalisé par Vincent Vallejo, de Vivendi, maison mère de Canal + et du PSG, le mentionne du reste en toutes lettres : *« Nike accepte de supporter une partie des prétentions salariales des joueurs pour alléger les charges salariales du club. »* Entendu le 7 juillet suivant, il confie aux policiers de la DNIF : *« Ce système a permis de minorer le coût d'acquisition des joueurs et donc d'économiser 70 à 80 % des salaires versés pour les joueurs concernés[292]. »*

Entre 1998 et 2005, près d'une trentaine de joueurs en auraient bénéficié. Soit une économie de plus de 30 millions d'euros pour

---

291. *Les Secrets du PSG* par Rodolphe Albert, chapitre 5, page 92, « Nike : une amende factice », *op. cit.*

292. Dans un communiqué du 15 janvier 2006, la société Nike France explique que cette mise en examen en tant que personne morale est *« un effet mécanique, après la mise en examen de ses collaborateurs Olivier Jaubert, Jean-Claude Petit et Jean-Baptiste Mayer... » ;* et d'ajouter : *« Nous contestons avoir commis les infractions pénales qui nous sont reprochées et nous sommes prêts à continuer de coopérer avec l'autorité dans le cadre de l'instruction en cours. »* Lors de son audition, début octobre 2005, Olivier Jaubert a, quant à lui, déclaré : *« Ces contrats d'image signés par Nike avec les joueurs étaient établis à la demande du PSG. Une enveloppe joueurs existait bien chez Nike. Ce système a été créé pour permettre au club de verser des compléments de salaire occultes. Ces sommes étaient versées par l'entremise de Nike European Operations Nederland BU (Nike Europe) sur des comptes que les joueurs désignaient. »* Sur ce volet des amendes, il a précisé : *« Ces enveloppes sont fictives, elles servent à compenser le dépassement de l'enveloppe joueurs. »*

le club parisien. Entendu à son tour, Rodolphe Albert, ancien responsable financier du PSG, s'est montré plus prolixe encore : *« Cette pratique était quasiment officialisée par des courriers que le club adressait aux joueurs recrutés. À ce sujet, le président Graille m'avait dit qu'il était contre l'émission de telles lettres car cela laissait des traces écrites et signées par les dirigeants du club. »*

Le 7 décembre 2005, à l'instar de nombreux autres joueurs, Jérôme Leroy se transporte à Nanterre pour s'expliquer sur les fameux contrats. Son témoignage est sans ambiguïté. *« Sur le contrat Nike, il est écrit droit à l'image, et non complément de salaire,* dit-il, *mais de la bouche de Pierre Frelot, il était question de sommes d'argent défiscalisées. »*

Donnant tort à la rengaine de Joe Dassin, le club parisien et son équipementier démontraient en somme qu'il n'était nul besoin de *« naître à Monaco pour ne pas payer d'impôts »*.

Se débarrasser du PSG

Le dossier Nike porte un coup très rude au club parisien. En mai 2006, le PSG se voit ainsi mis en examen en tant que personne morale pour *« travail dissimulé et usage de faux*[293] *»*. Pour Vivendi, c'en est trop. L'image du groupe tout entier est gravement affectée. Pis, depuis que sa filiale Canal + a repris le club de la capitale en 1991, le PSG a multiplié les déficits. Près de

293. Dans le volet Nike, les anciens présidents Laurent Perpère et Francis Graille, l'ex-directeur financier Pierre Frelot et Nike Europe sont également poursuivis pour les mêmes faits. Le club nie les infractions qui lui sont reprochées et qui ont trait, selon lui, à des procédés très courants dans le football. Interrogé à la sortie du pôle financier par la presse le 31 mai 2006, Me Patrick Maisonneuve précise : *« Nous avons une divergence d'interprétation sur l'analyse juridique du contrat en question. C'est vrai que le PSG avait un intérêt à ce que le joueur puisse avoir un contrat Nike, mais on ne peut pas parler de complément de salaire. C'est faux. »* Le jeudi 7 décembre, le PSG sera de nouveau mis en examen sur le volet des transferts.

300 millions d'euros de pertes cumulées. Même Robert Louis-Dreyfus, qui a pourtant payé de sa personne, n'est pas parvenu à un tel fiasco à l'OM.

En juin 2006, le club change donc de main. Les intrépides repreneurs, Colony Capital, Butler Capital Partners et la banque d'affaires Morgan Stanley s'emparent de la danseuse au prix de 41 millions d'euros, dont 15 millions au titre du compte courant. Officiellement. Et se hâtent de ne rien changer aux recettes du passé, lesquelles conduiront la fine équipe à la pire première moitié de saison de son histoire. Bienvenue à bord de la nef des fous. Pressée d'en finir, Vivendi leur a concédé une garantie de passif à hauteur de 80 millions d'euros, destinée à couvrir les dommages collatéraux que pourrait provoquer l'enquête du juge Van Ruymbeke. Une instruction dans laquelle la Sécurité sociale s'est constituée partie civile. Il est vrai que l'addition pourrait être plus salée qu'un assortiment d'amuse-gueules de cocktail d'après-match.

De son côté, Canal + fait contre mauvaise fortune bon cœur en diffusant la passionnante saga du Championnat de France de L1. Un spectacle au suspens insoutenable qui voit l'Olympique Lyonnais et son contingent brésilien sacrés champions dès la sortie de l'hiver. Une cinquième « redif » au goût amer pour les abonnés au téléthon footballistique, qui commencent à se poser de sérieuses questions sur l'usage véritable de *leurs* 600 millions d'euros versés à la Ligue par la chaîne cryptée.

Libérés du boulet parisien, les comptes de la chaîne payante pourraient heureusement reprendre bonne mine. À condition de ne pas perdre d'abonnés en route, ceux-ci étant dégoûtés et furieux contre les producteurs d'un spectacle d'une telle incurie, au moment où la guerre des chaînes redouble de violence[294].

---

294. La 32e journée de la saison 2006-2007 (14 et 15 avril) entre dans l'histoire du championnat de France avec seulement huit buts inscrits en dix rencontres. Le plus petit nombre de réalisations depuis la création du championnat professionnel en 1932. Un bien triste record.

CHAPITRE 17

Les diffuseurs TV : la fièvre du samedi soir

1992. Presque le « Moyen Âge » du foot business moderne. BSkyB, précurseur européen en la matière, marque son époque en poussant fermement la BBC, habituel diffuseur des matchs anglais, vers la sortie du stade. Sous la conduite d'un visionnaire, l'Australien Rupert Murdoch, l'entreprise propose 304 millions de livres à la Premier League anglaise pour obtenir le droit de retransmettre soixante matchs en direct par saison pendant cinq ans. Un pari risqué reposant sur un constat prémonitoire : les matchs du championnat de Premier League deviennent un spectacle télévisuel à part entière. Un redoutable concurrent médiatique aux séries formatées « made in Hollywood », aux émissions dites « de variétés » et aux films cinématographiques rediffusés à l'extrême.

En 2003, onze ans plus tard, la Commission européenne tente timidement, au nom de la concurrence, de mettre un terme au monopole de BSkyB sur la diffusion en direct des matchs du championnat anglais. La Premier League, qui fuit les ennuis comme la peste, décide de scinder les droits en quatre lots, afin de permettre à d'autres de picorer quelques miettes du gâteau. Peine perdue. BSkyB soumissionne pour chacun des lots et rafle, moyennant 1,02 milliard de livres, le droit de retransmettre 138 matchs en direct sur une durée de trois ans.

Pour la période 2007-2010, afin de calmer la colère de Bruxelles et les protestations des confrères de BSkyB, la Première Ligue va découper le gâteau en parts plus petites encore : six lots de vingt-trois matchs chacun. À qui le tour ?

Miami, capitale mondiale du foot spectacle

À la fin des années 1990, Roberto Muller, spécialiste en marketing sportif et ex-président de Reebok International, décide de créer à Miami Pan-American Sports Network (PSN) et d'acheter les droits d'événements sportifs, dont le Calcio italien et la Copa Libertadores, afin de les diffuser en Amérique latine.

Les Texans de l'entreprise Hicks, Muse Tate & Furst[295], toujours à l'affût d'une bonne affaire, en prennent le contrôle ensuite et y injectent près de 650 millions de dollars. PSN commence à émettre en février 2000 et gagne très vite dix millions de clients téléspectateurs en Argentine, au Brésil, au Chili et au Venezuela.

Mais un grain de sable vient gripper la machine. Incompétents, Muller et les Texans surpayent les droits sportifs qu'ils acquièrent et se font rouler dans la farine par leur « fournisseur » Canal + sur le tarif du Calcio, un des droits dont le groupe français est propriétaire à l'international. La crise argentine et la dévaluation du peso argentin, le 6 janvier 2002, font le reste. Les hommes de Dallas lâchent l'affaire qui cesse d'émettre en février 2002.

Le 1er mars de la même année, PSN USA est mis en faillite par le tribunal du district sud de Floride. Le seul créancier assuré d'être remboursé est la société Pan-American Sports Partners, immatriculée aux Îles Caïman, derrière laquelle on croit reconnaître l'ombre du fonds d'investissement texan. Ce qui nous change un peu de Tortola. Cent quatre-vingt-cinq malheureux partenaires de PSN en sont, eux, intégralement de leur poche. En bonne place parmi les « loosers », le Groupe Canal + qui, dans une note interne du 7 novembre 2001 d'un certain Claude Deroudhile à Jérôme Valcke, patron de Sport +, s'attend à

---

295. Hicks, Muse, Tate & Furst : 200 Crescent Ct. Suite 1600, Dallas Texas 7520, USA. Tel : 214 740 7300. Fonds d'investissement créé par les Texans en 1989. Tate s'est retiré en juin 2002, Hicks en janvier 2005. La dénomination sociale du fonds a été modifiée en mars 2006 et remplacée par HM Capital.

prendre une veste évaluée à 10 millions d'euros de factures impayées. L'arroseur est arrosé[296]. Comme quoi, télé et sport n'enrichissent pas tout le monde

GolTV marche

Paco Casal et ses associés, bien meilleurs acheteurs que les *Gringos*, adoptent, eux, la démarche inverse. Ils installent aussi leur « GolTV » à Miami[297] pour, en février 2003, commencer à diffuser les championnats « latinos » vers la clientèle hispanique des USA. Du foot, rien que du foot et de la publicité. En anglais (leur slogan est *« experienced football »*) et en espagnol. Vingt-quatre heures sur vingt-quatre, sept jours sur sept. Des redif' chiantes comme la pluie de matchs dont tout le monde connaît les résultats grâce au Web depuis plusieurs jours. Mais ça marche. En tout cas, ça ne casse pas. À quoi tient ce bon résultat comparé au fiasco de PSN ? Dans une large mesure au fait que la chaîne est discrètement pilotée à distance par d'authentiques professionnels de la télévision, ceux de Media World, filiale du groupe espagnol MediaPro. L'homme clé sur place se nomme Roger Huguet, patron de Media World et Chief Operating Officer de GolTV, coureur de triathlon à ses heures et skipper émérite du *Spray*, un 37 pieds qu'il bichonne quand son job lui en laisse le loisir.

MediaPro : des pros des médias

En 1994, une bande de Catalans audacieux menée par Jaume Roures lance MediaPro. Une affaire multifacettes, active, entre

---

296. L'auteur, dans une note préparatoire à la fusion « Sport +, Groupe J.C. Darmon, UFA Sports » écrit : *« J'ai dit à Ralph que, dans la prévision du cash flow que nous avions publié pour la période allant jusqu'au 15 novembre, nous avions pris en compte les 10 millions d'euros d'exposition maximale au risque sur PSN pour les accumulations passées. »*

297. 1666, JF Kennedy Causeway, North Bay Village FL 33141 Miami, USA.

autres, dans l'acquisition de droits de retransmission télévisuelle d'événements sportifs. Elle a aussi une activité de production d'émissions généralistes, vendues aux chaînes nationales et internationales séduites par le talent des créateurs ibériques. Le groupe est notamment coproducteur du dernier film de Jean-Jacques Annaud[298] et partenaire de France Telecom dans Globe-Cast. Une *success story* donc que cette entreprise qui diffuse ses images en Espagne, dans le sud de la France et au Portugal.

En Espagne, l'affaire est propriétaire des droits de retransmission du Championnat de France, d'Allemagne, d'Angleterre, d'Italie, du Portugal et de Hollande. Elle fournit en retour à Canal + les images du championnat espagnol.

Media World, filiale de MediaPro, est de son côté présente aux USA[299] et en Argentine depuis 1998, développant son activité dans toute l'Amérique latine et aux USA et entretenant un ravissant pied-à-terre à la même adresse que GolTV.[300] Les déplacements de Roger Huguet, qui voyage beaucoup, en seront facilités entre les deux sociétés. Lors du congrès Sport Accord Programme 2003, il croisera, par exemple, Sepp Blatter et François Ponthieu. Des hommes d'influence dans la grande famille du football.

Derrière MediaPro, à hauteur de 30 % de son capital social, on trouve l'agence mondiale de publicité WPP de sir Martin Sorrell. Laquelle s'est offert en 2002 la société Global Sportnet (GSN) de Hambourg, créée en 1995 par Thomas Martens, un ancien d'UFA Sports. Mine de rien, Global Sportnet possède les droits TV de plus de 130 clubs européens et de plusieurs « petites » fédérations sportives européennes. Vertige.

Pourquoi s'étendre sur ces complexités économiques et capitalistiques ? Pour montrer que, de Miami, une société américaine

298. *Sa Majesté Minor* : 30 millions d'euros de budget.

299. Media World, 7395 West 19th Court, Hialeah FL 33014, Floride USA. Tel : 305 418 2101.

300. 1666, JF Kennedy Causeway, Suite 707, North Bay Village, 33149 Forida, USA. Tel : 305 868 5002.

peut parfaitement acheter à une société française les droits de retransmission du championnat italien afin de le diffuser en Argentine. Et qu'une autre société américaine détenue majoritairement par des agents sportifs uruguayens peut acquérir, à un prix différent, auprès du même fournisseur, les droits sur ce même Calcio dans le but de le diffuser, aux USA cette fois, à sa clientèle hispanique.

Miami, ses palmiers, son interminable plage de sable fin aux pieds des condominiums, est donc aussi le haut lieu de « l'échangisme » footballistique et du *trading* des droits TV dont le prix varie à la tête du client. Or, l'activité qui consiste à faire commerce de droits de retransmission TV ressemble à s'y méprendre à celle du commerce de joueurs. Une similitude qui conduit certains à essayer d'exploiter les deux filons. Casal, bien sûr, a su créer une véritable synergie entre Tenfield et GolTV ; mais aussi Hicks[301], Muse Tate & Furst qui ont investi dans l'acquisition de droits fédératifs de joueurs sud-américains, dont l'Argentin Juan Pablo Sorin ; Canal +, enfin, qui, par l'intermédiaire de sa filiale Sport +, apportée dans la corbeille de Sportfive à fin 2001, a goûté par la même occasion au fruit défendu de l'exercice illégal de la profession d'agent.

Sport + : du commerce des spectacles au négoce des acteurs

La fusion de fin 2001 donnant naissance à Sportfive[302] n'eut pas pour seule conséquence de réduire à néant les espérances

301. En février 2007, Tom Hicks, associé à George Gilett, acquiert le club de Liverpool FC pour 470 millions de livres (715 millions d'euros) dont 170 pour les actions, 80 pour les dettes et 220 consacrés à la construction du nouveau stade.

302. Avant la fusion, Canal + détenait 100 % de Sport +, Jean-Claude Darmon détenait 35,5 % de Groupe Jean-Claude Darmon et RTL Group détenait 28 % de Groupe Jean-Claude Darmon et 100 % de UFA Sports. Après la fusion, Canal + et RTL Group détenaient chacune 46,4 % de Sportfive, Jean-Claude Darmon en détenant 5 %. Sportfive, pour sa part, détenait après fusion 100 % de UFA Sports et

gloutonnes du Club Europe, association des « grands clubs » français auxquels Canal + avait consenti des faveurs particulières, indépendamment de sa contribution globale à la LFP ; elle emporta aussi, au bon moment, les preuves les plus tangibles des opérations « discutables » de cette filiale que Canal + avait imprudemment eu tendance à mettre à toutes les sauces cette année-là.

Dans la perspective du rapprochement avec le groupe Jean-Claude Darmon et UFA Sports, un rapport consacré à Sport + a été commandé à la même époque au cabinet Ernst & Young. Ce document strictement confidentiel du 27 avril 2001, rédigé par Marita Maier, souligne divers points fort instructifs. On y voit que Sport + BV est sa seule filiale existante ; que Canal + lui a transféré la part internationale de ses droits ; que la commercialisation de son portefeuille de droits est en fait sous-traitée à l'incontournable Jean-Claude Darmon, lequel reçoit pour ce job un honoraire fixe, quels que soient le chiffre d'affaires réalisé et la marge dégagée. Mais aussi que l'activité « droit à l'image » est, pour elle, nouvelle ; que plus de 95 % de son chiffre d'affaires provient des droits télévisuels du football, et 50 % de sa marge du Calcio italien malgré sa perte sur PSN ; *« que la société joue également le rôle d'agent. Des accords ont été signés avec des athlètes pour la gestion de leur image : Sport + est chargé de l'image de 50 % des joueurs de l'équipe française de football ».* Sans oublier que la vente des droits à l'image de Sport + BV ne concerne qu'un seul joueur de football, aux termes d'un contrat de cinq ans. Sans aucun doute, un gamin aux cheveux et aux dents longues, doté par la nature de chevilles extraordinairement

---

de Sports +. Pour sa première année d'existence, Sportfive annonça, en avril 2003, un chiffre d'affaires de 638,7 millions d'euros et une perte de 13,4 millions d'euros. En septembre, Canal + et RTL Group annoncèrent leur intention de se désengager. C'est le fonds américain Advent International qui reprit l'affaire. L'offre de reprise par Jean-Claude Darmon, associé à Infront Sports et médias AG de Robert Louis-Dreyfus, ne fut pas retenue par les vendeurs.

souples, et parlant le portugais. En d'autres termes, le célèbre Ronaldinho, dont le départ du PSG à l'été 2003 a bien failli provoquer une crise majeure au sein du groupe Canal +[303] ; et que MediaPro, évoquée plus haut, figure parmi ses fournisseurs et créanciers. Pour 1,4 million d'euros.

Rien, toutefois, qui puisse expliquer les espiègleries de la filiale de Canal + dans le domaine des transferts de joueurs. Une activité dans laquelle elle va pourtant se hasarder à partir de 2001 sous la direction éclairée d'un certain Jérôme Valcke, avant que celui-ci ne sévisse à la FIFA.

En achetant les droits sur Robert, Hilton et Dill, trois joueurs brésiliens, Sport + fait ses premières armes en tant que *trader* et propriétaire de joueurs en 2001, grâce à l'aide que lui apporte MediaMag Management, obscure filiale hongroise de son partenaire MediaPro. En toute discrétion, cette mystérieuse société hongroise assure le portage des opérations moyennant une modeste commission de 10 % du montant des transactions.

Le cas du joueur Dill est édifiant. Sans jouer le moindre match, cet athlète fait l'objet, en quelques semaines, d'une série de « transferts » qui laissent songeur : début avril 2001, il est acheté 2 millions d'euros à son club brésilien de Goias par la société Netcom du Lichtenstein. Dans les jours qui suivent, c'est MediaMag qui succombe à son charme et l'acquiert pour 2,8 millions d'euros. La carrière du Brésilien est incontestablement météorique car il est immédiatement revendu à la société néerlandaise Clingendaelzicht BV. Un intense emballement.

Le 30 avril 2001, l'encre du rapport de miss Maier, mentionnée plus haut, n'est pas sèche que, déjà, Alain Gremeaux, au nom de Sport +, confirme l'accord pour financer l'acquisition du joueur par le club de Saint-Étienne à un prix très abordable. Bon prince, Gremeaux indique que la filiale de Canal se contentera de 50 % de la plus-value sur la revente de Dill, plus les intérêts à compter du 1er juillet au cas où son avance ne lui aurait

303. *Les Secrets du PSG* par Rodolphe Albert, « Le départ de Ronaldinho », pages 120 et suivantes, *op. cit.*

pas encore été remboursée à cette date. Frileux, les Foréziens tardent cependant à saisir l'affaire en dépit de la « généreuse » offre de financement du « banquier » Canal +. Qu'à cela ne tienne : l'artiste est immédiatement proposé à l'Olympique de Marseille pour 4,1 millions d'euros. Le manager sportif de l'OM, Bernard Tapie en l'espèce, frappé d'une « vague » interdiction de gérer qui limite son autorité administrative, implore donc son directeur financier de mettre tout en œuvre pour régulariser l'opération au plus vite.

Gremeaux informe cependant Pierre Dubiton, de l'OM, que la facture des droits d'acquisition du joueur sera émise par la filiale néerlandaise de Sport +. Pourquoi pas ? Quelques jours plus tard, il corrige le tir et indique que c'est MediaMag qui, en vertu d'une mystérieuse cession à son profit d'une créance de Goias, doit rédiger le document.

Mais Pierre Dubiton, qui a découvert entre-temps qu'on tente de lui vendre le sportif à un prix extra-fort, notamment par rapport à celui auquel il a été proposé à Saint-Étienne quelques jours plus tôt, préfère s'abstenir. Le Brésilien termine finalement son périple au Servette de Genève, filiale de Canal +, qui s'acquitte sans sourciller des 4,1 millions d'euros exigés.

Le club parisien a voulu jouer à l'agent et s'est pris les pieds dans le tapis. Le pot aux roses, quant à la conclusion de ce feuilleton aussi cocasse que pitoyable, est dévoilé le 16 mai 2005 quand, lors de son audition par les policiers de la DNIF, Jérôme Valcke se laisse aller à quelques confidences[304]. Il révèle ainsi que Bernard Tapie a menacé Canal + de donner un maximum de publicité à l'activité occulte d'agent de joueurs pratiquée par la chaîne câblée si le transfert de Dill à Marseille n'était pas

---

304. Rapport d'enquête de la DNIF. Audition de Jérôme Valcke le 16 mai 2005. Interrogé par *Le Parisien* du 28 mars 2007, Bernard Tapie a expliqué : *« Monsieur Valcke dit ce qu'il veut. Il a raison de parler du Servette. Il me semble logique que les enquêteurs se plongent sur ce qui s'est passé dans ce club. »*

annulé. C'est pour cette raison, admet-il, que le pauvre footballeur a été reversé à la hâte, et sans véritable raison sportive, dans l'écurie de la filiale genevoise du groupe Canal, avant de prendre le chemin du retour vers le Brésil. Qui a parlé de gabegie totale ?

CHAPITRE 18

Willie McKay : le gentleman d'Ascot

Willie McKay supporte avec élégance le poids de l'infamie. Au hit-parade des attaques les plus perfides et des critiques à l'emporte-pièce qui se multiplient à l'encontre des agents de joueurs, il surclasse tous ses concurrents. Il est détesté, haï, vomi, y compris par ceux qui lui doivent une fière chandelle, joueurs au talent discret révélés lors d'un « McKay's Tour » ou présidents de clubs tirés d'affaire par cet astucieux Écossais qui s'y entend comme personne en dégraissage d'effectifs.

Preuve de sa suprématie, c'est Willie qui, à son corps défendant bien sûr, s'est vu évoqué en premier dans la célèbre lettre anonyme du 4 février 2004 adressée à la justice pour dénoncer les dérives du foot business à la française. *« Je prends par exemple le cas le plus flagrant : William McKay, agent de joueurs agréé, résident en principauté de Monaco, mais résident de fait en Angleterre »,* entame le corbeau dont les connaissances vont précipiter maintes équipes et dirigeants hexagonaux dans la tourmente. *« Cet agent sans scrupule et sans limite use de son statut de résident monégasque pour faire transiter des sommes importantes (payées par des clubs) par son intermédiaire afin de les reverser en net d'impôts à certains joueurs ou dirigeants, principalement (mais pas uniquement) anglais. Ce mécanisme fonctionne à merveille depuis plusieurs années, ce qui lui vaut d'être quasiment incontournable lors de transferts de joueurs de France vers l'Angleterre. D'ailleurs nombre [...] de ses collaborateurs ferment les yeux sur ces pratiques qui arrangent tout le monde... sauf certains joueurs qui attendent toujours leur argent, et certains agents qui ne peuvent certainement pas rivaliser sur de telles. »* Médisances ?

Bien sûr, un ancien bookmaker écossais[305], résident monégasque ayant fait fortune dans le *trading* de joueurs et passionné de chevaux de course, ne peut pas être foncièrement mauvais. Même si son insolente réussite s'explique par une mise en pratique sans nuance du théorème de Robert de Niro dans le célèbre film *Casino*. Sermonnant son personnel entre confidence et menace, l'acteur profère ainsi cette réplique culte : *« Il y a la bonne méthode, la mauvaise méthode et il y a ma méthode. »*

Willie applique la même recette. C'est la base indiscutable de son succès, quelle que soit la réprobation qu'elle suscite[306].

Il déteste les règlements, l'administration, les contrats, la paperasse... Lorsqu'il honore d'un peu de son temps un président de club l'implorant d'accepter un mandat en vue d'alléger sa masse salariale, le formalisme est réduit à sa plus simple expression : la durée de la mission, *le target-price*[307] exigé pour l'artiste, et le montant de sa commission. Nul besoin de formules savantes inventées par les juristes pour justifier leurs honoraires. Sa carte de visite, c'est son tableau d'affichage personnel et le score impressionnant qu'il y inscrit, grâce aux solides amitiés qu'il entretient dans les clubs de Premier League anglaise.

Quand Willie rencontra Harry

À commencer par son compère – son « associé » de toujours affirment les mauvaises langues – Harry Redknapp, l'homme aux 134 transferts réalisés entre 1994 et 2001 alors qu'il était aux

---

305. Les bookmakers anglais réalisent un chiffre d'affaires annuel de 4 milliards de livres, dont 40 % sur les seuls matchs de football.

306. Notamment exprimée au moyen de pétitions sur le Web : *« Get McKay out of* Football » (Libérez le football de Mckay). www.realifenews.com/football/archive/clubs/wigan

307. « Le montant espéré de l'indemnité de transfert ». Le vocable est fréquent dans l'univers des *traders*.

commandes du club de West Ham. Une longue série prolongée à Porthsmouth par le recrutement de Laurent Robert en provenance de Newcastle, joueur de « l'écurie Diouf » bizarrement représenté par McKay... comme beaucoup d'autres.

Harry, qualifié aussi de sulfureux, de mal-aimé. Une tête de Turc du football britannique qui lui cherche des poux depuis des années, sans jamais les trouver. Miraculé d'un accident de la route ayant fait cinq morts en 1990, et dans lequel il laissa un œil, cet homme voit ses faits et gestes épiés comme ceux d'une rock star. C'est sur le titre de copropriété d'une ravissante jument nommée *Whenwilliemetharry*, fille de *Sabrehill* et de *William's Bird*[308], que McKay et Harry Redknapp ont jeté, à la fin des années 1990, les bases de leur longue et fructueuse amitié. Une amitié bien entretenue depuis. Et qui rapporte.

Ainsi quand, au prétexte d'un budget de transferts insuffisant, Harry quitte Southampton le 3 décembre 2005 pour réintégrer, quatre jours plus tard, Portsmouth où il a opéré jusqu'en novembre 2004, 16 millions de livres sont pariés chez le bookmaker Betfair sur sa prochaine destination. Du jamais vu. Sur le total de ces mises, 864 000 £ portent sur le « bon cheval » : Portsmouth. Qui a eu ce nez ? La polémique enfle. L'affaire prend de telles proportions que Betfair juge bon de fournir ses statistiques à la Fédération anglaise. Rupert Lowe, président « plaqué » de Southampton, annonce de son côté son intention de demander une enquête officielle sur les conditions de ce retour chez le voisin honni. Il y a fort à parier que c'est « Willie l'ex-bookie » qui a la solution de l'énigme[309].

Que s'est-il passé à Southampton ? Relégué au terme de la saison 2004-2005, le club doit et souhaite réduire sa masse salariale. Harry, qui prépare secrètement ses valises pour Portsmouth, demande donc à Willie de lui donner un coup de main.

---

308. *When Willie met Harry*, en français : « Quand Willie rencontra Harry ».

309. *The Guardian* du 8 décembre 2005 : *« FA investigate betting on Redknapp »*.

En octobre 2005, il lui propose 30 000 £, de l'argent de poche, afin de trouver un club où caser un certain Fernandès, joueur libre de ses mouvements. Deux coups de téléphone plus tard de McKay à son ami Simon Marland, secrétaire général du club, et le marché est conclu avec l'équipe de Bolton. Au cours des cinq mois suivants, Fernandès ne foulera la pelouse du Reebok Stadium que quinze minutes. Avant de refermer son sac et de prendre la direction du Betar Jerusalem, club propriété d'Arcadi Gaydamak. Le fils de ce dernier, Alexandre, a en effet pris – avec ses propres économies – le contrôle du club de Portsmouth où débarquera Harry Redknapp, recruté par le propriétaire en décembre, après avoir prêté son nom à la sympathique tombola organisée par Betfair pour arroser son départ de Southampton[310].

And the winner is...

Pêchant par excès de confiance, McKay frôle parfois le surrégime. On hurle ainsi à Manchester City contre ses prétentions, jugées extravagantes, d'obtenir 100 000 £ de commission pour convaincre « son » joueur Joey Barton – qui ne demande pas mieux – de prolonger son contrat. On gronde d'impatience aussi à Portsmouth, malgré la présence d'Harry Redknapp aux commandes, lorsqu'il faut attendre la quinzième apparition de Benjani, transféré d'Auxerre en janvier 2006 au prix de 4,1 millions livres, pour le voir marquer son premier but.

William McKay est en fait victime de son succès. On lui met tout sur le dos. Gérard Houiller, qui fut « boss » à Liverpool, s'est-t-il pris d'une passion à 1,7 million de livres pour le joueur Jean-Michel Ferri, qu'il importera sans aucun résultat de Istambulsport, on accusera Willie d'avoir fait monter la sauce. Bernard Diomède rejoignant Liverpool en juillet 2000 pour l'impressionnant total de deux matchs de Première Ligue et 3 millions de livres pour le bas de laine d'Auxerre, et ce sera à

310. Alexandre Gaydamak était copropriétaire du club avec Milan Mandaric jusqu'en juillet 2006, date à laquelle il rachète les 50 % de son associé Mandaric pour 32 millions de £.

nouveau mis au passif de Willie. On dira encore que les Rigobert Song, Titi Camara, Vladimir Smicer et autre Igor Bascan ont sûrement subi l'influence néfaste de cet Écossais pour être venus a Liverpool grever le budget – 101,9 millions de livres au total – consacré aux transferts par le manager français pendant son séjour britannique. Autant de reproches infondés dans la mesure où William McKay n'y est pour rien. Ou si peu. À force de le montrer du doigt à tort et à travers, on en viendrait presque à s'apitoyer sur son sort, à prétendre qu'il faut sauver Willie.

Erreur. William McKay n'a besoin de personne. Avec l'agilité d'un chat, il retombe toujours sur ses pieds. Lui reproche-t-on d'avoir perçu, en janvier 2005, 500 000 £ sur le transfert de Jean-Alain Boumsong des Rangers à Newcastle ? Il fait immédiatement savoir qu'il a versé « une partie » de sa commission à l'organisation caritative Asian Flood Appeal. Pour la peine, il recueille des propos réconfortants de la part du président de Newcastle : *« On fait beaucoup de mauvaise publicité aux agents ces derniers temps, mais c'est un geste magnifique de Willie McKay. »*

Mais le feuilleton de ses frasques, réelles ou supposées, ne s'interrompt pas pour autant. Fin 2005, Rachel Anderson, l'une des rares femmes agents de joueurs, qui plus est jouissant d'une excellente réputation en Grande-Bretagne, se voit contrainte de menacer la Fédération anglaise d'exiger l'annulation du transfert d'Amdy Faye de Portsmouth à Newcastle, entamé en janvier précédent. Elle affirme avoir reçu, sans motif et sans explication, en cours de négociation du transfert de celui qui était son client, un courrier de résiliation du mandat que le joueur lui avait donné. Et fonde ses demandes sur la date à laquelle le joueur prétendait avoir rédigé le courrier. Une date suspecte puisque ce jour-là, affirme-t-elle, elle procédait, en compagnie de son client, à la rédaction de divers courriers d'administration de ses affaires. Un détail qui avait échappé à l'Écossais volant. Il fallait donner forme au bras d'honneur d'Amdy pour Rachel afin de doubler cette dernière. Sans attendre l'issue de l'affaire, Willie s'est remis à l'ouvrage, transférant son « nouveau » protégé de Newcastle à Charlton en août 2006. Il faut bien que l'argent circule.

Les « gestes magnifiques » de Willie ont toutefois été mal perçus par les enquêteurs de Quest qui ont travaillé d'arrache-pied, de mars à décembre 2006, pour le compte de la Fédération anglaise afin de déterminer si les 362 transferts effectués en Première Ligue entre le 1er janvier 2004 et le 31 janvier 2006 étaient réguliers. Parmi les nombreuses transactions suspectes, ils ont souvent trouvé la « patte de McKay ». Les limiers *british* ont notamment froncé les sourcils en décortiquant les voyages de Fernandès mentionnés plus haut. Étrange. Car, dans le genre sulfureux, ça fait plutôt bibliothèque rose. Pourquoi ne pas s'intéresser aux Adebayor, Berson, Djetou, El Karkouri, Cissé, Tiano tant qu'on y est ?

Willie, le spécialiste incontesté de l'out-placement

Autre sujet d'étonnement avec Willie McKay, le peu d'importance qu'il accorde à son « portefeuille » de joueurs.

Contrairement à ses confrères qui s'époumonent à tenir fermement les rênes de leurs « poulains » au moyen de contrats au contenu parfois burlesque, Willie donne plutôt dans le style épuré. À fin 2006, les statisticiens de la planète foot[311] lui attribuent péniblement une petite douzaine de joueurs. Rien d'étonnant en vérité : McKay ne perd pas son temps à leur courir après, puisque les clubs, voire leurs agents patentés, les lui livrent sur un plateau. Ce sont eux, en règle générale, qui le missionnent. Et c'est avec eux qu'il prend le temps d'échanger un peu de correspondance.

Lorsqu'en 2002 le PSG fait appel à lui pour le débarrasser de Nicolas Anelka, la question de l'identité de l'agent de l'attaquant parisien ne se pose même pas. C'est Willie qui mène l'affaire à son terme et brade, avec l'accord de son employeur, Nicolas à Manchester City pour 2,3 millions d'euros. Impérial, il

311. Dont le site allemand transfermarkt.de, remarquablement renseigné.

confiera plus tard au *Figaro,* le 11 avril 2005, propos repris par *L'Équipe* du 13 avril 2005 : *« J'ai touché une commission de 500 000 £ et j'ai fait économiser de l'argent au PSG... J'ai été payé par le PSG. Les frères, les cousins, et les avocats d'Anelka ont été rémunérés par Manchester... Lorsqu'il y a une poule aux œufs d'or, tout le monde est intéressé*[312]*... »* Au zénith de sa magnificence, il donne d'ailleurs un aperçu de la suffisance qu'il manifeste envers les clubs qui l'enrichissent. Interrogé sur le dessous des cartes et de possibles malversations dans le club de la capitale : *« Je ne le crois pas. Je pense en revanche que si le PSG a des problèmes, c'est tout simplement parce que c'est le club le plus mal géré du monde. »* Un compliment acidulé envers un client qui, au titre du seul délestage des Anelka, Distin, Diawara et Aliou Cissé, le gratifie tout de même de 1,5 million d'euros de commissions.

Quand il « place » Pascal Chimbonda à Wigan, il ne prend ainsi pas la peine de préciser à la presse que Roger Boli est le véritable agent du joueur. Lorsque le défenseur guadeloupéen, arrivé de Bastia en août 2005 pour 500 000 £, manifeste dès novembre l'envie de renégocier son contrat, c'est bien sûr par le truchement de l'agent écossais qu'il s'exprime. Dans le vestiaire, les crampons encore aux pieds au soir de la défaite contre Arsenal, lorsque Pascal Chimbonda tend deux courriers à son manager Paul Jewell, livide, l'un de remerciements et l'autre lui signifiant son intention de partir, il n'y a aucun doute sur l'auteur de la missive. La colère froide du manager et du président de Wigan sera d'ailleurs exclusivement réservée à McKay. Pas trace de Boli dans la foire d'empoigne et les invectives[313].

La crise apaisée, Willie saura comme d'habitude regagner sinon leur confiance, au moins leur respect. Il permettra à Wigan

---

312. 500 000 £ pour un prix de cession de 2,3 millions d'euros : un taux de commission de 30 % pas vraiment réglementaire.

313. *Cf.* BBC Sport, 8 mai 2006, *« Jewell fury at Chimbonda request ».*

de réaliser une plus-value substantielle lors de la cession controversée de Chimbonda à Tottenham, le 31 août 2006, au dernier jour du « mercato » estival. Un signe que les négociations furent rudes. Et un dénouement heureux qui lui laisse les portes du club ouvertes jusqu'au prochain deal.

Il est pourtant arrivé dans le passé que Willie fasse dans la modestie, voire la discrétion. Compte tenu de son succès flamboyant, les exemples d'une telle attitude se font bien sûr de plus en plus rares. Pourtant, en mars 2001, Jean-Christophe Cano et l'agent Marc Roger, avec lesquels il n'entretient pas de relations professionnelles connues, présentent à l'OM l'addition relative à la prolongation du contrat de Djamel Belmadi : 1 370 000 francs. La démarche est d'autant plus sulfureuse que Djamel est l'un des rares joueurs « officiels » de Willie. La « douloureuse », qui sera réglée en deux versements des 10 et 29 novembre 2001 (700 000 francs et 670 000 francs) émane d'une officine britannique dénommée Interconsultant & Associates[314]. L'adresse, elle, claque comme un coup de fusil : la même que celle de Quadris Sport Management[315] auprès de laquelle avait été prétendument « acheté » à prix d'or Pablo Calandria deux ans plus tôt[316] ! Un détour sans doute superflu puisque la facture précise que le règlement est effectué *« pour le compte d'un avocat enregistré sous le numéro 2403 au barreau d'Edinbourg, domicilié 242, West George Street à Glasgow »*. Vérification faite, il s'agit du cabinet Burness LLP[317]. L'un des plus importants de Glasgow. Comptant parmi ses clients, la Fédération écossaise de football. Dont Willie est l'un des éminents agents agréés.

---

314. *Cf.* pièce comptable de l'OM.

315. Suite 205 – Moghul House – 57 Grosvenor Street – W1X 9DA.

316. Voir chapitre 13, « Pablo Calandria : un transfert exemplaire ».

317. 242, West George Street Glasgow G24QY. Tel : 0141 24 82 666.

Willie McKay's Tour

En janvier 2002, c'est le FC Metz, lassé du comportement de son milieu de terrain Mario Espartero, qui fait appel à l'Écossais pour lui trouver un point de chute en Grande-Bretagne. Willie parvient très vite à convaincre les dirigeants messins qu'un prix de cession minimum de 1,5 million de livres est une sortie honorable pour tout le monde. Dans cette éventualité, 10 % de commission devront lui être versés. Selon un procédé parfaitement rôdé, il embarque Mario dans un « Mckay's tour » dont il a le secret, histoire de jauger le joueur qu'il ne connaît pas. La caravane s'arrête un moment à Glasgow, le temps pour McKay de tenter de convaincre Alex McLeish, « boss » des prestigieux Rangers, de l'intérêt de l'affaire. Faute de résultat rapide, on met le cap sur Blackburn histoire de fausser les pistes, puis sur Bolton où est très vite conclu le prêt d'Espartero pour la fin de la saison. Mario, à qui on ne la fait pas, exige un salaire légèrement supérieur à celui qu'il percevait à Metz. Willie tente bien d'expliquer au joueur que la gourmandise est un vilain défaut, rien n'y fait. Venant de McKay, le conseil ne manque pas de sel. Bolton confirme à Metz son accord de principe sur les conditions de prêt du joueur. La version officieuse du plan de l'Écossais est assez convaincante : Bolton, qui n'en a pas véritablement besoin, accepte de le mettre en vitrine, sous la lumière des projecteurs[318]. Willie précise même qu'il demande la contribution de l'un de ses amis réalisateur de la chaîne qui retransmet le Championnat d'Angleterre. Il est persuadé qu'un « gros » club britannique, impressionné par les qualités du joueur servies par une mise en image avantageuse, fera une offre conséquente à Mario et à Metz en fin de saison. Du pur show business.

Afin de renvoyer l'ascenseur à son compère de Bolton, Willie obtient du FC Metz le bénéfice d'une option d'achat prioritaire en sa faveur. De la sorte, lorsque le « gros calibre » de Premier

318. Faits vécus par l'un des auteurs qui a participé aux négociations.

League souhaitera s'assurer les services du messin en fin de saison, Bolton pourra toujours faire jouer son option et empocher la différence entre le prix proposé par le candidat acheteur et 1,5 million de livres. Du grand art.

L'agent est totalement conquis par les qualités du petit milieu de terrain. Flairant la bonne affaire, il prend même un pari fou : payer de ses propres deniers, le salaire du joueur durant son séjour à Bolton afin qu'il participe à un maximum de rencontres ! C'est dire à quel point le charme de « super Mario » a opéré. Bien entendu, ni le FC Metz ni Mario n'ont connaissance de cet « investissement » pour le moins surprenant. Chaque mois du séjour de Mario au Reebok Stadium de Bolton, il reçoit son bulletin de paye et perçoit son salaire dont sont normalement soustraits charges sociales salariales, patronales et impôts. Comme dans la vraie vie. Au détail près que c'est « Willie, l'ex-bookie devenu banquier » qui produit la pièce de théâtre d'ombre et rembourse, au penny près, les dépenses exposées par le club qui ne supporte donc aucun risque dans l'opération[319].

Tout aurait pu parfaitement fonctionner. D'autant que Mario s'entraîne avec sérieux et enthousiasme et s'emploie à gagner rapidement sa place sur la feuille de match. Peine Perdue. Sam Allardyce, le patron, s'ingénie à faire échouer le scénario élaboré par Willie McKay et Simon Marland. Il confine le joueur, qui ne tarde pas à s'impatienter, en équipe réserve. Fin mai 2002, Espartero décide que la plaisanterie a assez duré, boucle son paquetage et, sans même saluer ses hôtes, tire sa révérence. Avec un retour mouvementé à Metz où le club accueille de bonne grâce son enfant terrible avant le terme de la saison. Pour Willic, c'est une perte de 40 000 £ au lieu d'un profit escompté de 150 000 à 200 000 £, voire plus si affinités. Pas de quoi fouetter un chat. Ou cravacher un cheval. Il sait prendre des risques. Il en a fait un mode de vie. Roulant les r écossais aussi fort que les mécaniques, il adore confier à ses interlocuteurs, qu'il mitraille

319. L'un des auteurs ayant participé à l'opération et lettre de confirmation de l'accord entre McKay et Bolton FC le 20 février 2002

d'arguments imparables et auquel il propose une combinaison gagnante mais prohibée par les textes, qu'il possède les plus gros attributs virils de tout le circuit professionnel. Très rassurant en effet. Manquerait plus qu'il se mette à collectionner les tableaux de Toulouse-Lautrec[320]...

Des deals, McKay en a fait beaucoup et en fera d'autres. De toutes sortes.

En août 2003, Guy Roux lui demande par exemple une opération de délestage portant sur David Recorbet, un défenseur sans avenir dans le club bourguignon. Fidèle à sa méthode, Willie prépare une tournée écossaise à petit budget pour le joueur, avec un essai supposé à Dundee United qui va rapidement tourner au cauchemar : camping dans un quasi-squat à Raith Rovers, visite guidée par téléphone de Glasgow en taxi pour rejoindre Willie à son domicile et s'y faire remettre à la hâte quelque menue monnaie pour la suite du voyage jusqu'à Burnley où, hélas, personne ne l'attend. Retour dépité à Auxerre et accueil vaguement embarrassé de Guy Roux. *« Durant tout ce temps, je n'ai jamais vraiment su où je me trouvais, comme livré à moi-même, raconte le joueur. Je crois que j'ai vraiment été traité comme du bétail... »* Cynique, l'agent n'aura pas un mot d'excuse, se contentant de déclarer : *« Le football a bien changé. Les joueurs sont devenus difficiles. À les entendre, ils voudraient tous être transférés à Manchester United*[321]*... »*

Willie fait ses courses

N'en déplaise à ses juges et ses détracteurs, Willie n'est pas mû seulement par la cupidité. C'est aussi un esthète, un amoureux de la nature, un fervent défenseur de la race chevaline.

Avec lui, les apparences sont trompeuses. À la charge de McKay, l'auteur de la lettre anonyme évoquée plus haut pointait d'une plume fielleuse la direction de la principauté monégasque.

---

320. L'artiste montmartrois, surnommé « la théière », était réputé pour avoir été particulièrement gâté par la nature.

321. Interview des protagonistes dans *Le Monde* du 17 avril 2004.

Et alors ? Tout le monde a le droit, si ce n'est les moyens, de vouloir habiter « les villas del Sole », de détenir un compte à la succursale de Monaco de la Banque du Gothard. Un compte il est vrai bien dodu, puisque de 1999 à 2003, Willie en retirera en espèces près de 6,5 millions d'euros. Pourtant, si l'on prend la peine de consulter le répertoire des agents de joueurs écossais agréés par les Maîtres du Monde de la FIFA, c'est bel et bien dans la campagne anglaise que l'on retrouve l'empreinte des pas de Willie.

À Martin Grange Stables plus exactement. On y accède par une petite route étroite, Martin Grange *farm lane*, qui débouche à gauche de la grand-route venant de Bawtry en direction de Doncaster, vieille cité hippique présente dans la légende de Robin des Bois. C'est un splendide corps de ferme avec écuries attenantes, une construction originale du XVIIIe siècle, un complexe sportif de grande qualité. Le propriétaire des lieux s'efforce sans cesse de l'améliorer. En mars 2006, le conseil municipal de Doncaster, dont il relève administrativement, lui accorde enfin l'autorisation d'extension du domaine. Aux manettes, McKay a placé « son » entraîneur, Tim Pitt, qui a succédé dans des conditions difficiles à l'ancienne maîtresse des lieux, une certaine Vicky Haigh. L'entraîneuse avait été sanctionnée en juin 2006 pour avoir servi, le 15 juin 2005, à l'un de ses pensionnaires, un cocktail à base de phénylbutazone et d'oxyphenbutazone quarante-huit heures avant une épreuve décisive. L'athlète incriminé, un certain « Ooh Aah Camara ! », avait été acheté 30 000 £ en Irlande par Willie un an plus tôt. Un « Camara » dopé ? Un possible désastre pour la réputation du premier importateur britannique de joueurs continentaux et africains.

Martin Grange, on l'a compris, c'est son repaire. L'œuvre de sa carrière dans laquelle il investit une part considérable des revenus controversés que lui procurent les transferts de joueurs. Il a vingt-cinq boxes, mais une licence pour héberger jusqu'à quarante et un athlètes. Des manèges, une piste de galop récemment allongée, un parcours forestier réaménagé en lisière de la forêt de Bawtry qui s'étend au nord de la propriété. L'agent McKay n'a pas mégoté. Il possède quasiment 100 % des droits sur ses « poulains », une « écurie » d'environ vingt-cinq chevaux qui commence à compter au niveau international. *Not For me* ; *Spirit of The Mist*, qu'il possède avec Ruth Stuart, *Admiral*, brillant vainqueur d'un Chester Cup ; *Les Arcs*, qui s'est octroyé cinq victoires consécutives, dont le Cammidge Trophy, a déjà gagné un demi-million de livres pour son propriétaire et gagnera de nouveau la Golden Jubilee au Royal Ascot en juin 2006, ramenant au passage 160 000 £ de plus à la maison pour payer son avoine ; voilà des animaux gagnants.

Il y a aussi des déceptions parfois. Dont l'affront, en septembre 2006, de ne pouvoir engager *Les Arcs* dans l'épreuve de Hong Kong du Global Sprint Challenge parce que son jockey, John Egan, le troisième larron de la « dream-team » de Martin Grange, s'était vu rappeler quelques mauvais souvenirs comme son arrestation, en 2002, avec dix-neuf autres personnes, dans le cadre d'une enquête sur des soupçons de courses truquées à la suite d'une plainte du très select Jockey Club de Hong-Kong.

Heureusement, les instants inoubliables ne manquent pas, telle la fameuse Chester Cup 2006. *Admiral*, monté par John Egan, a été engagé dans l'épreuve à la cote de 33 contre 1. « Willie le bookie » n'a pas perdu la main puisqu'il mise 2 000 £ sur son propre cheval. Extatique, il savourera comme un vieux scotch whisky de trente ans d'âge les propos élogieux de son entraîneur aux médias : *« Quel cheval ! Je suis si heureux pour son propriétaire qui a tant fait pour l'industrie des courses et en particulier pour moi. »*

CHAPITRE 19

La bataille d'Angleterre

L'appel du 18 Juin, acte de naissance de l'épopée gaulienne à laquelle elle a prêté un concours décisif, s'estompe peu à peu dans notre mémoire collective. Pourtant, soixante-six plus tard, la BBC a de nouveau rendez-vous avec l'Histoire. Expulsée de la planète foot en 1992 par un Australien aux dents longues et aux poches profondes[322], elle tient enfin sa revanche. Le 19 septembre 2006, BBC One consacre son émission documentaire « Panorama[323] » aux « sales secrets du football ».

The Rogues' Gallery[324]

Équipé d'une micro-caméra, Knut Auf Dem Berge, un ex-second couteau du foot business, s'est immergé pendant des mois dans les eaux troubles de la Première Ligue anglaise. Sa mission consistait à identifier des directeurs sportifs et des entraîneurs ayant un penchant prononcé pour les rétrocommissions, des agents de joueurs maîtrisant bien l'exercice, et à mettre en scène, de préférence *live*, tout ce joli monde. En dépit des habituels effets d'annonce, la pêche n'a pas été miraculeuse

---

322. Voir chapitre 21, « Les diffuseurs TV ».

323. *« Panorama : The world's longest running investigative TV show »*.

324. Expression qui désigne, dans le monde anglo-saxon, les suspects alignés face à une vitre sans tain, en attente d'une procédure d'identification criminelle.

et le spectacle plutôt décevant : dans la première catégorie, on voit juste Phil Gartside, président de Bolton, Sam Allardyce, son manager général, Frank Arnesen, en charge de la jeunesse à Chelsea, l'incontournable Harry Redknapp et son ex-entraineur, Kevin Bond. Dans la seconde, les agents Charles Collymore, Craig Allardyce, fils de son père, Peter Harrison et son « pourvoyeur » licencié FFF, Teni Yerima. Avec, pour la peine, quelques répliques savoureuses de ce dernier :

Knut. — T*u traites avec les managers ou...*

Teni. – *Oui, avec les managers.*

Knut. – *Seulement avec les managers* ?

Teni. – *Faut que je te dise quelque chose : quand je dis que je suis bon avec Bolton FC ou tel ou tel, c'est parce que nous avons la possibilité de rendre de l'argent. Parce que c'est comme ça...*

Teni. – *Par exemple, si tu fais une bonne affaire avec Sam, tu essaies de lui redonner une partie pour lui-même, mais ça ne se fait pas devant n'importe qui...*

Knut. — *Non bien sûr.*

Teni. – *Tu lui en rends...* Et d'insister : *Sur la commission elle-même. Si il est supposé te donner 100, il sait qu'il va en récupérer une partie, il te donnera 130 ou 150...*

Knut. – *Je vois.*

Teni. — *Tu vois ?*

Knut. – *Ensuite il touche ses 30* ?

Teni. — *Ensuite il récupère la différence.* Et d'ajouter : *J'ai un compte en Suisse, j'ai un compte à Monaco. Avec ces banques, on peut essayer de leur reverser leur part, et ça rend le manager général... le manager est heureux parce qu'il sait qu'il est inclus dans l'opération. C'est la meilleure façon de travailler. Mais s'ils le veulent, on peut leur amener du cash.*

Teni. – *Pas besoin d'en parler, tu dois être discret.*

Knut. – *Exact. C'est justement pour ça que je t'ai approché.*

Teni. – *Laisse-moi te dire, avec Sam Allardyce, c'est merveilleux. Tu peux tout faire avec lui.*

Knut. – *Je vois.*

Teni. – *Oui, oui, oui, il aime faire des affaires.* [325]

Au final, la BBC n'a fait qu'entre-ouvrir le couvercle de la marmite du bouillon de culture du ballon rond aux couleurs de l'Union Jack. Or, en bas, comme partout ailleurs sur la planète foot, la cocotte mijote à feu doux. Et pendant les enquêtes, les affaires continuent. Les *British* eux-mêmes parlent aujourd'hui d'une « culture du pot-de-vin ». Désolant.

Les instances dirigeantes se réveillent

À son actif, et même s'il peut s'agir d'une manœuvre habile de la part de ses dirigeants, la Premier League a tiré le signal d'alarme. Elle a confié, dès février 2006, au très respecté lord John Stevens la mission d'enquêter sur les transferts opérés en son sein durant les deux dernières années. Pas de danger de voir une initiative comparable sur ce rivage-ci de la Manche.

Le 2 octobre 2006, les « fins limiers » de la société Quest, sous la houlette de lord John Stevens, produisent un « pré-rapport » qui redonne espoir aux supporters des vieilles recettes. Car seuls trente-neuf des trois cent soixante-deux transferts étudiés figurent en « catégorie C », celle des *« transferts qui, au vu des informations disponibles, nécessitent des vérifications approfondies »*.

Le 20 décembre, Quest remet son cadeau de Noël à 600 000 £ aux dirigeants de la Premier League anglaise qui trépignent d'impatience. Les « Quest Men », qui admettent tout de même *« ne pas être les experts du football »*, rendent un verdict « implacable » : seuls dix-sept transferts demeurent obstinément dans la catégorie « C ». Étrangement, les recommandations qu'ils joignent à leur constat laissent parallèlement supposer qu'ils ont

325. Les différentes personnes citées dans ce reportage estiment avoir été piégées et prétendent avoir tenu ce genre de propos pour disqualifier les journalistes, s'étant aperçues de l'enregistrement dissimulé.

découvert une situation explosive. Dix-sept malheureux transferts sur trois cent soixante-deux, soit 4,7 %. On cst très loin de la « culture du pot-de-vin » dénoncée par d'indécrottables pessimistes.

Pour autant, quel cuisant échec pour les dirigeants de la Premier League qui, à l'initiative de sir Brian Mawhinney, président de la Ligue anglaise de football[326], pensaient qu'ils allaient mettre les soixante-douze clubs professionnels dont ils avaient la charge à l'abri du cancer de la corruption rampante, en instaurant, dès le 1er janvier 2004, l'obligation pour les clubs des trois premières divisions anglaises de rendre publiques, deux fois par saison, à la fin de chaque période de transfert, les sommes versées aux agents ! L'angélisme n'a pas résisté à la dure réalité du terrain, gorgé jusqu'à l'impraticable de la manne des droits télévisuels. À laquelle s'ajoutent les étrennes permanentes offertes par des sponsors prêts à tout pour graver durablement leurs marques dans les arènes du football et dans l'esprit de ses (télé)spectateurs.

Douteux transferts en série

D'autres, avant « Panorama », ont vu poindre la tempête. Très vite, les mesures prises par sir Brian Mawhinney ont révélé, sans qu'il y soit apporté de solution appropriée, l'étendue du désordre annoncé[327].

Car les exemples abondent. Et les plus médiatiques d'entre eux éclairent parfaitement sur l'ampleur du phénomène en Grande-Bretagne. Suivez le guide.

En mai 2004, Alan Smith était transféré de Leeds à Manchester United. Son agent Alex Black, titulaire d'une maîtrise en management du sport, recevait 750 000 £ de commission au titre

326. Sir Brian Mawhinney devient président de la Ligue anglaise de football en janvier 2003.

327. *« Broken Dreams : vanity greed, and the souring of British football »,* de Tom Bowyer, publié le 20 février 2003 chez Simon & Schuster.

de *« l'acquisition du joueur et la négociation de son contrat »*. Des voix n'ont pas manqué de s'élever pour dénoncer la liberté prise avec la réglementation de la FIFA, enjoignant aux agents de n'agir pour le compte que de l'une des parties au contrat. Pas le moins du monde gêné aux entournures, l'ami Black a déclaré à ceux qui voulaient prendre la peine de l'écouter : *« Nous avons travaillé pour Manchester United afin de faciliter les négociations avec Leeds. Ensuite nous nous sommes assis à la table de négociation et avons représenté Alan Smith. Dès lors que les paiements sont distincts, il n'y a pas de conflit d'intérêts. »* Et dire qu'il a fait des études !

John Holmes est, par ailleurs, l'une des dernières consciences de sa profession. Il a commencé à représenter des joueurs en 1972, avec quelques précurseurs dont Ken Stanley, agent du regretté George Best, et est aujourd'hui associé de la société SFX comptant Michael Owen et Steven Gerrard parmi ses clients. Dès novembre 2004, il confia sans langue de bois au *Daily Telegraph* : *« J'étais contre le système des agents licenciés lorsqu'il a été mis en œuvre il y a une dizaine d'années. Mon sentiment était qu'on allait légitimer un tas de gens qui ne le méritaient pas. Je ne pense pas que l'examen d'agent ait un sens. C'est un test écrit très simple. Ce qui est plus grave encore, comme le démontre le cas de Paul Stretford (agent de Wayne Rooney), c'est que des éléments douteux peuvent pénétrer le monde des agents. L'un des principaux défauts du système actuel est que le terme agent n'est pas défini. Nous sommes des agents agissant au mieux des intérêts de nos clients les joueurs. On effectue un travail de concierge. Mais de nombreux prétendus agents sont en réalité des courtiers. C'est notamment le cas sur le continent, où ils interviennent comme des intermédiaires, identifiant les joueurs recherchés par un club. C'est un travail très différent du nôtre. »*

Paul Stretford, *« l'élément douteux »* évoqué par Holmes, venait en effet de percevoir de Manchester United, quelques semaines plus tôt, 1,5 million de livres à l'occasion du transfert de Wayne Rooney, d'Everton au club mancunien. Selon le procédé de double commissionnement sévèrement critiqué deux mois plus tôt pour Alan Smith.

Des tonnes de pourquoi

Certes, l'obligation de publicité des paiements aux agents n'a pas été inutile. Mais si elle est nécessaire, elle reste insuffisante. Le constat de plus en plus inquiétant qu'elle permettait d'établir aurait dû susciter des réactions de la part des autorités anglaises, bien avant l'enquête sévère et l'appel désespéré de la BBC du 19 septembre 2006.

Pourquoi, par exemple, Manchester United a-t-il fait appel en 2003 à Gaetano Marotta, agent suisse maîtrisant mal l'anglais et n'ayant aucune compétence en droit de l'immigration britannique, pour s'occuper du permis de travail de Tim Howard, gardien de but des MetroStars ? Pourquoi Gaetano s'est-il cru obligé de reverser, sur sa commission chèrement acquise, 225 000 dollars à un sulfureux Monégasque que la rumeur disait, à l'époque, très proche de la société Elite Sports Group de Jason Ferguson, un autre fils à papa ?

Pourquoi encore ces 1,2 million de livres à Rodger Linse, agent de Van Nistelrooy ?

Pourquoi 250 000 £ – une « misère » – à Stojic, l'agent, et un demi-million de livres à Pinhas « Pini » Zahavi, l'entremetteur, à l'arrivée de Louis Saha dans le même club ?

Pourquoi Roberto Rodriguez, agent du joueur, et Bruno Satin, agent d'on ne sait qui, se sont-ils partagé 525 000 £ à l'arrivée de Gabriel Heinze ?

Pourquoi Manchester United toujours, paya-t-il 10,5 millions d'euros pour Nemanja Vidic alors que le joueur bénéficiait d'une clause libératoire limitée à 7 millions d'euros ?

Faut-il imaginer que tous ces transferts, et les commissions discutables qu'ils ont générées, devaient permettre à sir Alex, l'acheteur de ces charmants et talentueux jeunes gens pour le compte du prestigieux club mancunien, de *« récupérer la différence »* ? À la manière décrite par Teni Yerima en exclusivité pour « Panorama » ? Inimaginable. D'ailleurs jamais envisagé une seule seconde par les gens de Quest.

Le dernier mot sur l'indiscutable dégradation des mœurs du football anglais reviendra à Tom Bowyer, l'auteur de *Broken*

Dreams, ouvrage mentionné plus haut. Dans un réquisitoire d'une rare violence, il déclare dans les colonnes du *Guardian* en mai 2005 : *« Les véritables responsables de la décomposition du football sont les dirigeants myopes et intellectuellement limités de la Fédération. Célèbres pour leurs blazers, leur goût des cadeaux et leur attitude déplacée, les dirigeants et les membres de la FA sont des amateurs obstinément hostiles à toute réforme. Se refusant à prévenir la corruption des agents, les conflits d'intérêts entre les propriétaires de clubs, et l'indiscipline des joueurs, ils ont démontré qu'ils étaient au-delà de ce que sont des incapables. »*

Football est un mot anglais

Football anglais. Presque un pléonasme. Une terre promise où tout joueur professionnel digne de ce nom se doit de faire un pèlerinage une fois au moins dans sa carrière. Le « splendide isolement » britannique et la vitalité financière insolente de son foot business attirent en tout cas comme un aimant le meilleur et le moins bon du reste du monde qu'il toise avec condescendance. Non sans raison d'ailleurs. Les ressources des vingt clubs de sa seule Premier League représentent très exactement deux fois celles de l'ensemble de notre championnat professionnel national, Ligue 1 et Ligue 2 confondues. Sa « deuxième division », la « League Championship », est même devenue la sixième plus importante ligue européenne avec 0,3 milliard livres de revenus, derrière la première division française (0,5 milliard de livres), espagnole (0,7 milliard de livres), allemande (0,8 milliard de livres), italienne (0,9 milliard de livres) et sa sœur aînée, la Première Ligue...

L'élite du football anglais demeure, de loin, la mieux lotie du foot business mondial avec un revenu total de plus de 1,3 milliard de livres et la plus profitable en Europe avec quatorze clubs ayant dégagé un bénéfice avant impôt au cours de la saison 2004-2005. L'augmentation attendue des droits TV devrait[328]

328. Deloitte, déjà cité...

porter le revenu total de la Première Ligue anglaise à 1,7 milliard de livres au cours de la saison 2007-2008. De quoi attiser toutes les convoitises. Même les plus surprenantes.

Les envahisseurs

Football anglais. Une authentique culture populaire, mais un culte qui voit, les uns après les autres, ses lieux saints et ses temples bondés tomber aux mains de mécréants fortunés aux accents slaves, nordiques, américains ou orientaux. Les exemples ne manquent pas.

Manchester United d'abord, nettoyé au Glazer[329]. Puis Manchester City, son voisin et frère ennemi, dont le président John Wardle et son associé David Makin indiquent qu'ils sont prêts à céder les 29,95 % du club qu'ils détiennent. Les « Reds » de Liverpool ensuite, dont l'actionnaire principal, Frank Moores, s'apprête lui aussi à céder ses 51 % à un ou deux Yankees ou au Dubaï International Capital (DIC), agence d'investissement de l'Émirat du même nom dirigée par Samir al-Ansari. Samir se propose d'y injecter un total de 450 millions de livres, dont 200 millions pour la construction d'un nouveau stade (Emirates Stadium n° II ?) de 60 000 places à Stanley Park. La liste se poursuit avec Aston Villa, cédé à Randy Lerner, un Américain cette fois. Portsmouth, qui se donne à « Gaydamak-junior » lequel, contrairement à son papa Arcadi, ne fait l'objet d'aucun mandat d'arrêt international. Chelsea surtout, dont « l'empereur Roman » assumera sans sourciller 338 millions d'euros de pertes cumulées pour ses deux premières saisons. West Ham enfin, qui, après avoir repoussé les avances appuyées d'un certain Joorabchian[330], se donne sans retenue à des vikings islandais et voit Eggert Magnusson, président de la Fédération islandaise, remplacer Terrence Brown dans le fauteuil présidentiel. Légèrement

329. Le club a été racheté par la famille du milliardaire américain Malcolm Glazer au moyen d'une OPA hostile.

330. *Cf.* chapitre 20 : « Le tour du monde en 80 scandales », page 409.

en retrait, Bjorgolfur Gudmundsson veillera au bon déroulement des opérations. Banquier, il est parfaitement armé pour s'attaquer à la gestion parfois obscure d'un club de football professionnel : il y a peu, il a été condamné à 12 mois de prison pour divers délits d'ordre comptable impliquant les dirigeants de la société islandaise de transport maritime Hafskip...

Mention spéciale à Tottenham, propriété de l'English National Investment Company – ENIC Plc. Elle-même filiale du Tavistock Group, un fonds d'investissement fondé et contrôlé par Joseph Lewis, milliardaire anglais, 486e fortune mondiale en 2005 d'après Forbes. Trop grassouillet pour le fisc anglais, Lewis s'est expatrié à Lyford Cay, aux Bahamas, d'où il dirige ses affaires. ENIC, dirigée par Daniel Lévy, diplômé de Cambridge, fut la première expérience – peu concluante il est vrai – de multipropriété internationale de clubs de football. Sans doute pour se « refaire la cerise », Lewis et Lévy ont adjoint à leur portefeuille de participations UK Betting, un site de paris en ligne très agressif et séduisant. Qui accepte, bien entendu, les paris sur les résultats des Tottenham Hotspurs.

Grand prix du jury décerné à l'unanimité des suffrages à MSI pour son opacité et les questions que l'officine « très vaguement anglaise » n'a pas cessé de susciter[331]. Contrôlée par American Capital, un fonds d'investissement enregistré aux Îles Vierges britanniques, l'entreprise a fait un atterrissage aussi bref que remarqué à la surface de la planète foot. On peut d'ailleurs s'interroger sur la contribution exacte de MSI au football anglais. Elle a surtout défrayé la chronique en prenant le contrôle du club brésilien des Corinthians en novembre 2004.

L'empereur « Roman » de Chelsea

Juin 2003. Hôtel Dorchester de Londres. Ken Bates peine à masquer sa fébrilité. Le président du Chelsea Football Club

331. Media Sports Investments Ltd, immatriculée au registre des sociétés le 31 août 2004 sous le numéro 05218027 et dont le siège social est situé 71, Kingsway, London WC2B 6ST.

s'éponge énergiquement le visage où des perles de sueur viennent s'abîmer sur les poils hirsutes de sa barbe mal taillée. Au terme de soixante-dix minutes de discussion, le jeune homme qui lui fait face vient de faire une proposition qu'il ne peut pas refuser. Rapide calcul mental. L'actionnaire majoritaire du club depuis 1982 comprend qu'en cédant l'affaire, il réalisera une plus-value personnelle de près de 40 millions d'euros. Un cadeau tombé du ciel... de Russie. Roman Abramovitch, trente-sept ans, nouveau tsar des affaires, vient de s'offrir Chelsea, un joujou de 215 millions d'euros. Qui affiche un déficit record de 127 millions d'euros.

Somptueuse revanche pour ce « petit chose » venu de Saratov, ville modeste des bords de la Volga située à l'extrême nord de la Russie. C'est là, dans ce décor d'une rare âpreté, que le sort a choisi de s'acharner sur le jeune Roman. À dix-huit mois, le bambin perd sa maman Irina, qui décède lors d'un avortement. Deux ans et demi plus tard, son père, Arcadi, trouve la mort sur un chantier à la suite d'un accident de grue. L'enfant au passeport ukrainien trouve refuge chez son oncle Leib à Oukhta, dans la république de Komi. Un autre trou perdu. Adolescent, il décide de rejoindre sa grand-mère à Moscou où il suit des cours à l'Institut du transport automobile. Il y fait la connaissance de son futur bras droit, Eugène Chvidler, un étudiant de l'Institut Goubkine de pétrole et de gaz. Ambitieux, les compères se lancent dans le négoce de jouets. Irina[332], la femme de Roman, qui fait bouillir la marmite grâce à son emploi d'hôtesse de l'air sur Aeroflot, ramène des échantillons d'Europe de l'Ouest destinés à servir de modèles pour leur production locale. Hélas, l'entreprise ne leur rapporte que des... babioles. La légende raconte même que Roman Abramovitch éprouve toutes les difficultés à payer à son épouse un simple *cheeseburger*.

Il décide donc de passer à la vitesse supérieure. Nous sommes en 1992. L'année de tous les possibles. L'effondrement du

332. Le couple divorcera en mars 2007. Irina touchera la modique somme de 300 millions de dollars.

communisme et l'arrivée au pouvoir de Boris Elstine aiguisent l'appétit des visionnaires les plus ambitieux. Le démantèlement de l'outil industriel russe offre de fantastiques opportunités de s'enrichir. Mais, sans un sou vaillant, comment profiter de la vague des privatisations qui s'annonce ?

Roman est alors mis en cause dans un détournement de cinquante-cinq wagons d'essence entre Oukhta et Moscou. Une manœuvre trop voyante. Abramovitch est très vite dans le collimateur du parquet de Moscou qui ouvre une enquête pour *« vol de propriété gouvernementale en grande quantité »*. L'impétueux jeune homme est même placé en garde à vue, mais le dossier pénal N° 79067 sera vite enterré. Pauvre comme Job, Abramovitch a au moins su enrichir son carnet d'adresses. Mieux, il s'est trouvé un mentor en la personne de Boris Berezovski. L'oligarque et éminence grise du président Eltsine, sorte de Raspoutine des temps modernes, lui entre-ouvre les portes du Kremlin. Il le présente à la fille de Boris Eltsine, Tatiana. La jeune femme, qui connaît alors quelques désordres amoureux, trouve en Roman un confident. Un ami dont les yeux bleus cristallins ne laissent pas insensible. Rapidement, la jeune femme lui propose de gérer une partie des achats immobiliers de la famille Elstine.

Dans l'ombre du flamboyant Berezovski, Abramovitch parle peu, observe beaucoup et se montre si serviable qu'il est souvent pris pour un employé de maison. Apparences trompeuses. Le jeune loup attend son heure et hume l'air froid moscovite en quête du bon coup. Il survient en 1995 quand Boris Eltsine décide de brader le complexe pétrolier Sibneft pour 100 millions d'euros. Une société évaluée à l'époque 5 milliards de dollars[333].

Pendant que Berezovski rêve d'un destin politique, son élève étend son empire avec l'aide de ses deux fidèles seconds, Eugène

---

333. Une société pétrolière dont il revendra sa part, 15 milliards de dollars, en 2005 à Gazprom, l'un des outils de l'État Russe dans sa conquête du marché européen de l'énergie.

Chvidler et Eugène Tenenbaum. Aluminium, aviation, télévision... Aucun secteur n'échappe à la voracité de Roman Abramovitch et de son équipe resserrée. En privé, il ressasse sa devinette favorite à ses invités : *« Vous connaissez la différence entre un hamster et un rat ? Eh bien, c'est simplement une histoire de relations publiques ! »*

Un domaine où il excelle. À la fin des années 1990, il noue de solides contacts avec tous les puissants que compte la nouvelle Russie. Il se lie notamment d'amitié avec Vladimir Poutine, alors patron du FSB, les services secrets russes héritiers du KGB. Un homme qu'Abramovitch est l'un des rares à tutoyer aujourd'hui encore.

Mikhail Kassianov, alors vice-ministre des Finances et surnommé « Monsieur 2 % », va également jouer un rôle décisif dans la montée en puissance du jeune Roman.

Été 1998, un krach financier sans précédent plonge le pays dans une grave crise économique. Le rouble ne vaut plus un kopek. À genoux, le pays demande l'assistance du Fonds monétaire international pour l'aider à stabiliser sa monnaie. Le 14 août 1998, un prêt du FMI de 4,8 milliards de dollars est constitué sur le compte n° 999091 de la Réserve fédérale de New York. Suite à un ordre officiel de Mikhaïl Kassianov, alors en charge à Moscou du service des prêts étrangers, et dans des conditions qui ne sont toujours pas éclaircies, les fonds ne seront pas versés à la Banque centrale russe, mais sur le compte n° 608555800 à la Republic National Bank of New York, propriété d'Emond Safra.

Une enquête menée conjointement par le FBI et le procureur général de Genève, Bertrand Bertossa, parviendra à retracer le circuit financier tortueux du fameux prêt[334].

---

334. « Stollen billions. The IMF loan that vanished has been found in Abramovitch's Swiss company », par Oleg Lurie, dans Johnson's Russia List n° 7096 du 9 mars 2003. Disponible dans la base de données du Center for Defense Information (CDI). Washington DC.

Le CDI est une organisation proche du gouvernement américain. Il est financé par des fonds publics et privés et produit des études straté-

Au lieu de transférer les 4,8 milliards de dollars en Russie, la Republic National Bank of New York l'expédie, via la Creditansalt Bankverein, vers vingt-sept banques étrangères dont la Bank of Sydney, la National Westminter Bank ou encore le Crédit Suisse. Des destinations décidément très éloignées de la Banque centrale de Russie ! 1,4 milliard de dollars atterriront à la Bank of New York Intermaritime, une des succursales genevoises de la banque de Safra, sur le compte « United Bank » dont les ayants droit économiques porteraient les noms de Roman Abramovitch et Boris Berezovski[335].

Le FBI décide alors de s'intéresser de plus près à Edmond Safra. Ses fréquents déplacements en Russie ne manquent pas d'intriguer les enquêteurs américains. Durant ses voyages à Moscou, il a coutume de rencontrer des officiels de haut rang du ministère des Finances mais également Roman Abramovitch et Boris Berezovski. Accusé par le FBI de blanchir des capitaux russes, Safra, soucieux de sauver sa banque, passe à table au cours de l'été 1999. Il commence à donner aux enquêteurs américains des informations sur le cheminement du prêt du FMI. Une coopération dangereuse mais qu'il juge indispensable pour la réputation de sa banque et de sa famille. Edmond Safra se sent en effet menacé. Il renforce d'ailleurs sa sécurité en engageant des gardes du corps issus du Shin Bet, les services spéciaux israéliens. Et, par prudence, quitte sa propriété de 70 hectares sur les hauteurs de Villefranche-sur-mer afin de trouver refuge au sixième étage du palais de la Belle Époque, 17, rue d'Ostende à Monaco. Un immeuble réputé comme l'un des plus sûrs du Rocher puisqu'il abrite plusieurs banques. Précautionneux, Safra transforme son *penthouse* en véritable coffre-fort

---

giques portant sur divers secteurs économiques et politiques liés à la défense. Le CDI finance les travaux de chercheurs comme David Johnson, un expert des rapports Est-Ouest. C'est dans le cadre de ses propres travaux que David Johnson a édité le rapport d'Oleg Lurie, correspondant du CDI à Moscou.

335. *Ibid.*

avec un système de surveillance ultramoderne. Ce ne sera hélas pas suffisant. Le vendredi 3 décembre 1999, à 4 h 35, le corps d'Edmond Safra est retrouvé sans vie dans sa salle de bains. Asphyxié. L'homme qui en savait trop emporte avec lui ses derniers secrets.

Au même moment, Roman Abramovitch se voit offrir par Poutine un poste de député, puis de gouverneur de la République de Tchoukotka[336], un territoire désolé posé entre rien et nulle part, face à l'Alaska. À plus de neuf heures de vol de Moscou. Les mauvaises langues affirment que Roman est venu y chercher une immunité parlementaire. Un procès en sorcellerie, car les souvenirs scabreux des wagons d'essence et du prêt du FMI sont aujourd'hui enterrés. Après ses contributions financières importantes au budget de sa république orientale, comment pourrait-on encore douter du civisme de Roman Abramovitch ?

Plus rien ne viendra entraver l'irrésistible ascension du milliardaire russe. Pas même sa prétendue brouille avec Boris Berezovski. Son ancien mentor, exilé à Londres depuis octobre 2001, l'accuse de l'avoir spolié de 2 milliards de dollars. Lors d'un entretien accordé à *Paris-Match* le 17 mars 2005, Boris Berezovski s'indignait des mauvaises manières de son ancien élève : *« Lorsque j'ai été expulsé de Russie, Poutine a envoyé Abramovitch me voir dans ma propriété du Cap d'Antibes. Il m'a forcé à lui vendre ma chaîne de télévision et mes parts dans Sibnef*

336. Le 20 décembre 2006, il présente sa démission à Poutine. Dans une interview accordée à des journalistes occidentaux, il reviendra sur les motivations de cette décision : *« En Tchoukotka, je crois avoir rempli ma mission. La région est aujourd'hui sortie de la crise. Tout ce que je pouvais faire, je l'ai déjà fait. »* Et de préciser les motivations qui l'ont poussé à embrasser une carrière politique dans cette région si inhospitalière : *« Certains disent que je suis allé là-bas parce que j'ai eu une enfance difficile ou parce que je suis un enfant du Nord. D'autres affirment que j'ai voulu expier mes péchés, pour ce que j'aurais prétendument volé au peuple. Aucune d'entre elles n'est la vraie raison. C'était purement un projet social. »*

pour un prix inférieur à leur valeur réelle. Du racket ! » Et d'ajouter : « *Je ne sais pas si Abramovitch est l'homme de Poutine ou si Poutine est l'homme d'Abramovitch. Mais beaucoup de gens en Russie détestent Abramovitch. Tant que Poutine conservera le pouvoir, il ne risquera rien. Le jour où Poutine tombera, Abramovitch perdra tout.* »

Foot Casino

En attendant, Roman Abramovitch flambe à tout va. Contre toute logique économique, il a dépensé plus de 700 millions d'euros depuis son arrivée à Chelsea. Un vrai « fondu » du ballon rond ? L'histoire raconte que son coup de cœur remonte à un soir d'avril 2003. Ce jour-là, l'agent israélien Pini Zahavi, grand ami de sir Alex Ferguson et aujourd'hui personnage incontournable de Chelsea, lui procure des places pour le match de quart de finale de Ligue des champions entre Manchester United et le Real Madrid. Une révélation. Un match de légende qui va déclencher chez le Russe la fièvre acheteuse que l'on connaît.

Dans quel but ? Personne n'est capable aujourd'hui de répondre à cette question. Tout au plus, à la lumière des dépêches signalant par intermittence sa présence furtive ou celle de ses représentants ou de ses yachts sur tous les continents de la planète foot, peut-on imaginer que Chelsea ne constitue que le « camp de base » d'une plus vaste expédition. Une conquête d'une tout autre envergure destinée, par exemple, à permettre à « l'empereur Roman » de régner un jour prochain sur le marché mondial du transfert des joueurs les plus talentueux. Le négoce des négoces. Un fonds de placement dont les actifs seraient, par exemple, constitués des droits fédératifs des cinquante meilleurs joueurs de la planète foot. Une entreprise de nature à attirer de très nombreux investisseurs mûs par toutes sortes de mobiles. Le « Millhouse Capital Football Fund », ça aurait vraiment de la gueule. Sans parler des commissions astronomiques que ne manqueraient pas de générer les arbitrages opérés par les gestionnaires d'un tel portefeuille. Sous le regard secrètement admiratif d'un Denis Sutton peinant à occuper sa retraite caribéenne.

CHAPITRE 20

Le tour du monde en 80 scandales

On le voit, on l'a vu tout au long de cette enquête et de ce livre, la planète foot ne tourne plus rond. Pas un jour sans qu'un nouveau scandale ne vienne éclabousser le beau jeu et ternir un peu plus son image. Son actualité ressemble à l'interminable bande-annonce d'un film-catastrophe garanti sans effets spéciaux. Une production à très gros budget dans laquelle toute ressemblance avec des personnages réels n'est hélas pas fortuite. Qu'on en juge.

Russie, 1997

Larissa Nechayeva, responsable des finances du Spartak Moscou, est assassinée par des tueurs à gage dans sa maison de campagne.

Italie, début 2004

Une enquête judiciaire est ouverte à l'encontre de Gian Mauro Borsano, le président du Torino, pour avoir prétendument fourni une « escort girl » à l'arbitre belge Guy Goethals (fils de Raymond, l'ancien entraîneur de Marseille) et pour détournement présumé de fonds sur le transfert de Gian Luigi Lentini, cédé au Milan AC pour 20 millions de dollars, dont 5 millions « hors la vue ». Affaire en cours.

Portugal, avril 2004

Le président de la Ligue portugaise de football passe sa seconde nuit en prison après son interpellation en compagnie de quinze autres personnes dans le cadre d'une enquête sur un trafic d'influence dans le milieu de l'arbitrage. C'est l'opération « sifflet doré » qui provoque l'interpellation du président du conseil d'arbitrage de la Fédération portugaise, Pinto de Susa, soupçonné de corruption passive avec deux autres membres de ladite commission et neuf arbitres. Ce seront finalement cent soixante et onze personnes (vingt-sept présidents de clubs, cent dix arbitres, vingt-huit membres de la Ligue, deux maires et quatre hommes d'affaires) qui seront impliquées dans ce scandale sans précédent.

République Tchèque, mai 2004

Soupçons de corruption au sein de quatorze des seize clubs du championnat de première division. Sept arbitres sont accusés d'avoir reçu des dessous-de-table de la part du directeur sportif du FC Synot devenu le FC Slovacko. Les sanctions tombent peu après : trois dirigeants du club et les sept arbitres soupçonnés sont condamnés pour corruption et écopent d'amendes comprises entre 1 760 et 10 580 euros par un tribunal de Kromeriz, dans le sud-est du pays. Le vice-président de la Fédération, Milan Brabec, avait initialement été impliqué dans l'affaire en sa qualité de président de la commission de l'arbitrage. Il est finalement relaxé.

Brésil, San Paolo, novembre 2004

La société « britannique » MSI prend le contrôle du club brésilien des Corinthians aux termes d'un étrange contrat de dix ans : MSI s'engageait à éponger les dettes du club (16 millions de dollars), à y injecter 35 millions de dollars supplémentaires en trésorerie, à acheter des joueurs de premier plan et les mettre à disposition du club, le tout, en échange de 51 % de ses profits futurs. Le chef d'orchestre de l'opération, un certain Kia Joorabchian, qu'on dit très proche de la colonie russe de Londres[337], tiendra ses promesses initiales. À la stupéfaction générale, ont bien débarqué au club de São Paulo Carlos Tevez et Javier Mascherano, Roger, en provenance de Benfica et Carlos Alberto, transféré de Porto (à moins que ce soit de Chelsea !), Gustavo Nery, Nilmar, de retour de Lyon, et Amoroso. Un fabuleux casting qui permettra aux Corinthians d'enlever de haute lutte le championnat brésilien 2004-2005.

Le rêve se brisera très vite. Le transfert à West Ham de Tevez et Mascherano sèmera le trouble dans les esprits à São Paulo mais ne suffira pas à convaincre les propriétaires du club londonien de le céder à MSI. En avril 2005, José Reinaldo Guimaraes Carneiro, l'un des procureurs brésiliens du Groupe d'action spéciale et de repression contre le crime organisé (Grupo de Atuaçào Especial de Combate ao Crime Organizado – GAECO) affirme publiquement *« qu'il existe des indices suffisants démontrant que l'accord Corinthians-MSI est destiné à permettre le blanchiment de fonds »*... Roberto Porto, un enquêteur au sein de la même structure, déclare de son côté : *« Il est difficile d'imaginer ce que pourrait rapporter tout l'argent investi dans les Corinthians... On a essayé de faire les comptes et il est impossible d'imaginer que quelqu'un désireux de faire un profit puisse investir dans un club brésilien, a fortiori dans un club qui*

337. Dont les représentants les plus illustres sont Roman Abramovitch et le réfugié politique Boris Berezovski, auquel parait s'être joint pour la circonstance Badri Patarkatsishvili, vieille connaissance du duo, premier businessman géorgien et président du Comité clympique de Georgie, co-fondateur de Sibneft dont Abramovitch revendra sa part à Gazprom pour 14 milliards de dollars, et propriétaire du Dynamo Tbilissi. L'UEFA et le bookmaker anglais Betfair ont mené une enquête conjointe sur le club géorgien après avoir découvert des paris anormaux sur le match de coupe UEFA Tbilisi-Panionios en 2004-2005. Alors que les Géorgiens menaient 2-0 à la mi-temps, ils s'étaient finalement inclinés 2-5 dans des conditions très suspectes.

déclare ouvertement une dette de 20 millions de dollars... » Les Corinthians se débattent aujourd'hui dans les profondeurs du classement et l'avenir du club paraît sombre. Les visites de Joorabchian et de son chéquier se font de plus en plus rares. La presse brésilienne ne manque pas de rappeler l'épisode Hicks, Tate & Muse en 1997[338]. Elle évoque aujourd'hui à mots couverts, une possible cessation des paiements. Les rumeurs persistantes sur l'ombre portée d'Abramovitch derrière la mystérieuse entreprise n'ont pas contribué à calmer les esprits : les souvenirs remontent à la surface. Des exemples ? Pendant que Joorabchian négociait le transfert de Carlos Tevez de Boca Junior au club brésilien, le yacht d'Abramovitch, *Le Grand Bleu*, était amarré dans le port de Buenos Aires où il est resté vingt jours. Ou encore, le fait qu'à peu près à la même époque, le président de Feyenoord Jorien Van den Herik ait révélé qu'Abramovitch lui avait proposé d'investir à ses côtés au sein du club flamand. Que l'UEFA avait tenté, sans succès de déterminer si Chelsea et le CSK Moscou avaient le même propriétaire. Et que les excellentes relations entre le club chic londonien et le FC Porto suscitent périodiquement la même question.

Qatar, janvier 2005

Contre monnaie sonnante et trébuchante, l'Émirat naturalise à tour de bras des seconds couteaux brésiliens dans l'espoir de remporter un jour la Coupe du monde.

Allemagne, février 2005

Quatre arbitres et quatorze joueurs figurent parmi vingt-cinq suspects dans une enquête portant sur plus d'une dizaine de matchs truqués. Robert Hoyzer et cinq co-accusés sont jugés à Berlin en octobre de la même année. L'instruction a démontré

338. Le fonds texan avait racheté le club en 1997 et y avait injecté les fonds nécessaires pour lui permettre de gagner les championnats 1998 et 1999 ainsi que le Mondial des clubs en 2000, avant de l'abandonner à son sort, faute de rentabilité suffisante des capitaux investis.

qu'à eux seuls, deux des matchs « arbitrés » par Hoyzer avaient rapporté plus d'un million d'euros à un gang croate. Six mois avant que l'affaire n'éclate, le bookmaker allemand Oddset avait tiré le signal d'alarme. La Fédération allemande était restée sourde à ses mises en garde. Affaire en cours.

Pologne, août 2005

Piotr Dziurowicz, vint-neuf ans, président du club GKS Katowice, reconnaît avoir arrangé des matchs pendant de nombreuses années en achetant joueurs et arbitres : *« Je n'ai rien fait de plus que les autres »*, affirme-t-il au fisc et à la police polonaise pour sa défense.

Le magazine *Wprost* révèle que plusieurs arbitres polonais ont constitué leur société afin de faciliter le blanchiment de leurs pots-de-vin.

Brésil, septembre 2005

Les autorités sportives décident qu'il y a lieu de rejouer onze matchs arbitrés par Edilson Pereira de Carvalho, agréé FIFA, qui reconnaît les avoir arrangés pour un groupe de parieurs clandestins.

Finlande, décembre 2005

Un joueur « très connu » raconte comment il a touché des pots-de-vin pour provoquer les défaites de son équipe au cours des trois dernières saisons. Depuis, plusieurs joueurs ont reconnu s'être vu promettre de très fortes sommes contre la défaite de leur équipe. Ari Tittanen, ex-entraîneur de l'AC Allianssi, a lui aussi confessé avoir été contacté dans le même but dès 2002.

Au cours de l'été 2005

Le match opposant le FC Allianssi et Haka Valkeakos se solde par la victoire surprise et controversée de Haka par 8 à 0. Un mois auparavant, Allianssi avait été racheté par un milliardaire chinois qui avait changé le coach et neuf joueurs. Par « prudence », le gardien titulaire avait même été envoyé en stage en Belgique (!). Ceux qui avaient parié le bon score ont gagné 8 787 fois leur mise...

Colombie, décembre 2005

L'entraîneur de Cùcuta Deportivo, vainqueur du championnat de deuxième division, dépose plainte à l'encontre de l'ancien président du Club Alvaro Vélez Trillos, pour menaces de mort.

Turquie, décembre 2005

Suspension de cinq joueurs turcs par la Fédération pour avoir arrangé le match entre Sebatspor et Kyaserisport.

Viêt-Nam, janvier 2006

Quatre internationaux sont arrêtés en une semaine et d'autres sont menacés depuis que les autorités se sont engagées publiquement à combattre la corruption dans le football.

Grèce, février 2006

Le secrétaire d'État aux Sports, Georges Floridis, se lâche et affirme : *« La pourriture du monde du football nécessite un profond bouleversement du système. »*

Chine, mars 2006

Li Shufu, propriétaire du club de Canton, déclare à la presse : *« Le foot chinois est sale. Il n'y a pas un seul match qui soit honnête. Nous avons dépensé des centaines de milliers de yuans pour acheter les arbitres. »*

Belgique, avril 2006

Le Chinois Ye Zheyun est impliqué dans un vaste réseau de matchs achetés de la Jupiler League. Déjà, en décembre 2001, Daniel Leclerc quittait son poste d'entraîneur de la Louvière en déclarant : *« Tous les week-ends vous apprenez qu'un match entre des adversaires directs pour le maintien est arrangé, alors que vous jouez pour votre survie. Des joueurs sont achetés. Ça se sait mais personne ne dit rien.* »

Pays-Bas, mai 2006

Des soupçons de corruption et de trucage de matchs au sein de trois clubs. Cinq officines de paris illégaux sont identifiées. Leur activité est estimée à 40 millions d'euros par an.

Italie, mai 2006

Matchs truqués, arbitres corrompus, agents véreux et transferts irréguliers... Un scandale chasse l'autre. Les conversations téléphoniques de Luciano Moggi, alias « Lucky » Luciano, l'ancien boss de la Juventus de Turin, révèlent qu'il est au centre du *« plus grand scandale de l'histoire du football »*, selon les propres termes de Sepp Blatter qui ajoute : *« Je suis très inquiet, car si une affaire de ce genre avait eu lieu à Madagascar, cela aurait été très grave mais circonscrit. Mais comme elle a eu lieu en Italie, où le football est une religion, cela devient un événement terrible. »* Sans rancune, la FIFA élira en décembre 2006 Fabio Cannavaro, un proche de Moggi, meilleur joueur de l'année.

Israël, octobre 2006

Yohanan Cibaturu, arbitre, est condamné à trois ans de prison ferme pour avoir truqué des matchs de Ligue 2 entre 1997 et 1998. En 2005, deux arbitres israéliens avaient été condamnés à un an de prison ferme dans la même affaire...

Portugal, décembre 2006

Eduardo Simoes, président du club de première ligue Academica, est mis en examen pour huit affaires de corruption passive. Entre 2003 et 2005, alors qu'il était directeur municipal de l'urbanisme, il aurait favorisé des promoteurs immobiliers en échange de versements de fonds à son club. Il encourt entre un et huit ans de prison...

Épilogue

« Ce n'est pas aux juges de décider de l'avenir du football mais c'est aux responsables du football de le faire », a martelé avec conviction Michel Platini tout au long de sa campagne électorale victorieuse à la présidence de l'UEFA. Mais il s'agit d'un plagiat, d'une profession de foi fortement inspirée du refrain favori entonné à l'unisson par ses pairs de la grande famille du foot.

Poussée par un Jean-Pierre Escalettes [339] en transe, la complainte prend des accents wagnériens : *« J'en ai marre que la justice de mon pays m'empêche d'appliquer mes règlements, contribue à laisser penser qu'à la Fédération, c'est le foutoir. »* Casser la voix ?

Roucoulée par Lars-Christer Olsson, ex-directeur général de l'UEFA [340], la ritournelle prend un tour plus consensuel : *« On a évidemment besoin d'un arbitre pour résoudre les litiges sur la pelouse. Mais en dehors, est-ce nécessaire d'aller devant les tribunaux chaque fois qu'il y a un conflit d'intérêt entre les parties prenantes ? Ne serait-ce pas plus intelligent et dans l'intérêt de notre sport de rechercher une solution par le dialogue ? »* Il

---

339. Interview à *L'Équipe* du 13 janvier 2006.

340. Éditorial du journal de l'UEFA : *« UEFA Direct : M.Olsson, supporter de Lenart Johansson, a démissionné à la suite de l'élection de Michel Platini à la présidence de l'UEFA. »*

reprendra à pleins poumons le refrain culte de la chorale familiale lors d'une interview du 29 décembre 2006[341] (note 214) en confiant à Mark Chaplin : *« [...] et que ce ne soient pas les tribunaux qui décident de l'avenir du football, mais ses instances dirigeantes. »*

Et l'on vous fait grâce des nombreuses envolées lyriques, sur le même thème, du grand chœur de l'opéra de Zurich.

*

Malgré leur timbre sensuel, les joyeux drilles du grand orphéon du ballon rond n'assistent pas assez souvent aux répétitions. Où les voix sont parfois discordantes. Dans le rapport d'enquête de l'UEFA du 8 décembre 2004 consacré à *« la circulation au sein de la FFF d'un faux classement des arbitres UEFA »* et qui traite, de manière plus prosaïque, d'un discret « petit commerce de téléphones portables » au bénéfice des arbitres français, l'inspecteur disciplinaire Edgar Obertüfer n'y va pas par quatre chemins : *« Le malaise général régnant dans l'arbitrage français semble être la conséquence d'un laisser-aller regrettable de la part des dirigeants concernés. De nombreux incidents sont survenus sans que la FFF ne réagisse véritablement. »*

Qu'attendent-ils pour prendre les choses en main en lieu et place de magistrats qui ont sans doute mieux à faire ?

*

L'état de santé du foot business mondial, rongé par le cancer de la corruption, justifierait en vérité qu'il soit admis aux urgences, voire en soins intensifs.

---

341. « Putting football first ».

Sous toutes les latitudes, ses dirigeants, incorrigibles adeptes de la méthode Coué, ont laissé se propager les métastases[342]. Aujourd'hui, en dépit d'un semblant de rémission, le pronostic vital demeure très réservé. Plus que de médecine douce, le foot spectacle a besoin d'un remède de cheval.

Le danger de la corruption du « foot-biz » réside dans la perversité de sa logique. Handicapées par des contraintes de plus en plus pesantes en regard de la liberté de mouvement de leurs concurrentes dévoyées, les entreprises saines perdent toute volonté de concourir loyalement. Pis, elles se laissent progressivement gagner par l'infection et optent, à leur tour, pour des pratiques inavouables afin de rétablir les conditions d'une concurrence moins déloyale à défaut d'être plus saine. Lorsque les turbines de la corruption tournent à plein régime, il est difficile de faire machine arrière. Les corrupteurs le savent déjà. Les corrompus ne tarderont pas à l'apprendre.

*

Entendu comme témoin lors du procès des comptes de l'OM, le « médecin-chef » François Ponthieu, président de la principale commission de la Direction nationale du contrôle de gestion et avocat au barreau de Marseille, a stupéfié les juges. Encore sous le coup des détournements astronomiques qui avaient échappé à la sagacité de ses pousse-crayons, il ne trouva rien de mieux à faire que d'avouer son impuissance : *« Nous n'avons pas de moyens d'investigation. Je ne suis pas un "Monsieur Propre" ni un gendarme du foot français. Le but de la DNCG est de faire*

---

342. Le 26 septembre 2006, Claude Le Roy, manager général du RC Strasbourg de 1998 à 2000, est entendu par la PJ de Strasbourg dans le cadre d'une enquête sur des transferts suspects opérés entre 1998 et 2003. Il déclare aux policiers : *« Je n'ai jamais bénéficié de rétrocessions de commissions par le jeu des commissions versées aux agents de joueurs. Pour moi, c'est ça le cancer du football. »*

en sorte que les compétitions soient équitables, sans aucune triche au niveau économique. »

Incapable d'enquêter, comment pourrait-il se poser en garant des bonnes mœurs économiques du football professionnel ? En quoi le fait de permettre à certains clubs d'embaucher de manière irrégulière des joueurs au-dessus de leurs moyens financiers s'ils respectent les règles du jeu et acquittent les charges normalement dues sur leurs salaires, contribue-t-il à l'équité économique du championnat ? C'est tout le contraire. Dans la course frénétique à « l'occultisme », les tenants du *fair-play* et de la transparence sont floués. Et dire que ces disciples du laisser-faire ont le culot de prétendre qu'une DNCG européenne serait la panacée !

Au sortir du même procès marseillais, Frédéric Thiriez, la fleur au fusil, nous a distillé l'une de ses confidences homériques : *« La Ligue établit des règlements entre gens de bonne foi. »* Vraiment ? Et tous les contrats de transferts et de travail truffés d'irrégularités [343] ?

*

Face à cette incurie et à l'absence de toute action correctrice d'envergure, c'est – hélas – à la justice qu'échoit la mission de rétablir les règles du jeu. N'en déplaise aux Blatter, Escalettes, Olson, Simonet et autres Platini. Connaissant l'attachement de ce dernier au « beau jeu », il est probable qu'il change son discours lorsqu'il aura pris toute la mesure du danger qui menace l'Europe du foot spectacle.

Un motif d'espoir ? Rien n'est moins sûr. Les enquêteurs de Strasbourg, Paris, Marseille et d'ailleurs cèdent à « l'amer-thune ». Ils buttent en effet sur un obstacle infranchissable : le torrent d'argent liquide et poisseux qui lubrifie les rouages du

343. *« Un système illégal dont il est parfaitement légitime de penser qu'il est celui qui participe aux transferts de nombreux joueurs issus de nos clubs professionnels... »* Claude Simonet, lettre au président Thiriez du 21 juin 2004.

système et efface toute trace de ses méfaits. Aux trois *F* emblématiques de notre football national, la corruption oppose, avec réalisme, la règle des trois *s* : *secret, silence, solidarité.* Ingrédients universels de toute cuisine de ce type.

*

Les « responsables » s'ingénient à nous faire prendre des vessies pour des lanternes en se drapant dans l'apparente amélioration des performances économiques des clubs français. Une amélioration en trompe-l'œil. Elle coïncide avec le « big bang » des droits TV [344] et la multiplication des enquêtes judiciaires. La peur du gendarme a des vertus qui ne sont plus à démontrer. Sans doute un feu de paille sans lendemain. Lorsqu'il sera devenu clair que justice et police ont perdu la partie de « cache-cash », le bal des prédateurs reprendra de plus belle. De fastueuses danses avec les loups en perspective.

Les signaux d'alarme n'ont pourtant pas manqué. Dès 1993, puis de nouveau en 2004, le Service central de prévention de la corruption – qui relève du ministère de la Justice – a mis les pieds dans le plat en esquissant, par le menu, les recettes de la fraude du foot.

Dans un courrier confidentiel du 21 juin 2004 à Frédéric Thiriez, très révélateur du degré d'hypocrisie des plus éminents dirigeants français du foot spectacle, le président Claude Simonet, encore sous le choc de la lettre anonyme du 4 février, exprimait maladroitement ses craintes en ces termes : *« Il est*

---

344. Lucide sur la durée de l'embellie, Frédéric Thiriez confiera au journal gratuit *Sport* du 26 janvier 2007 : *« Je sais bien que Canal + a l'intention de réduire ses investissements sur la Ligue 1. Compte tenu de l'absence de concurrence frontale, cela peut se comprendre. Mais il est normal que j'agisse et que je mette toute mon énergie pour que cela ne se passe pas de cette façon. Le football n'acceptera pas une baisse de ses droits. »*Menaces ?

apparu évident au groupe de travail que la situation actuelle, pour autant qu'elle apparaisse contraire à la législation, correspondait à l'intérêt commun de l'ensemble des parties prenantes (sic). *Tous comme les tiens, mes services reçoivent presque chaque semaine la visite d'inspecteurs des impôts ou de policiers qui enquêtent sur ce secteur d'activité. Je reste persuadé que la FFF et la LFP ne doivent pas abandonner tout contrôle sur les agents car, tu l'as constaté encore récemment, des milieux mafieux semblent tenter d'infiltrer certains clubs pour s'octroyer, à des fins condamnables, les sommes importantes résultant d'un système très lucratif et que si la référence à cette lettre anonyme est effectivement malheureuse, il reste tout de même qu'on peut reconnaître que cette dernière mettait en cause, par la précision de son contenu, un système illégal dont il est parfaitement légitime de penser qu'il est celui qui participe aux transferts de nombreux joueurs issus de nos clubs professionnels. »*

Une confidence en forme de révélation de la part d'un ex-Maître du Monde renvoyé en correctionnelle pour faux et usage de faux [345].

*

Quant au ministre lui-même, l'autorité politique suprême sur le sport, il a pris le temps de la réflexion. Son constat n'en a que plus de force. Au sujet des relations incestueuses entre le football et les bookmakers, il se laisse gagner par une bouffée d'agressivité inhabituelle : *« Que le président de la Ligue aille négocier avec le président de la Française des Jeux en demandant de l'argent pour que les clubs, qui sont dans l'illégalité, reviennent dans la légalité, c'est du racket. Le président de la Ligue ne fait*

345. Simonet : « J'assume », *L'Équipe* du 17 février 2006. Le procureur de la République a requis six mois avec sursis et 10 000 euros d'amende le 19 mars 2007. Son avocat a demandé la relaxe.

rien pour que le championnat ne soit pas organisé dans l'illégalité. Pourtant c'est un homme de l'art, un avocat qui sait ce que c'est que la loi. C'est un peu fort de café. En gros, il dit je règle votre problème mais il faut me donner de l'argent. On est où là ? Dans quel pays ? Où est l'autorité de la Ligue ? Où est le respect de la loi [346] *?* »

Une mission d'information parlementaire[347] dirigée par le député UMP Alain Juillot tenta bien, fin 2006, en plein échauffement pré-électoral, de prendre à nouveau la mesure du problème. À en juger par le mépris que lui ont témoigné les dirigeants du football français en pratiquant la politique de la chaise vide le 17 janvier 2007, pas de risque de remise en cause du désordre établi. Quel autre nom donner en effet à la gravissime situation dans laquelle on admet s'être affranchi des contraintes de la loi, en refusant sous un prétexte fantaisiste[348] de venir s'en expliquer devant la représentation nationale, tout en affirmant, avec une arrogance incantatoire, que la justice n'a pas à s'en mêler ?

*

Une fois n'est pas coutume, le salut européen devait venir de la Perfide Albion et de ses « men in Quest », opportunément mandatés par les dirigeants de la Première Ligue anglaise pour y voir plus clair sur les transferts opérés de l'autre côté de la Manche. Ou pour donner le change : moyennant 800 000 £ d'honoraires revus à la hausse, l'ex-fine fleur de Scotland Yard

346. *L'Équipe* du 21 septembre 2006.

347. Mission d'information à laquelle les auteurs ont participé.

348. *« Les circonstances inacceptables dans lesquelles les représentants de la FFF, de la LFP et du ministère de la Jeunesse, des Sports et de la Vie associative ont été invectivés, voire menacés dans l'enceinte de l'Assemblée nationale. »* Lettre de Jean-Pierre Escalettes du 16 janvier 2007 au président Dominique Juillot.

accoucha d'un rapport lénifiant accompagné de recommandations péremptoires, qu'ils se proposèrent de mettre eux-mêmes en œuvre, aux frais du « foot-biz ». Pourquoi pas ? L'argent n'a pas d'odeur, a fortiori celui du foot. Les amoureux du beau jeu en seront pour leurs frais. La délinquance en survêt' a, hélas, encore de beaux jours devant elle...

Postface

« Risques liés aux pratiques antisportives et illégales :

Les revenus des clubs de football professionnels dépendent principalement de leurs résultats sportifs qui sont aléatoires par nature. Afin de réduire cet aléa et assurer à leur équipe des succès sportifs, des dirigeants de clubs pourraient être tentés de recourir à des pratiques antisportives et illégales qui pourraient nuire à l'image et à la popularité du football. Si l'Olympique Lyonnais devait être, directement ou indirectement, associé à de tels comportements, l'image du club pourrait également être ternie. Une telle situation pourrait avoir des conséquences défavorables significatives sur la stratégie, les accords commerciaux, l'activité, les perspectives, le patrimoine, la situation financière et les résultats du groupe... »

Extrait du document de base (« Facteurs de risque ») remis à l'Autorité des marchés financiers dans la perspective de l'entrée en Bourse d'Olympique Lyonnais Groupe.

Remerciements

Grand merci tout d'abord à nos épouses, Alexandra et Brigitte. Durant le travail de longue haleine qu'a nécessité cet ouvrage, vous avez toujours montré beaucoup de patience. Sans votre amour, ce livre n'aurait jamais pu voir le jour.

Nous saluons également William Reymond, l'un des initiateurs du projet. Nous remercions Thierry Billard des Éditions Flammarion pour ses précieux conseils.

Jérôme Jessel tient particulièrement à remercier Christian Moguerou, ancien rédacteur en chef de *VSD*. Depuis cinq ans, il m'encourage à écrire ce livre. Mes pensées sont destinées également à mon chef de service Christophe Gautier et à Marc Dolisi, rédacteur en chef délégué de *VSD*. Ils m'ont toujours soutenu dans mes enquêtes et ont suivi avec intérêt l'évolution de mon ouvrage. Enfin, je voudrais rendre hommage à Monsieur « Cambronne », un homme que j'admire pour son courage et son sens de l'honneur.

Table

Quatrième partie
Le coup d'envoi

Collection EnQuête

Dans la même collection

Karim Amellal, *Discriminez-moi*, 2006.
Mathieu Delahousse, *François Besse*, 2006.
William Emmanuel, *Nicolas Sarkozy, la fringale du pouvoir*, 2007.
Marc Fressoz, *Le Scandale Eurotunnel*, 2006.
Laurent Léger, *Trafics d'armes, enquête sur les marchands de mort*, 2006.
— *Claude Chirac, enquête sur la fille de l'ombre*, 2007.
Jean de Maillard, *Le Rapport censuré*, 2004.
Jacques Massé, *Nos chers criminels de guerre*, 2006.
François Missen, *Le Réseau Carlyle*, 2004.
Fabrice Monti, *La Coke saoudienne*, 2004.
Omar Nasiri, *Au cœur du djihad*, 2006.
William Reymond, *Coca-Cola, l'enquête interdite*, 2006.
— *Toxic. Obésité, malbouffe, maladie, enquête sur les vrais coupables*, 2007.
Véronique Richebois et Benoît Delmas, *L'Histoire secrète d'Endemol*, 2006.
Anne-Marie Rocco, *Serge Dassault*, 2006.

Composition et mise en page

NORD COMPO
multimédia

Cet ouvrage a été imprimé par la
SOCIÉTÉ NOUVELLE FIRMIN-DIDOT
Mesnil-sur-l'Estrée
pour le compte des Éditions Flammarion
en mai 2007

Imprimé en France

Dépôt légal : mai 2007
N° d'édition : L.01ELKNFF9003N001 – N° d'impression : 85083